사상을 잇다

사상을 잇다

— 문화와 역사의 간극을 넘어선 대화

쑨거 · 윤여일 대담

2013년 4월 1일 초판 1쇄 발행

펴낸이 한철희 | 펴낸곳 돌베개 | 등록 1979년 8월 25일 제406-2003-000018호
주소 (413-756) 경기도 파주시 회동길 77-20 (문발동)
전화 (031) 955-5020 | 팩스 (031) 955-5050
홈페이지 www.dolbegae.com | 전자우편 book@dolbegae.co.kr
블로그 imdol79.blog.me | 트위터 @Dolbegae79

책임편집 김태권
표지디자인 민진기디자인 | 본문디자인 박정영 · 이은정
마케팅 심찬식 · 고운성 · 조원형 | 제작 · 관리 윤국중 · 이수민
인쇄 · 제본 영신사

ISBN 978-89-7199-533-4 (03910)
이 도서의 국립중앙도서관 출판시도서목록(CIP)은 e-CIP 홈페이지
(http://www.nl.go.kr/ecip)에서 이용하실 수 있습니다.(CIP제어번호: CIP2013001733)

책값은 뒤표지에 있습니다.

사상을 잇다

문화와 역사의 간극을 넘어선 대화

쑨거 · 윤여일 대담

돌베개

젊은이와 대화한다는 것

이 책은 나의 벗인 윤여일과 나눈 대담을 수록한 것이다. 윤여일은 젊은 연구자다. 나는 그로부터 이제껏 많은 것을 배웠다. 한국 사회에 대한 책임감, 아시아를 향한 지적 관심, 아울러 기존의 지적 생산구조에 관한 반성 등이 생생한 대화를 거듭하며 내게 전해졌다.

나는 한국어를 할 줄 모른다. 그래서 그와 대화할 때면 늘 일본어를 사용한다. 일본어는 내게도 그에게도 외국어이며, 둘이 각자 살아가는 사회생활로부터 미묘하게 떨어져 있다. 더구나 그도 나도 적절한 표현을 찾지 못하는 상황에 직면하면 대화는 헛돌곤 한다. 일본어 실력 탓만은 아니다. 그보다는 타문화가 벽 안쪽으로 숨기고 있는 내용은 그 사회 특유의 말로만 표현된다는 사실에서 기인한다.

이 책도 일본어로 주고받은 대화를 옮긴 것이다. 우리의 대담은 이미 5년 전인 2008년 가을에 진행되었다. 당시 나는 객원교수로서 히토츠바시 대학에서 학생들을 지도하고 있었다. 그는 당시 내 수업에 들어와 열정적으로 토론했다. 수업이 중반으로 접어들자 그는 대담이라는 형태로 수업을 이어가자고 제안했다. 나는 그와 대화를 나눌 필요성을 조금도 의심하지 않았기에 흥미진진한 제안을 바로 받아들였다.

나는 여러 곳에서 인터뷰를 받은 적이 있다. 따라서 그런 방식은 이미 익숙하다. 하지만 수업의 모습을 그대로 책으로 엮는 경험은 처음이다. 인터뷰와 달리 수업은 자기 생각을 솔직하게 꺼내는 데서 머무를 수 없다. 왜냐하면 지적 전달은 일방적 행위일 수 없으며, 학생과의 대화를 통해 내용과 윤곽을 계속 수정하고 보충해가야 소통이 가능해지기 때문이다.

윤여일은 특히 생각이 깊은 학생이며 그와의 대화는 즐거웠다. 이 책은 그의 구상에 따라 짜였다고 말해야 할 것이다. '상황적 사고', '중국과 일본 사이', '역사와 현재', '동아시아와 우리' 등 그가 제기한 문제군은 무엇 하나 단순하지 않았다. 그의 문제제기에 힘입어 나는 평상시 느끼던 것, 생각하던 것 그리고 생각지 않았던 것을 거침없이 말할 수 있었다. 이번 계기로 대화의 중요성을 다시금 확인했다.

사상사에서 대담은 몹시 소중한 양식이다. 발상법이 다른 두 사람이 같은 화제를 다른 각도에서 비추기에 홀로 하는 독자적 저술보다 문제가 풍부하고 입체적으로 전개될 수 있다. 거기에 더해 이 책이 여느 대담과 다른 특징을 갖는다면, 그것은 그의 치밀한 기획으로 대화가 성립되었기 때문이다.

그는 대담하는 동안 나의 논문집을 번역하며 논문들의 취지에 맞춰 대담을 구상했다. 대담을 시작하면서는 당장 그가 꺼낸 물음에 답하는 데 급급해서 그의 의도를 제대로 간파하지 못했다. 그의 거듭된 물음에 응하며 대화를 이어가다보니 논문에는 적지 않았던 이야기를 점차 꺼내게 되었다. 그러다가 그의 의도를 알아차렸을 때 나는 그에게 깊은 감사를 느꼈다.

이 책이 나오기 위해 공헌한 또 한 명의 젊은이에게도 감사를 표해야 할 것이다. 나의 일본인 학생 야마오카 켄지로다. 그는 대담의 녹취를 정성껏 풀어서 일본어판을 만들어줬다. 이게 없었다면 나는 이 책을 만들 수 없었다. 중국어를 못하는 윤여일과 한국어를 못하는 나 사이에서 일본인인 그가 일본어로 매개해준 일은 내게 실로 기묘한 체험이었다.

2011년. 3·11 대지진이 있었다. 나는 그해의 마지막 삼 개월 동안 교토 대학에 체재했다. 그는 두 명의 동료와 함께 교토에 와서 일본의 위기를 어떻게 인식해야 할지를 두고 나와 논의했다. 셋 모두 윤여일처럼 히토츠바시 대학에서 수업을 듣던 학생이다. 또한 그들 역시 윤여일처럼 위기상황에서 성장했다. 세대의 차이는 있지만, 나는 그들과 교류하며 세대의 간극을 느낀 적이 없다. 간극은 세대의 차이보다 위기의식 여부에 따라 생기기 때문이다.

동아시아는 격동 중이다.

그런데도 정상성에 집착하는 편향에 빠져 위기를 외면하는 인간이 '정상적으로' 살아가고 있다. 무엇보다 시대의 위기에 민감한 자는 나와 같은 세대보다는 취직 등으로 힘든 젊은 세대인지 모른다. 그들과 소통을 이어가는 것은 윗세대로서 다음 세대에게 지식을 전달하기 위한 게 아니다. 그들의 반응을 통해 이 시대의 위기상태를 읽어내 나름으로 사상의 민감함을 연마하기 위함이다. 따라서 나는 윤여일과의 대화를 중시하며, 야마오카 등과의 대화도 소중히 여긴다.

나는 앞으로도 젊은이와 대화를 폭넓게 이어나갈 생각이다. 그들과 대화하며 나는 현실에서 유리되는 잘못을 범하지 않도록 스스로를 경계할 수 있었기 때문이다. 이것이야말로 젊은이와 대화하는 진정한 이유이지 않겠는가.

쑨거

대담 중에 쑨거 선생은 이런 발언을 했다. "5년 후 우리의 대화를 다시 읽어보면 지금의 표현은 적절치 않다고 느낄지도 모릅니다." 발언의 상황에서 마땅한 표현을 떠올리지 못할 수도 있으며, 생각 또한 변해가기 마련이라는 점을 짚어두신 말씀이다.

그때는 대담이 있은 지 5년이 지나서야 출판을 위해 당시의 기록을 꺼내보게 될 줄은 몰랐다. 대담을 하던 5년 전 쑨거 선생은 지금처럼 흰머리가 많지 않았으며, 나는 이십 대였다. 당시 나는 선생의 사고를 되도록 깊이 파고들고 멀리 조망하여 선생의 사고가 지닌 음영과 전체상을 밝혀보겠다는 야무진 계획을 세웠다. 지금 와서 돌이켜보면 능력은 의욕을 따라가지 못해 계획은 성사되지 못했으나, 대신 선생의 사고로 다가가려고 선생과 대화하던 중에 이십 대의 사색을 얼마간 정리하고 삼십 대에 들어 활용할 사고의 지도를 얻었다는 인상이다. 이십 대, 삼십 대처럼 생물학적 나이를 구획하는 일이야 별것 아닐지 모르지만, 선생과의 대화는 분명 내게 정신적 분기점이 되었다.

대담은 네 차례에 걸쳐 2008년에 진행되었다. 장소는 도쿄였다. 2007년 봄, 나는 도쿄로 갔다. 선생의 『다케우치 요시미라는 물음』의 번역을 마무리한 직후였다. 1년 예정으로 도쿄외국어대학에 외국인 연구자라는 신분으로 체류했다. 도쿄 생활을 시작하면서는 다케우치 요시미의 번역에 착수했다. 그러나 한편으로 도쿄 생활에서는 다른 종류의 번역감각이 시험에 놓였다. 도쿄에서 지내며 학회 등의 자리에서 만난 상대와 이야기를 나누다보면 화제가 국가주의나 계급갈등 등 사회문제로 번져가곤 했다. 그때 상대가 일본 사회의 어두운 면모를 들추면 나도 그런 문제가 한국 사회에 있다는 식으로 맞장구치곤 했다. 물론 비슷한 문제가 양측 사회 속에 있을 수도 있지만, 실은 양상이 다른데도 상대와의 우호를 위해(그것이 진정한 우호가 아님을 알지만) 혹은 대화의 소재를 끌어내고자 그렇게 말하곤 했다. 경우에 따라서는 한국 사회를 거칠게 비판하는 태도가 상대에게 마치 나 자신이 윤리적임을 증명하는 것인 양 여기기도 했다.

맥락이 다른데도 양측 사회의 문제를 비슷하다고 전제하는 이런 대화에서는 미묘한 대목이 가려지며, 말의 위상에서는 같은 용어를 주고받지만 결국 문제 상황의 무게는 서로가 공유하지 못하고 만다. 여기서 나는 타국인과의 교류에서 '나'라는 개체가 모어사회의 상황이나 역사를 얼마만큼 동일시해서 대화 속 소재로 활용해도 되는가라는 물음과 만났다.

그리고 이 물음은 선생의 책을 번역하는 동안 직면했던 "나는 모어의 가능성을 얼마나 체득하고 있는가"라는 물음과 합류했다. 행간이 깊고 품이 넓은 원작을 번역할 때 좋은 문구로 만들어내지 못하는 까닭은 외국어 능력이 부족해서만은 아니다. 오히려 번역자가 모어의 풍부한 가능성을 충분히 체득하지 못한 까닭에 문장을 성숙시켜 형상화할 수 없는 경우가 많다. 비슷한 의미에서 타국의 맥락과 부딪히는 와중에 자신이 모어사회의 상황을 충분히 이해하지 못하고 있음을 자각하는 경우가 생기곤 한다. 상대의 사회와 비교할 수 있을 것처럼 모어사회가 하나의 실체로서 존재하는지, 모어사회의 상황을 내가 대변하듯이 말해도 되는지, 자신의 모어문화를 어떻게 이해하고 그 속으로 어떻게 진입할 수 있는지가 물음으로 부상하는 것이다. 이때 상대의 사회와 모어사회 사이에서 외관의 유사함에 의지하기를 거부하면서도 접점을 발견하려면 또 다른 번역 능력이 필요하다.

쑨거 선생은 나보다 반년 늦게 히토츠바시 대학에 교환교수로 오시기로 예정되어 있었다. 선생은 『아시아라는 사유공간』(창비, 2003)에서 이렇게 말한 적이 있다. "사유방식이 직관적일수록 모어문화로 동일시하려는 맹목성의 정도가 높아진다." "외국 연구에 종사하는 연구자가 가장 쉽게 범하는 오류는 상대방의 문화 논리로 진입하려는 노력이 실패로 돌아간 뒤에는 자기의 모어문화를 퇴로로 삼는다는 것이다. 이런 상황에서 모어문화는 아주 쉽게 절대시되고 분석할 수 없는 전제가 되어버린다." 나는 도쿄에서 생활하는 동안 저 문구를 음미하며 선생이 오시기를 기다렸다. 원래 나의 체류기간은 2008년 봄까지였지만, 선생이 오시기를 기다려 일 년 연장하고 선생의 숙소 근처로 이사를 갔다.

선생이 도쿄에 오시고 나서는 거의 매일같이 저녁을 선생의 숙소에서 신세졌다. 가난한 유학생의 끼니를 늘 챙겨주시는 마음씀씀이에도 감사했지만, 식사하는 동안 들을 수 있는 말씀이 내겐 더 귀한 양식이었다. 우리는 주로 '맥락의 전환'에 관한 문제를 논의했다. 선생은 국경을 넘어선 교류 속에서 상황의 차이, 말의 괴리, 감각의 낙차가 낳는 문제들을 소중히 다루는 방법을 가르쳐주셨다.

선생과 대화가 축적되면서 나는 선생이 숙성시켜준 물음을 선생에게로 되돌려보기로 마음먹었다. 우리는 함께 외국인으로서 일본 사회에서 생활하며 저녁을 먹는 동안 방송에서 흘러나오는 내용을 대화의 소재로 삼곤 했지만, 선생과 나는 국적도 세대도 성별도 달랐다. 선생과의 교류는 '맥락의 전환'을 시험해보기에 소중한 환경이었다. 아울러 선생이 지닌 사유의 풍요로움을 탐구하고 싶었다. 그래서 인터뷰를 기획했다. 즉 어떤 사안에 관해 선생의 입장이 무엇인지를 묻는 방식이 아니라 선생의 사고법을 직접 대화의 주제로 삼는다는 계획을 세웠다. 이를 위해서는 선생의 정신적 세계로 진입하기 위한 나름의 좌표축을 만들어내야 했다.

히토츠바시 대학에서 진행된 선생의 수업에 참가했다. 나중에 녹취된 대담을 글로 풀어준 야마오카 켄지로 씨도 수업에서 만났다. 선생의 수업을 듣는 동안 선생에 관한 신뢰가 깊어졌다. 나는 수업에 참여하며 선생이 가르치는 방식의 한 가지 특징을 발견할 수 있었다. 선생은 나를 비롯한 다른 학생이 아무리 허술한 질문을 꺼내더라도 "참 좋은 질문이다"라고 먼저 반응하고는 대답을 이어가셨다. "참 좋은 질문이다"라는 말씀은 괜한 입발림이 아니었다. 실제로 엉성한 질문도 선생의 답변을 거치면 꼭 필요했던 질문으로 바뀌었다. 그것은 선생이 질문자가 표현으로 꺼내지 못한 질문의 동기를 헤아렸기에 가능한 일이었다.

그리고 대체로 선생은 질문을 자신에게로 바짝 끌고 가서 경험담으로 말문을 여셨다. 하지만 날것의 경험을 그대로 늘어놓는 식은 아니었다. 경험담은 어떤 정신적 매개를 거치지 않으면 체험의 나열에 그치고 만다. 선생이 들려주는 경험담은 당신이 과거 자신의 체험을 대상으로 삼아 몇 번이고 그 속으로 드나들며 의미를 곱씹었기에 타인과 공유할 수 있는 요소가 주입되어 있었다. 선생은 학생의 질문에 직접 답을 내놓기보다 자신의 경험담을 주입해 질문을 성숙시키고는 함께 고민할 과제로 돌려주셨다. 당연하게도 그것은 답하지 못해 취한 우회로가 아니었다. 거의 모든 물음에 저렇듯 반응하려면 그 물음들과 먼저 부대껴봤어야 하며, 정리된 생각을 마련해두었어야 할 것이다.

수업에 들으며 내가 느낀 신뢰란 인터뷰 대상으로서 선생이 지닌 사고의 깊이와 품에 관한 믿음이었으며, 아울러 인터뷰에서 내 질문이 미진하더라도 선생은 가치 있는 대답을 들려주시리라는 믿음이었다. 당시 나는 선생의 한국어판 선집을 계획하고 있었다. 애초 인터뷰는 선집의 부록으로 실을 예정이었다. 그러나 대화가 축적되는 와중에 지금처럼 독자적 형태를 취하게 된 것이다. 이 책과 함께 출판되는 『사상이 살아가는 법』은 당시에 기획된 선집이다. 그래서 이 책과 『사상이 살아가는 법』은 '상황적 사고', '중국과 일본 사이', '현재 속의 역사', '동아시아라는 사유공간'이라는 주제로 동일한 4부 구성을 갖추고 있다.

선생은 나의 제안에 흔쾌히 응해주셨다. 지금 돌이켜보면 무척 주제넘은 제안이었다. 지금도 별반 달라지지는 않았지만, 당시 나는 글한 편 제대로 발표한 적도 없는 일개 유학생이었다. 그런데도 선생은 반년 가까이 이어진 인터뷰에 시간을 할애해주셨다. 인터뷰는 네 차례 진행되었지만, 내가 질문을 마련해 대화를 마친 뒤에는 그 내용을 함께 복기하고 다음의 대화 주제를 고르는 식이었으니 선생도 상당한 품을 들이셨다. 여러 작업으로 시간을 쪼개 쓰시는 와중에도 선생은 나의 일본어 표현법마저 훈련시켜주셨다.

아마도 그때 선생은 나의 절실함을 사주셨던 것이리라. 나는 선생과 차분하고 길게 대화할 수 있기를 원했다. 한 가지 목적은 대화를 기록으로 남겨 선생의 다채로운 면모를 한국어로 소개하는 것이었다. 하지만 그 이상으로 대화가 절실했던 까닭은 그 과정을 통해 선생을 내 안에서 대상화하기 위함이었다. 나는 선생의 글을 읽고 번역하고 지근거리에서 생활하고 수업을 듣는 동안 선생의 사고에 젖어들었다. 더구나 내가 구사하는 일본어는 대체로 선생과의 대화를 거치며 다듬어진 것이다. 그래서 이게 나의 사고방식인지 선생의 것인지 나의 표현법인지 선생의 것인지 분간하기가 힘든 지경에 이르렀다. 스스로 자립하지 못한 채 선생의 논리에 빠져들어 선생의 발상을 선생의 어투로 어설프게 흉내 내고 있다는 경각심이 생겼다. 선생에게서 벗어나야겠다고 생각했다.

그러나 자신의 사고를 형성하는 데 지지대가 된 인물과 거리를 두는 일은 단순히 상대를 외면하는 식일 수 없다. 차라리 선생과 정면으로 대화하며 선생과 나 사이의 분별점을 밝혀 선생과의 거리를 확보하기로 마음먹었다. 선생 또한 내가 당신의 길을 답습하는 것을 원치 않으셨다. 선생의 사고를 따라가는 여정 동안에 그 길에서 벗어나야 할 시간도 다가오고 있었다. 선생의 사고를 익히는 동안에 내 안에서 무언가가 자라나 그저 답습하는 데서 머물러 있을 수 없게 되었다. 선생은 자신으로부터 벗어나도록 도와주셨다. 그게 선생의 교육법이었다.

선생은 수업 이외에 따로 시간을 마련해 대화하자는 제안에 응해 주셨지만 두 가지 조건을 내거셨다. 인터뷰가 아닌 대담으로 진행할 것, 그리고 통역자에 의존하지 않고 내가 스스로 일본어로 발언할 것이었다. 두 가지 모두 버거운 조건이었다. 먼저 인터뷰가 아닌 대담으로 진행한다는 것은 문답의 형식에서 벗어나 함께 의견을 개진하자는 의미였다. 선생의 표현을 빌리자면 서로에게 타자가 된다는 의미였다. 『다케우치 요시미라는 물음』에서 선생은 이렇게 말한 적이 있다. "타자라는 매개를 통해 자기해체를 진행하면서도 타자를 따르지 않는 방식으로 자기를 재건한다. 이러한 재건은 타자를 타자로서의 자족성에서 해방하고 자기를 자기로서의 배타성에서 자유롭게 한다." 나도 선생에게서 진정한 교육을 받으려면 서로에게 타자인 관계로 들어서야 한다는 것을 알고 있었다.

통역자를 두지 말자는 요구는 더욱 곤혹스러웠다. 애초 나는 선생을 인터뷰하게 되면 통역자를 구할 작정이었다. 지금도 마찬가지지만 당시에도 나는 일본어가 서툴렀다. 만약 인터뷰처럼 준비해둔 질문만을 꺼내는 게 아니라 그 자리에서 의견을 교환해야 한다면, 사고의 빈곤함도 문제지만 일본어로 임기응변하기 어렵다는 것도 고민이었다. 특히 선생과 대화하면 미묘한 지점에서 자주 부딪힐 텐데 그때 적절한 표현을 골라내지 못한다면 대화가 헛돌 것이 걱정이었다.

나는 대담을 앞두고 나름의 준비를 했다. 먼저 선생이 작성한 일본어 원고를 읽고 선생과 대화하며 선생의 일본어 표현상의 특징을 파악했다. 그리고 내가 꺼내려는 물음에 대해 선생이 내주실 가능한 대답을 예상하며, 선생의 발언에서 나올지 모를 일본어 표현들을 조사해뒀다. 일단 정확히 알아들어야 했다. 아울러 선생이 내주시는 대답의 경우의 수를 상정해, 거기서 이어나갈 나의 물음을 일본어로 마련해뒀다. 그러나 막상 대화에 들어서자 선생의 답변은 나의 예상 범위를 초과했다. 당연하게도 선생은 내게 타자였다. 이 책에는 그러한 교착과 동요의 흔적이 기록되어 있다.

반년 간 이어진 대담은 선생도 나도 일본을 떠날 때가 되어서야 마무리되었다. 그때의 기록을 이제야 내놓는다. 앞서도 말했듯이 이 대담에서 나의 목표는 두 가지였다. 첫째, 선생의 사고가 지닌 품과 깊이를 조금이라도 한국어로 알려내는 것이다. 나는 선생과 가까이서 교류하는 동안 그간 읽어왔던 선생의 글과의 사이에서 어떤 낙차를 느꼈다. 이 말은 선생의 글과 선생의 말이 어긋난다는 뜻이 아니다. 글을 읽는 것과 살아있는 대상을 만날 때의 차이라고 생각한다. 사상가에게 글은 결국 사상을 하며 남긴 흔적이다. 사상의 주체는 사상의 흔적보다 풍요롭다. 적어도 사상을 하고 있는 동안에는 그러할 것이다. 그래서 글이 아닌 대담을 통해 선생의 사고가 지닌 독특한 입체감과 전체상을 담아보고 싶었다. 물론 이 대담도 흔적이기는 마찬가지다.

둘째, 선생과 대화하며 사상의 번역을 기도하되 자립의 계기를 구하고 싶었다. 사상의 번역이란 힘을 다해 상대에게 다가가려고 애쓰지만 동시에 상대와 동화될 수 없다는 자각을 품고서 상대에게 동일시하기보다 상대와 결별해 자신의 환경 속에서 스스로 길을 개척하는 노정일 것이다. 사상의 번역을 위해서도, 자립하여 타자가 되기 위해서도 먼저 상대에게 파고들어 뒤얽힘이 발생해야 했다.

첫째 목표가 얼마나 성사되었는지는 독자들이 판단해주실 몫이다. 당연히 독자들의 판단은 균질하지 않을 것이다. 다만 나는 다른 사회를 살아가는 동시대의 인간인 쑨거 선생과 독자들 사이에 고민의 연대가 이뤄지기를 바라고 있다. 거기서 이 대담이 작은 실마리가 될 수 있기를 희망하고 있다.

둘째 목표는 실패에 가깝다. 대담을 마치고 한국으로 돌아온 뒤 몇 편의 글을 썼는데, 그 글들의 문제의식은 대담 내용의 언저리를 배회했다. 여전히 내 글들에서는 선생의 그림자가 발견된다. 어쩌면 아직은 선생을 좀 더 파고들어야 할 시간인지도 모른다. 다만 5년 후인 지금 실패를 의식할 수 있는 것은 5년 전 시도를 해봤기 때문이며, 선생이 대화를 응해주신 덕이다.

조만간 선생이 서울에서 체류하러 오신다는 이야기를 들었다. 5년 간 묵혀두었던 대담의 원고를 지금 꺼내는 것은 선생이 체류하는 동안 선생과 교류하는 학생이 생기기를 바라는 마음에서다. 내가 가르침을 받았듯이 그런 기회가 누군가에게도 생기기를 기대하기 때문이다. 그 마음을 이해하고 배려해주신 돌베개 출판사에 감사드린다.

윤여일

차례

일러두기

- 이 대담은 이 책과 함께 출간된 쑨거의 『사상이 살아가는 법』(돌베개, 2013)을 토대로 하고 있다.
  본문에서 인용한 쑨거의 글 가운데 일부는 이 책에서 전문을 확인할 수 있다.
- 이 책에 실린 사진들은 대담 시점(2008년 도쿄)부터 2012년까지 이어져온 저자들의 교류 모습을
  담고 있다. 사진의 촬영 시기와 장소는 책 뒤에 따로 밝힌다.

대화를 시작하다

윤여일　　앞으로 네 차례에 걸쳐 선생님께 말씀을 청하고자 합니다. 저는 인터뷰 훈련을 제대로 받은 적이 없는데다가 일본어로 대화를 주고받아야 하는 까닭에 선생님과 대화의 장場을 마련하려니 능력의 부족함과 아울러 긴장감을 느낍니다. 하지만 일본에서 선생님께 가르침을 받는 동안, 선생님과 교류하는 장면을 기록으로 남겨야겠다는 생각이 들었습니다. 그래서 선생님과의 인터뷰가 제 능력에 벅차리라는 걱정보다는 선생님께 가르침을 구하고 교육의 장면을 유의미한 형태로 담아내고픈 기대가 컸습니다. 그런 의미에서 앞으로 진행하려는 과정을 인터뷰라고 부를 수 있을지 잘 모르겠습니다. 저는 선생님과의 만남을 통해 어떠한 교육의 모습을 발견하고 싶은 것입니다.

　　선생님과 저는 국적도 세대도 성별도 다릅니다. 또한 오늘날 묵직한 화두를 던지시는 선생님에 비하면 저는 일개 학생일 뿐입니다. 하지만 이런 차이 내지 낙차가 오히려 유의미한 교육의 조건이 될 수 있지 않을까 생각합니다. 섣부른 기대일지언정 선생님이라면 실현해주시리라는 믿음을 갖습니다. 그리고 그 과정에서 선생님께서 내이주시는 말씀이 저와 같은 젊은 세대에게 소중한 양식이 되기를 바랍니다.

쑨거   그렇다면 인터뷰라고 불러서는 안 되겠군요. 함께 의견을 나눌 장을 만들어나가는 것이니까요. 저 혼자 말하는 게 아니라 당신도 의견을 개진해야 해요. 그렇지 않으면 당신이 기대하는 교육의 장을 실현할 수 없습니다. 저 역시 여느 인터뷰처럼 물음에 답할 뿐 아니라 당신이 그런 물음을 왜 꺼냈는지 되묻기도 할 것입니다.

윤여일   예, 저도 질문을 드릴 뿐 아니라 대화가 성사될 수 있도록 힘닿는 데까지 노력하겠습니다. 다만 선생님과 대화를 시작하며 제 역할이 무엇인지 자문해봅니다. 무엇보다 이번 대화는 여느 인터뷰와는 달리 되도록 '물음과 응답'보다는 '가르치고—배우는' 모습이 담기기를 바라고 있습니다. 그래서 선생님께 무언가 여쭤볼 때, 간단히 질문만 꺼내기보다는 되도록 선생님의 지난 흔적을 좇고, 거기서 제 생각을 정리해 물음을 구성하고자 합니다. 그러고는 선생님께서 그 사안에 관해 현재 어떻게 사고하시는지를 여쭙겠습니다.

물음을 구성할 때는 이미 일본어와 한국어로 나와 있는 선생님의 저작과 일본의 잡지에 발표하신 글, 그리고 일본어로 진행한 인터뷰나 대담 등을 자료로 활용할 계획입니다. 물론 선생님께서는 일본어보다 중국어로 더 많은 글을 발표하셨지만, 제가 중국어를 제대로 독해하지 못하는 까닭에 일본어와 한국어로 된 글로 한정하고자 합니다. 그리고 되도록 다른 사상가의 사유나 이론적 자원에 의존하기보다는 선생님의 지난 흔적을 토대로 물음을 구성할 계획입니다. 다시 말해 이제부터 시작하는 대화를 통해 어떤 사안에 관해 어떻게 사고하시는지도 여쭙고 싶지만, 그보다는 선생님의 사상세계 자체를 탐색하려고 합니다.

대개 인터뷰나 대담은 특정 사안에 관한 의견을 묻거나 교환하는 방식을 취합니다. 하지만 저는 선생님을 대상세계로 삼고 그 속에 들어가는 경험을 해보고자 합니다. 그래서 선생님이 쓰신 글들을 일차적 대화의 소재로 활용할 계획입니다만, 다케우치 요시미*의 글만은 예외입니다. 지난 반년 동안 선생님과 다케우치 요시미의 글을 함께 읽으며 많은 이야기를 나누었던 만큼, 그의 글은 선생님과 대화를 하기 위한 재료로 활용하고 싶습니다.

앞으로 제가 꺼낼 물음 속에는 분명히 미숙한 대목이나 잘못된 이해가 있으리라 생각합니다. 그런 부분을 지적해주신다면 값진 배움의 기회가 될 것입니다. 그리고 때로는 제가 감당하지 못할 물음이라도 수업 때처럼 선생님께서 문제제기를 해주시기 바랍니다.

쑨거 이런 기획은 저도 처음입니다. 인터뷰야 지금껏 자주 해왔죠. 흔히 인터뷰에서는 정해진 길을 따라 상대와 교류하는 식입니다. 상대의 질문을 받고 되도록 거기에 맞춰 답해야 하죠. 따라서 인터뷰 형식으로는 대체로 논의의 장을 만들어내기 어렵습니다. 상대가 꺼낸 질문을 조정하라고 요구할 수도 없습니다. 애초에 인터뷰 형식은 사

---

* 竹內好(1910~1977). 중국문학 연구자이자 평론가. 도쿄제국대학 지나철학·지나문학과를 졸업한 뒤 1934년 '중국문학연구회'를 결성하고, 기관지 『중국문학월보』를 창간했다. 1953년 도쿄도립대학 인문학부 교수가 되었으나, 1960년 안보조약 강행체결에 항의하여 사직했다. 1964년 '중국의 모임'을 조직해 잡지 『중국』을 발행했다. 저서로 『루쉰』, 『현대중국론』, 『일본 이데올로기』, 『국민문학론』, 『지식인의 과제』, 『불복종의 유산』, 『예견과 착오』, 『일본과 중국 사이』 등이 있으며, 『루쉰 문집』(전6권) 등을 번역했다.

고와 논의의 방식을 상당히 제한합니다.

그런 의미에서 당신의 제안은 여태껏 경험해보지 못한 기획인지라 몹시 흥미로울 것 같군요. 즉 질문과 대답이라는 응답관계가 아니라, 아까 당신은 '가르친다—배운다'고 표현했는데요. 저로서는 함께 논의하는 형태가 되리라고 생각합니다. 따라서 저는 '대답'하기 위해서가 아니라 저 자신도 함께 '사고'하기 위해 질문을 받아들일 것입니다. 그리하면 저 역시 좀 더 자유롭게 의견을 밝힐 수 있고, 당신이 물음을 던지는 방식에 대해서도 되물을 수 있겠죠. 그런 의미에서 이런 기획은 우리의 수업에 가장 가까운 모습이라고 할 수 있겠군요.

윤여일　저는 지난 반년간 히토츠바시 대학에서 선생님의 수업을 들었습니다. 그런데 막상 수업에 들어가 선생님과 교류하니, 그간 읽어왔던 선생님의 글과 어떤 낙차가 느껴졌습니다. 이건 선생님이 그간 쓰신 글과 수업에서 말씀하신 내용이 어긋난다는 뜻이 아닙니다. 사상가의 글을 읽는 것과 살아있는 사상가를 직접 만나는 일의 차이라고 생각합니다. 물론 글을 읽을 때도 저자를 살아있는 대상으로 대해야 하겠지만요.

선생님과 직접 교류하는 동안 제가 읽어온 글은 선생님께서 사상을 하며 살아온 과정에서 나온 흔적들이라는 사실을 알게 되었습니다. 그리하여 수업에 참가하면서 저는 선생님에게서 어떤 특징을 발견할 수 있었습니다. 바로 선생님께서 지니고 계신 복잡한 면모입니다. 그래서 이번에는 상황을 대하는 인식론, 중국과 일본 사이, 현재 속의 역사, 동아시아라는 사유공간, 이렇게 4부로 대화를 구성해봐야겠다고 마음먹었습니다. 선생님의 사유가 지닌 독특한 입체감을 드러내고 싶기 때문입니다.

쑨거　　지금 얘기한 형식에 관해서는 이견이 없어요. 4부는 각각 사고의 문제, 현실의 문제로서 얽혀 있다고 생각합니다. 하지만 얽혀 있는 내용을 나누는 것은 전형적인 아카데미의 방식이죠. 나누지 않으면 머릿속을 논리적으로 정리할 수 없으니까요. 솔직히 말해 저는 이런 구분 방식을 그다지 중시하지 않습니다. 막상 이야기를 풀어가기 시작하면 어떤 문제를 다루든 얽혀 있는 측면이 드러나리라고 기대합니다.

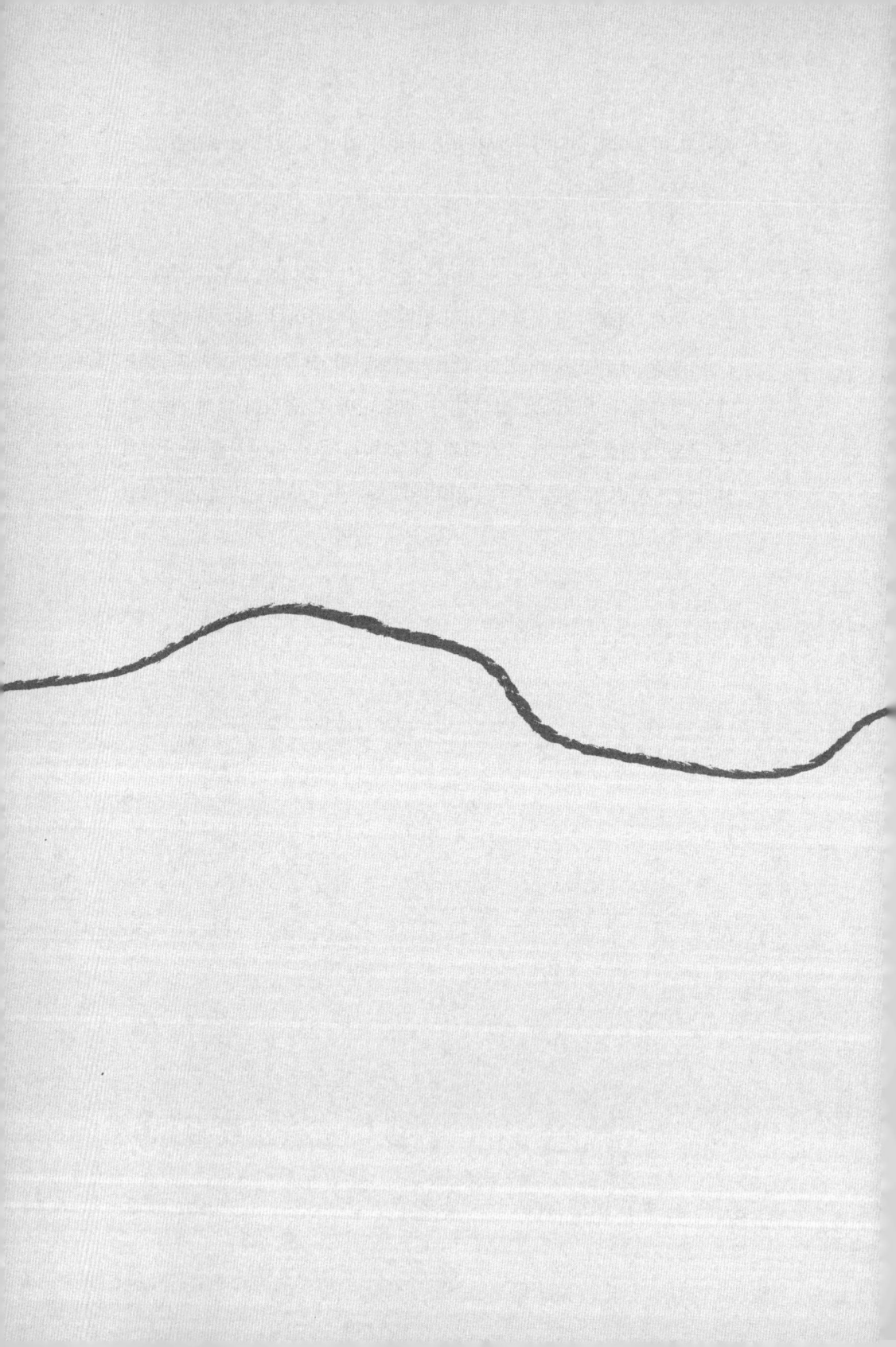

첫 번째 대화

상황적 사고

윤여일 　오늘 첫 시간은 인식론을 주제로 삼고자 합니다. 하지만 말씀하셨듯이 앞으로의 대화에서는 사고와 현실의 문제가 뒤얽힐 것이며, 그 뒤얽힘이야말로 중요한 탐구대상이 될 것입니다. 따라서 인식론을 주제로 대화를 시작하더라도 추상적 논의에 머물지는 않을 것입니다. 저는 현실 사건에서 사상적 함량을 발견하고, 그것을 사상사의 연구대상으로 삼아 유산으로 남기는 구체적 작업에 관한 질문으로까지 나아가고자 합니다. 그 과정에서 선생님께서 종종 사용하시는 몇몇 표현에 관해서도 여쭙겠습니다. 아마도 오늘의 논의는 이후 전개할 대화에서도 기본적인 사고의 토대가 되리라고 생각합니다.

쑨거 　자, 그렇다면 시작해볼까요?

인식론을 사고해야 하는 이유

윤여일 　예, 시작하겠습니다. 저는 선생님께서 방법론보다는 인식론을 중시하신다는 말씀을 종종 들었습니다. 그 말씀을 들으면서 선생님께서 인식론을 화두로 내놓으시는 것은 결국 '지식의 위치'에 관해 문제를 제기하시려는 게 아닌가 생각해보았습니다. 인식론을 직접 다루신 글은 아직 접하지 못했지만, 일단 「'사스'라는 사상사의 사건」 등을 참고하면서 선생님께서 인식론을 화두로 삼는 이유에 관해 제 나름대로 정리해보고자 합니다.

원리적으로 말하자면, 어떤 대상의 운동을 기술하는 작업에서 그 대상이 어디에서 어디로 운동하는지를 파악하려면 인식주체는 그 대상 바깥에 자리를 마련해 대상을 조망해야 합니다. 하지만 그 경우 대상의 바깥에 머물기만 한다면, 대상 안에서 무슨 일이 벌어지고 있길래 그런 운동의 궤적을 그리는지 알 수 없습니다. 그 동학을 파악하려면 대상 안으로 들어가야 합니다. 여기서 인식론의 가장 기본적인 딜레마, 즉 "인식주체는 인식대상의 안과 밖, 어디에 있어야 하는가?"라는 문제가 발생합니다.

저는 이 문제가 그저 추상적이고 원리적인 것이라고는 생각하지 않습니다. 다른 사회의 동향을 분석하는 문제, 자신의 사회라 해도 자신이 당사자가 아닌 사건을 해석하는 문제, 당사자라고 해도 사건의 윤곽을 구체적으로 그려내는 문제, 혹은 지식인의 자리에서 대중의 움직임을 파악하는 문제가 모두 이 딜레마 위에 자리 잡고 있습니다.

이 경우 물론 인식주체는 대상의 바깥에 머물며 대상의 운동을 정확히 기술하는 동시에, 특정 이론을 비롯한 갖가지 분석방법으로 운동의 원리를 설명하려고 합니다. 그렇지만 선험적인 이론이나 계량화된 분석방법은 대상 내부에서 일어나고 있을 복잡하고 유동적인 움직임, 그리고 그 안에서 살아가는 자들의 미묘한 감각과 소소한 감정을 누락시킬 위험성이 있습니다.

　이상이 인식론을 화두로 삼아 꺼내는 첫 번째 문제라면, 선생님께서는 다른 문제도 제기하시는 것 같습니다. 만약 인식주체가 대상의 바깥에 머물기만 하고 대상을 '정확히' 기술하기 위해 자신은 꿈쩍하지 않는다면, 인식의 결과가 무엇이든 인식주체 자신은 변화하지 않습니다. 어떠한 결론을 도출하든 자신은 상처 입지 않을 안전한 거리를 확보해두고 인식과 연구가 이루어지는 셈입니다. 이때 문제로 떠오르는 것이 지식의 정합성이 아닌 지식의 윤리성입니다. 다시 말해 지식이 논리적으로 완결되어 있는지 혹은 옳은지의 여부가 아니라 인식과정을 통해 인식주체 자신이 바뀔 수 있는지의 여부가 문제로서 부상합니다.

　제가 이해하기에 선생님께서는 인식론의 화두를 통해 적어도 이런 두 가지 문제를 제기했으며, 그것은 결국 지식의 위치를 겨냥하는 것 같습니다. 표현을 바꿔보자면, 한 가지는 인식주체가 다루려는 대상 속에 인식주체 자신이 포함되어 있을 때, 그처럼 유동하는 상황 속에서 인식은 어떻게 가능한가, 혹은 어떠한 요소들을 고려해야 지식은 지식으로서 성립할 수 있는가가 될 것입니다. 그리고 다른 한 가지는 어떠한 절차를 밟아야 지적 주체는 대상 속으로 들어가 대상과 함께 움직이면서 지식을 구성할 수 있는가, 그 경우 지식의 의미는 기존과 어떻게 달라지는가가 될 것입니다.

　선생님께서는 바로 인식론의 근본 딜레마를 풀어내야, 혹은 풀어낼 수 없더라도 딜레마에 처해 있다는 긴장감 속에서 작업해야 대상 안에 내재하는 원리를 발견하고, 그것을 새로운 사고의 계기로 삼을 수 있다고 말씀하시는 것 같습니다. 몇몇 자료에 기대어 단편적으로 정리한 까닭에 정확치 않은 내용일지도 모르겠습니다만, 우선 선생님께서 인식론을 화두로 삼는 이유에 관해 여쭤보고 싶습니다.

쑨거   저는 줄곧 일본정치사상사를 연구해왔습니다. 제가 참고하는 문헌, 저의 연구 방법을 본다면, 일본정치사상사 연구자로 비쳐지겠죠. 그러나 저의 문제의식에 비추어 말하자면, 저는 '일본 연구자'가 되겠다고 생각한 적이 없습니다. 그럼에도 일본의 전후사상사를 주로 다뤘으며, 분명 거기서 사고의 재료와 사상의 자원을 얻었습니다. 그러다가 어느 단계에 이르러보니 스스로에게 묻게 됩니다. "나는 왜 일본사상사를 하고 있는가?" 또한 "왜 사상사인가?"

　이렇게 자문하니 제게는 사상사를 해야 할 이유가 적어도 두 가지 있었습니다. 첫째 이유는 아카데미 세계 속에서 우리가 무엇을 할 수 있는지와 관련되어 있습니다. 아카데미 세계에는 여러 분야와 전공이 있습니다. 우연이라면 우연일 텐데요, 우리는 젊은 시절에 흥미를 느끼는 대상을 통해 지적 관심이 생겨나며 자신의 고민에 가장 제대로 답해줄 것 같은 분야를 고릅니다. 젊은 대학생, 대학원생이라면 누구나 이런 경험이 있겠죠. 그것이 제 경우에는 사상사였습니다. 저의 고민에 부응할 자원이 사상사에 있었던 것입니다.

　한 사람의 연구자로서 저는 사회에 개입할 때 어떤 행위가 가장 실질적인 참여일 수 있을지를 묻곤 합니다. 아마도 한국에서는 아카데미의 연구자들이 사회운동에 개입하는 일이 적지 않겠죠. 중국에서도 연구자들이 사회운동에 몸담는 사례가 늘고 있습니다. 그런데 이런 경향으로부터 어떤 사고방식이 번져갑니다. 연구자로서 바람직한 사회를 만들려면 사회 현실에 적극적으로 발을 들여놓아야 한다는 사고방식이 사회운동에 나서는 자와 서재에 틀어박힌 자라는 식으로 연구자를 가르는 것입니다. 이런 사고방식은 중국뿐 아니라 한국의 지식인 사이에도 뿌리 내리고 있으리라 생각합니다.

그러나 사상사를 연구해온 저로서는 사회에 참여한다는 행위의 질에 관해 묻지 않을 수 없습니다. 사회운동에 나섰다고 연구자의 역할을 다했다고 할 수 있을까요? 연구자에게는 연구자 나름으로 맡아야 할 역할이 있습니다. 사회운동에 참가하든 하지 않든 사회운동을 포함한 현실에서 정신의 영양분을 얻어 지적 생산을 일구고, 그로써 현실운동에 힘을 보태는 것입니다. 간혹 운동에 참가해 그저 양심의 위로를 얻으려는 지식인도 목격하곤 하는데, 이런 현상은 지식인의 역할을 충분히 자각하지 못한 데서 기인한다고 봅니다.

한국 사회처럼 사회운동이 활발한 곳에서는 이런 문제가 더욱 두드러질지 모릅니다. 어떤 운동이 발생하면 여러 곤란한 상황과 부딪힙니다. 그것을 수월하게 극복할 때도 있고 그렇지 못할 때도 있겠죠. 곤란한 상황에 직면했을 때는 분석이 필요한데, 그것은 어떤 위상에서 이뤄져야 할까요? 우리가 현실에서 맞닥뜨리는 대상 가운데 유동하지 않는 것은 거의 없습니다. 우리가 직면하는 대상은 늘 움직이고 있으며 다양한 측면을 지닙니다. 우리 눈에는 일부만이 비칠 뿐이니 눈에 들어오지 않으면 원래 없는 것처럼 간주하기도 합니다. 그래서 직감적인 생활감각으로는 눈에 보이지 않는 부분을 포함한 전체를 파악할 수 없습니다. 그 경우 역시 인식론의 문제가 발생합니다.

"우리가 현실에서 맞닥뜨리는 대상은 유동하며 다양한
측면을 지닙니다. 우리 눈에는 일부만이 들어올 뿐이죠.
따라서 대상의 전체상을 파악하려면
나름의 인식론을 연마해야 합니다. 그렇지 않으면
우리의 인식은 시대의 흐름에 띠내려갈 공산이 큽니다."

가령 올해 중국에서는 티베트 문제, 성화릴레이 문제, 쓰촨 대지진, 그리고 이제 막 시작한 베이징올림픽 등의 사건이 있었습니다. 인식론의 위상에서 검토하지 않는다면, 이 일련의 사건을 어떻게 바라보아야 할지 알 수 없습니다. 그래서 현상을 구조로 오인하기도 합니다. 이런 문제를 해결하려면 먼저 인식론을 논의해야 합니다. 이것이 사상사를 연구하게 된 첫째 이유입니다.

둘째 이유는 연구자의 역할과 관련됩니다. 연구자는 지적 전통을 만들어내는 책임을 갖고 있습니다. 지적 전통이란 얼핏 들으면 제법 실체가 분명한 것 같지만 실은 매우 불안정합니다. 즉 선택을 받아야 전통이 됩니다. 망각된 것은 전통이 될 수 없습니다. 그러나 어느 시대에는 선택된 것이 다음 시대에는 부정되고 망각되기도 합니다. 수백 년이 지나서야 다시 상기될지도 모릅니다. 우리 개개인은 자신의 의사에 따라 전통이 될 만한 것을 골라 축적하는 식으로 작업할 수 없습니다. 역사와 사회는 무수한 인간의 힘관계가 빚어내는 결과이며, 우리 개개인은 역사와 사회의 일부로서 거기에 영향을 끼치는 한편, 우리의 역할은 역사와 사회에 매여 있습니다.

그런데 그렇게 형성되는 전통 속의 어떤 단계를 살아가는 인간으로서 우리는 어떻게 역사로 진입할 수 있을까요? 우리는 자기 나름의 인식론을 연마해야만 비로소 역사와 사회의 방향성을 깨닫고 전통을 계승할 수 있습니다. 인식론의 고찰을 게을리한다면, 시대의 흐름에 떠내려갈 공산이 큽니다.

이런 두 가지 이유로 저는 사상사 연구라는 분야 안에서 인식론의 문제에 천착해왔습니다.

사건 속에서 사상의 자원을 건져내다

윤여일   확실히 선생님의 글은 사상사에 관한 연구물로서 독특한 질감을 갖습니다. 선생님의 글 가운데 특히 구체적 사건을 다룬 글은 방금 말씀하신 두 가지 특징이 두드러집니다. 선생님께서는 어떤 사건이 발생했을 때 사태의 추이를 예견하거나 문제 해결의 방향을 제시하기보다는 상황 속에서 사고하고 상황 속에서 사상의 자원을 건져내려 시도하십니다.

또한 사스, 월드컵, 반일시위처럼 사회에 큰 반향을 일으킨 사건이 발생했을 때 그것을 일회성의 사건으로 대하는 게 아니라 사상사의 사건으로 옮겨놓고, 거기서 인식의 새로운 계기를 길어 올리려 하십니다. 즉 해당 사안과 관련해 현실적이거나 정치적인 성패를 중시하기보다 인식론적 위상에서 접근하려 하십니다. 저는 개별 사건에 대한 분석이 지적 전통 위에 자리 잡을 수 있는지의 여부, 즉 사건이 지나간 후에도 그 사건에 대한 분석이 사상사 안에서 계승할 만한 요소를 간직할 수 있는가라는 분석의 생명력은 선생님께서 지적하시듯이 인식론의 수준에서 결정된다고 생각합니다.

생각해보면 사스, 월드컵, 반일시위 같은 사건은 불과 몇 년 전의 일임에도 불구하고 꽤나 오래전 이야기처럼 느껴집니다. 선생님께서 방금 언급하신 티베트 사태, 성화릴레이, 쓰촨 대지진도 올해 일어난 사건인데요, 벌써 베이징올림픽의 열기 속에서 인식의 저편으로 밀려났다는 인상입니다. 규모가 아무리 크더라도 한 사건이 다른 사건과 관련을 맺지 못한 채 그저 등장했다가 사라지는 식으로 다뤄진다면,

시간이 지남에 따라 그 사건은 망각되어갈 것입니다. 그런 식이라면 그 사건이 시사하는 문제성 또는 해결되지 않은 문제점은 겉모습만 달리하여 다른 사건을 통해 다시 등장할 것임이 틀림없겠죠.

반면 선생님께서는 '현실의 사건'을 '사상사의 사건'으로 다루면서 어떤 인식의 전환을 요구하시는 것 같습니다. 그런 의미에서 제 나름대로 선생님 글의 몇몇 특징을 밝혀본다면, 첫째 선생님께서는 여러 사건을 겹쳐 사고할 때 사건 사이의 직접적 상관관계보다는 사건을 인식하는 시각의 문제, 즉 해당 사건을 '실체로 볼 것인가, 구조로 볼 것인가'라는 문제를 제기하십니다. 가령 『다케우치 요시미라는 물음』의 「한국어판 서문」에서는 '사건'을 "'개별'적인 역사적 사건의 연속이 아니라 일상감각에서 비어져 나오는 다양한 힘관계의 '관계성' 자체"로 보아야 한다고 강조하셨죠.

둘째, 선생님께서는 선험적으로 가치판단을 내리는 것이 아니라 사건의 복잡함을 복잡함인 채로 받아들여야 한다고 주장하십니다. 예를 들면 반일시위의 문제를 다룰 때도 시위에서 발생한 폭력사태보다는 "폭넓게 발생한 이번 반일시위는 왜 주말에만 등장했는가? 왜 시위 참가자 대다수는 사회질서를 혼란에 빠뜨리지 않았는가? 왜 대학생이나 빈곤층이 아닌 중국의 신흥 중산계급인 젊은 샐러리맨들이 시위를 주도했는가? 중국 시민 안에서도 시위나 불매운동에 입장을 달리하는 사람들이 있었는데 그 까닭은 무엇인가? 다른 의견이 존재했다면 소수 의견은 평등하게 다루어졌는가? 또한 의견이 대립하면 어떻게 처리했는가?"(「역사의 교차점에 서서」) 등의 물음에 주목해야 한다고 강조하십니다. 그리하여 피상적 가치판단에서는 누락되곤 하지만, 진정 새로운 인식의 계기가 될 만한 요소를 그 사건 속에서 건져내고 계십니다.

셋째, 선생님께서는 작은 일상의 감각과 큰 사건 사이에 가교를 놓으려 하십니다. 그럴 때는 종종 다케우치 요시미의 「기본적 인권과 근대사상」을 언급하셨죠. 이 글은 안보투쟁 시기에 다케우치 요시미가 강연한 기록인데, 그는 강연에서 안보투쟁의 방향을 직접 언급하기보다 일상생활 안의 '차별' 문제를 파헤쳤습니다. 그는 경어나 인칭대명사의 사용법, 피차별부락의 문제, 나아가 중국인이나 조선인을 차별하는 집단적 무의식 등 일상생활에 배인 차별감각이 국제 무대에서도 일본의 기본적 입장을 형성한다고 말하면서, 안보조약 개정은 강자인 미국과 손잡아 약자인 아시아의 이웃 나라를 내리누르려는 일본인의 사고양식을 농축해 반영한다고 지적했습니다. 선생님은 그 글에서 일상감각과 정책적 판단이 맞닿는 지점을 주목하십니다. 다시 『다케우치 요시미라는 물음』의 한 소절을 인용하자면, "다케우치 요시미는 큰 사건을 신변의 작은 사건 속으로 가져와 생각하고, 다시 작은 사건을 큰 사건으로 가져가는 작업을 통해 개념에 결박당한 사물의 진실한 모습을 드러내고, 거기서 진정으로 현실과 맺어질 사상 과제를 발견한다"고 표현하신 바 있습니다.

이상은 선생님의 글에서 뒤져본 내용입니다만, 어떻게 현실 사건을 일회성의 사건이 아니라 '사상사의 사건'으로 대하고 거기서 원리적인 사상의 소재를 건져내 시적 선동을 일굴 짓인지에 관해 선생님의 말씀을 직접 듣고 싶습니다.

쑨거　이러한 정리라면 제가 해놓은 작업보다 훨씬 체계적인 걸요. (웃음) 감사합니다.

분명 구체적 사건을 구체적으로 다루는 데 머물지 않고 구체적 사건에서 사상의 자원을 가다듬는 것은 제가 주력해온 작업입니다. 현재 우리는 만연해 있지만 모호한 채인 이미지에 속기 쉽습니다. 즉 구체적 실천과 추상적 이론이라는 두 위상은 스스로 자기재생산한다는 이미지입니다. 그런데도 굳이 이론과 실천 사이에 관련성을 만들려다 보니, 대개 이론이 실천을 지도하는 관계가 되어버립니다. 그처럼 모호한 이미지가 지식사회 속에 퍼져 있습니다.

특히 제2차 세계대전 이후의 동아시아 국가들은 서구 이론에 콤플렉스를 갖고 있습니다. 중국에서는 1980년대 이후 그런 경향이 짙어졌고, 일본의 경우라면 더 거슬러 올라가 전시 중에도 그런 콤플렉스에 시달렸습니다. 이론에 대해 운운하지 못하는 자는 지식인으로서 자격이 의심되는 풍조가 있죠. 반대로 실천가에게는 굳이 이론이 필요 없다는 편견 또한 존재합니다.

제게 이론의 힘은 무척 소중합니다. 그러나 이론 콤플렉스는 필요 없습니다. 이론의 힘을 갖추지 못한 인간은 사물의 본질을 읽어낼 수 없습니다. 언제나 현상에 속고 맙니다. 이론의 힘이란 현상의 배후에 있는 살아있는 구조를 간파해내는 능력이라 말하고 싶습니다. 혹은 눈에 보이지 않는 요소를 추출하고 구성해낼 수 있는 상상력이라 표현할 수도 있겠죠. 서구에서 지적 전통을 일구려는 한 가지 동기는 그런 이론을 형성하고 계승하는 것이었습니다. 그러나 저는 그렇게 완성된 이론 역시 하나의 역사적 산물임을 강조하고 싶습니다. 다시 말해 선험적이며 절대적인 이론은 존재하지 않습니다. 역사적 상황에 따라 이론에 대한 요구가 생겨나고 이론이 생산됩니다. 동양인의 이론 콤플렉스 역시 역사적 산물입니다. 따라서 싸잡아 부정해서는 안 됩니다. 그렇다면 우리의 문화적 전통 속에서 생산적인 이론의 모습을 탐구하는 것이 중요한 과제가 되겠죠.

답이 아닌 물음을 만드는 법

윤여일　지금의 말씀과 관련하여 저는 선생님의 글에서 또 다른 특징도 봅니다. 일반적인 글, 특히 논문이라면 이론적 결론으로 마무리를 짓거나 말미에 답을 내놓는 형식이 흔합니다만, 선생님의 글은 말미에 답보다는 일종의 물음이 등장합니다. 저는 독자로서 선생님의 글을 읽을 때마다 새로운 물음을 발견하곤 했습니다. 그것은 아마도 글을 접할 때마다 제가 고민하던 내용이 달라서였을 텐데요, 선생님의 글을 읽으면서 제 마음의 응어리를 대신 표현해주었다는 느낌을 여러 차례 받았습니다. 그리고 그때 윤곽을 드러내는 것은 고민하던 물음에 대한 답이라기보다 오히려 명확히 정리하지 못하고 있던 자신의 물음이었습니다.

　흔히 학문을 한다는 것은 물음을 내놓고 답을 찾아가는 과정이라 여겨집니다. 하지만 실상 이 과정은 종종 거꾸로 진행됩니다. 먼저 자신이 상정한 답이 있으며 그 답이 물음을 구속합니다. 즉 답할 수 있는 물음만을 꺼냅니다. 선생님께서 지적하신 '이론 콤플렉스'가 발생하는 한 가지 원인도 여기에 있다고 생각합니다. 지금껏 제가 해온 공부도 그런 방식이었습니다.

그래서 제게는 선생님의 이런 표현이 기억에 남아 있습니다. "물음을 물음으로 간직하면서도 답이 없을지 모를 물음을 이끌고 답을 향해 나아가려면, 할 수 있는 데까지 사고의 절차를 밟아두는 일이 아마도 이후 세대를 위한 우리의 책임이 될 것이다(『다케우치 요시미라는 물음』, 「한국어판 서문」)." 풀 수 없을지 모를 문제를 던지려면, 혹은 해결할 수 없는 아포리아를 해결할 수 없다는 자각을 끌어안은 채 대면하려면, 그만한 용기가 필요하겠죠. 선생님께서는 이것을 때로 "마음의 기력"이라 표현하셨던 것으로 기억합니다.

한편 선생님의 글을 읽으며 제가 만난 물음은 그저 날것의 물음이 아니었습니다. 한 개체의 물음이 물음으로서 존재하지만, 타인이 다가가 거기서 자신의 물음을 빚어낼 수 있는 형태로 존재합니다. 다만 타인이 그 물음에 다가갈 경우, 그 물음은 타인에게 어떤 종류의 감수성과 용기를 요구합니다. 그대로는 그 물음을 자기 것으로 만들 수 없습니다.

어설픈 질문이 되고 말았지만, 저는 선생님께 물음을 물음으로 간직하는 방법에 관해 여쭙고 싶습니다. 물음에 대한 반사작용으로 결론을 꺼내지 않고, 물음을 감당하지 못해 레토릭이나 철학적 개념에 의존하는 식으로 후퇴하지 않고, 개체의 물음을 공공성 어린 물음으로 전환하는 방법을 말이죠. 방법이란 표현이 적합하지 않을지도 모르겠지만요.

쑨거　　인류에게는 거대한 물음과 작은 대답이 있습니다. 거대한 물음이란 "인간은 무엇을 위해 살아가는가", "인간성에 걸맞는 합리적인 사회는 어떤 모습인가" 하는 것이겠죠. 이 물음은 공자의 시대, 소크라테스의 시대부터 줄곧 제기되어왔습니다. 아마도 이 물음에 대한 답은 영원히 찾을 수 없을 것입니다. 그러나 이 물음에 대해 여러 가지 작은 대답이 등장했습니다. 살아있는 시간 속에서 구체적 문제와 부딪쳤을 때, 작고 구체적인 대답이 무수하게 나옵니다. 철학은 답할 수 없는 거대한 물음과 마주하며, 그때 철학이란 거대한 물음에 새로운 물음으로 답하려는 시도입니다. 저는 철학의 역할을 이렇게 이해합니다. 따라서 대답이 있는지 없는지는 관건이 아닙니다. 대체 어떤 문제에 직면하고 있는지가 본질적으로 중요합니다.

분명 저는 물음을 조형하는 작업을 중시합니다. 제가 직면하는 물음은 방금 말한 의미의 거대한 물음이 아닐지 모릅니다. 거대한 물음과 직접 대면한다기보다 간접적으로 마주하고 있습니다. 아마 인류에게 끝까지 남는 것은 대답이 아니라 물음 자체겠죠. 그러나 현실 속에는 무수한 구체적 물음도 존재합니다. 거대한 물음과 이어져 있는 작은 물음들 말입니다.

가령 한국 사회에서는 어떤 모습으로 어떤 과정을 밟아야 모든 한국인이 납득할 수 있는 사회를 만들 수 있는지, 이것은 물음으로서 지속되겠죠. 완벽한 대답을 내놓으려다 보면 유토피아론으로 기울 테며, 현실에서는 해답을 발견할 수 없을 것입니다. 그러나 이 물음이 한국인에게 행동의 동기가 됩니다. 이 물음이 없다면 한국인은 싸울 희망도 갖지 못할 것입니다. 이것이 바로 물음의 생명력입니다.

"저는 물음을 조형하는 작업을 중시합니다.
물음을 만들어내야 자신이 무얼 위해 싸우는지 자각할 수 있습니다.
아마도 인류에게 끝까지 남는 것은 대답이 아니라 물음 자체겠죠.
비록 답을 얻었더라도 우리는 그 답을 내려놓고 떠나야 합니다.
물론 물음 자체가 목표는 아닙니다. 다만 물음을 조형하려고
우리가 노력해나가는 과정이 진실로 중요합니다."

답이 나오면 문제를 해결했다고 볼 수도 있겠지만, 사실 근본적 물음에 대한 답은 일면적일 수밖에 없습니다. 따라서 비록 답을 얻었더라도 우리는 그 답을 내려놓고 떠나야 합니다. 다음의 답을 찾아 나서지 않으면 안 됩니다. 이 점이야말로 답이 아닌 물음이 진정 중요하다는 사실을 알려줍니다. 물음을 만들어내야 자신이 무얼 위해 싸우는지 확인할 수 있습니다. 물론 물음 자체가 목표는 아닙니다. 물음을 조형하여 우리가 노력해나가는 과정이 가장 중요합니다. 사회운동도 사상사 연구도, 더 나아가 아카데미의 존재 이유도 거기에 있겠죠.

그런데 당신의 물음에 대해 저도 질문이 있습니다. 당신은 개체의 물음을 공공의 물음으로 전환하는 방법에 대해 물었습니다. 저라면 이런 식으로 문제를 꺼내지 않았을 것입니다. 그 물음에 답할 수는 있지만, 그 대답 자체는 그다지 의미를 갖지 못할 것이기 때문입니다. 개체의 물음이라고 할 때 그것은 무엇을 가리키는지, 그것을 공공의 물음으로 전환한다는 것은 무엇을 뜻하는지, 그 점을 따져나가면 당신의 물음 자체가 해체되리라고 생각합니다. 그래서 역으로 이런 물음을 꺼낸 의도를 물어보고 싶은데요.

개인의 물음과 공공적 물음

윤여일　　공공성이란 개념을 설명하기에는 능력이 부족하지만, 선생님의 글을 읽었던 체험을 통해 답하겠습니다. 단적으로 말해 저는 일종의 연대감을 느꼈습니다. 예를 들어 「아시아라는 사유공간」에서 선생님은 자신의 개인적 체험을 꺼내 거기에 사상적 의미를 주입하셨습니다. 묵직한 물음의 형태로서 말이죠. 선생님의 체험과 그 체험에 대한 선생님의 해석, 그리고 그로부터 나온 물음에서 저는 어떤 종류의 연대감을 느낀 것입니다. 물론 선생님의 체험은 저의 경험이 아닙니다. 하지만 얼마간 추체험할 수 있었습니다. 왜냐하면 선생님께서 체험을 바탕으로 꺼내신 물음은 제 경험의 의미를 사고하는 데도 의미를 갖기 때문입니다.

다케우치 요시미의 글을 읽으면서도 그런 느낌을 받곤 했습니다. 그는 자신의 체험을 곧잘 이야기의 소재로 활용합니다. 특히 대중을 상대로 나선 강연에서 그렇습니다. 하지만 그때의 체험은 날것 그대로의 체험이 아닙니다. 스스로가 자신의 과거 체험을 대상으로 삼아 몇 번이고 그 속으로 드나들며 의미를 거듭 곱씹었기에 그의 체험담에는 다른 이들과 공유할 수 있는 요소가 새겨져 있습니다. 저는 이것을 공공성이라 불러본 것입니다.

앞서 선생님 글의 한 가지 특징이라고 말씀드리기도 했는데, 선생님의 글도 다케우치 요시미의 글도 역사적인 큰 사건의 의미를 신변의 작은 체험 속으로 가져와 음미한다는 특징을 갖고 있습니다. 앞서도 인용한 대목입니다만, 선생님은 『다케우치 요시미라는 물음』에서 다케우치 요시미가 큰 사건의 의미를 신변의 작은 체험으로 가져와 음미하고는 그 내용을 다시 큰 사건으로 되먹여 이데올로기적 대치 구도나 개념에 결박당한 사건의 진실한 모습을 드러내고, 거기서 현실의 개혁으로 이어질 사상 과제를 발견한다고 하셨죠.

이 경우 제가 생각하기에 선생님과 다케우치 요시미의 글 안에서 체험의 주체로서 등장하는 '나'는 그저 선생님과 다케우치 요시미 자신을 가리키는 게 아닙니다. 오히려 '나'는 나의 체험을 매개 삼아 타인과 해당 사안에 대한 실감과 무게를 함께 나눠 가질 수 있도록 만들어진 '나'로 보입니다. 그리하여 선생님과 다케우치 요시미의 글을 보면 자기 신변에 관한 이야기를 꺼내더라도 여느 작가들처럼 자기 얘기를 털어놓는 대신 고약한 자의식 냄새를 풍기거나 독자에게 다가갈 권리를 확보하겠다는 흥정의 냄새를 풍기지 않습니다.

하지만 아까도 말씀드렸듯이 독자가 글을 읽는다고 작가의 체험을 그대로 자기 것으로 만들 수는 없습니다. 거기에는 어떤 정신적 문턱이 있으며, 독자는 자기 전환을 통해 체험의 의미를 자기 안에서 스스로 만들어내야 합니다. 루쉰의 잡감도 그런 성격이 두드러집니다. 루쉰은 잡감에서 내러티브의 의미가 무엇인지를 끝내 밝히지 않고 글을 매듭짓곤 했습니다. 하지만 다른 사람이 그 글의 의미에 가닿을 수 있도록 창구를 마련해두었습니다. 동시에 그 창구로 들어서려면 어떤 용기와 감수성이 요청됩니다. 그리하여 루쉰의 잡감에서, 그리고 선생님과 다케우치 요시미의 글에서 한 개체의 체험과 거기서 빚어진 물음, 그리고 사색은 구체성을 잃지 않은 채 보편을 향해 나아갑니다. 다시 추상적인 개념어를 사용하고 말았지만, 이게 제가 개체의 물음을 공공의 물음으로 전환한다고 말했을 때의 의미입니다. 즉 작가의 체험에 다가가는 과정이 독자에게는 자신의 경험을 되살피고 경험의 의미를 되묻는 과정으로 이어지는 것입니다.

그러나 그처럼 개인의 체험과 사색에 공공성을 주입하여 내놓는 글쓰기는 결코 만만치 않은 작업이며, 거기에는 의식적인 노력과 자기 훈련이 필요하겠죠. 그래서 쓰는 입장에 계신 선생님께 '방법'이란 표현으로 여쭤보았던 것입니다.

쑨거　우리는 결국 말에 속고 말았군요. (웃음) 당신이 '개체의 물음'과 '공공의 물음'이라는 표현을 사용해서 저는 당연히 '공공성'에 관한 이론적 문맥을 떠올렸습니다. 그렇다면 이 물음은 굳어버린 물음이 되어 저로서는 답하기가 어려워집니다.

　그러나 물음의 배후에는 표현에 담기지 않은 당신의 어떤 감각이 있으리라 짐작했습니다. 그래서 굳이 추궁해보았습니다. 당신이 제기한 물음의 의도를 되살려 제가 바꾼다면 이렇게도 될 것 같습니다. "당신은 한 사람의 중국인, 그리고 전후 태생의 세대로서 왜 다케우치 요시미와 같은 일본인, 그것도 전시 세대의 일본인에 매료되었는가?"

　다케우치 요시미에게 이끌리는 이유는 국적과 세대, 시대의 감각만으로는 설명할 수 없겠죠. 중국인으로서 저보다 앞선 세대의 일본인인 다케우치 요시미와의 만남은 분명 일상의 직감적 체험을 넘어선 것이었습니다. 거기에는 일종의 공공성이 깃들어 있습니다. 하지만 이때 공공성이란 하버마스의 공공성론으로는 풀어낼 수 없는 성격의 것입니다. 왜냐하면 이 공공성은 개념으로 확인할 수 없기 때문입니다. 더구나 생활감각으로도 파악할 수 없습니다. 이때 사상의 위상이 요청됩니다. 우리가 개인의 체험을 어느 공공의 장에서 활용하거나 개인의 물음을 공적으로 가공하려면, 아무래도 사상의 장이 필요합니다. 분명히 말하건대 이 장은 어디에도 존재하지 않으며 사고의 공간 속에서만 존재합니다. 그 공간 속에서 인간의 감각은 바뀌어야 합니다.

몇 년 전부터 일본에서는 '월경'越境이라는 표현이 유행하고 있습니다. 요컨대 국경을 넘어선다는 뜻이죠. 저도 유용한 표현이라고는 생각하지만, 좀 더 파고든다면 '월경'이란 대체 무엇을 뜻하는지가 실상 모호합니다. 월경이라는 행위 자체는 국적에 매이지 않는다는 방향성을 갖게 되겠죠. 그렇다면 누구든 자국을 버리고 떠나면 월경이고, 타국 사람과 손잡으면 월경이 됩니다. 그러나 그처럼 눈에 드러난 행위만으로 월경이 성립되지는 않을 것입니다.

국제國際란 여러 국적으로 만들어진 공간이기에 거기서 국가와 국가의 '사이'는 존재하지 않습니다. 국제도 아니고 국가도 아닌 제3의 공간은 어떻게 가능한가라는 문제의식에서 바로 월경이라는 표현이 요청됩니다. 그렇다면 월경하는 경우에 인간은 어떻게 자국의 문제와 타국의 문제를 다뤄야 할까요? 가령 한국에서는 독도, 일본에서는 다케시마竹島라고 불리는 영토 문제는 어떻게 월경할 수 있을까요? 거기에는 분명 두 나라 사이의 대립이 존재하는데, 그 속에서 어떻게 제3의 길을 열어낼 수 있을까요? 현실에 다양한 문제가 존재하는 까닭에, 이 경우 월경은 자칫 침묵이 되거나 곤란한 현실 상황에 대한 외면이 될지 모릅니다. 그것은 진정한 월경이라 할 수 없습니다.

그렇다면 어떠한 공공성이 국적에 얽매이지 않는 공공성이 될 수 있을까요? 혹은 개인의 물음을 공적인 물음으로 전환하려면 어떤 절차가 필요할까요? 여기서 당신의 체험과 저의 체험은 맞닿을 수 있습니다. 우리는 자신이 살아가는 사회에 대해 각자 제대로 책임을 져야 합니다. 이것은 몹시 소중한 일입니다. 먼저 자신의 사회에서 공공성을 실현해갑니다. 당신은 한국 사회에서 공공성에 대해 책임을 지고,

저 역시 중국인으로서 중국 사회에서 공공성을 유지합니다. 이것이 필요한 첫걸음입니다.

당신의 말처럼 다케우치 요시미는 어떻게 해야 공공성을 갖출 수 있는지에 줄곧 천착했습니다. 그 경우 눈앞의 국익을 생각하고 대중의 바람에 편승하는 지식인이 되는 선택지가 있습니다. 때로는 그런 선택도 값질 수 있습니다. 그러나 자기 사회 속에서 책임을 다하는 일이 반드시 자국의 이익을 꾀하는 것은 아닐 수 있습니다. 당신은 루쉰도 언급했군요. 중국에서는 바로 루쉰이 그러했습니다. 5·4운동 시기의 중국에서는 사회 전체에서 특히 젊은 학생들이 격렬하게 반일운동을 전개했습니다. 같은 해 가을에 루쉰은 무샤노코지 사네아츠*의 희곡 「어느 청년의 꿈」을 번역했죠. 루쉰은 서문에 지금 이런 것을 해봤자 사회에서 받아들여지지 않을 것이라고 적었습니다. 하지만 그처럼 사회에서 받아들여질 것인지를 염려하고 있다는 것만으로도 스스로 부끄러워진다고도 말했습니다. 그런 생각으로 루쉰은 반일운동이 가장 고조되었던 시기에 휴머니즘 색채가 짙은 일본 작가의 희곡을 번역하는 일에 착수했습니다.

그때 루쉰은 무엇을 꾀했던 것일까요? 일련의 사회운동이 중국 사회에 번져가는 와중에 그는 사상적으로 빈약해지는 일을 우려했습니다. 중국 사회에 보다 풍부한 인간성을 주입하는 것, 루쉰은 자기

---

* 武者小路實篤(1885~1978). 소설가이자 희곡가. 1908년 처녀작 『황야』를 발표했으며, 1910년 『시라카바』가 창간된 이후 중심적 존재로 활약했다. 1914년 『그가 서른 때』를 전후로 하여 그의 작품은 인도주의적 색채를 띠게 되며 인류애를 설파하기 시작했다. 1918년에는 노동과 예술 활동에 적극적으로 나서 『새로운 마을』을 창간했다.

작업의 목표를 그렇게 정했습니다. 루쉰이 남긴 작품은 중국 사회의 추악한 현실과 맞서고, 그런 현실의 뿌리를 뽑는 처절한 고투의 흔적입니다. 다케우치 요시미는 일본에서 루쉰의 과제를 계승하고자 했습니다.

저는 다케우치 요시미와 그 위상에서 만났습니다. 그 만남의 위상은 국적에 구애되지만 동시에 국적을 넘어섭니다. 일종의 패러독스라고 부를 수 있을 것입니다. 만약 국적을 아랑곳하지 않는다면 저토록 강인한 책임감은 생기지 않았겠죠. 그러나 국적에 지나치게 얽매인다면 자국을 깊이 통찰할 수도, 자국의 장래를 인류의 미래를 향해 열어나갈 수도 없었을 것입니다.

이 문제는 뒤에서 다시 언급할 기회가 있으리라 생각하니 일단 이 정도로만 짚어두기로 하죠. 대신 인간의 사고는 어떠한 형태여야 보편성을 담지할 수 있는가라는 문제를 꺼내두고 싶습니다. 일반적으로 보편성과 특수성은 대립한다고 여겨집니다. 보편적이려면 특수적인 상태를 넘어서야 한다는 것이죠. 잘못된 인식이라고는 말할 수 없습니다. 그러나 여전히 근본적 수준에는 이르지 못합니다. 어떻게 특수성을 넘어설 수 있는가라는 물음에서 한 걸음 더 내디딘다면, 그처럼 단순하게 정리할 수 없습니다. 인간은 특수성을 벗어버리는 형태로는 결코 보편적이 될 수 없습니다. 오히려 특수성은, 철저히 특수성을 견지한다면 닫혀버리는 게 아니라 열린 형태가 되어갑니다. 특수성의 가장 깊은 곳에는 보편성으로 통하는 길이 있습니다.

앞서 논의한 개체의 물음과 공공적 물음의 관계성은 위와 같은 특수와 보편의 관계와 완전히 포개진다고 생각합니다. 개체의 물음이 낮은 수준에 머문다면 공공성을 지닐 수 없습니다. 하지만 개체의 물음을 구체성에 근거해 철저히 밀고나가 심부에 다다른다면 공공적 물음에 닿습니다. 거기에 도달하면 나라와 문화의 차이, 개인적 한계 등은 문제가 되지 않겠죠.

좋은 사례로서 루쉰의 잡감 「후지노 선생」이 있습니다. 거기에 나오는 에피소드를 보면, 주변의 일본인 학생이 루쉰을 따돌리는 와중에도 후지노 선생은 루쉰의 인체 해부 노트를 정성껏 살펴보고 고쳐줍니다. 그렇게 열의로 지도해준 후지노 선생에 대해 루쉰은 말합니다. "후지노 선생이 내게 가졌던 애정 어린 기대는 작게 말하면 나라를 위해, 크게 말하면 학문을 위해서였다." 여기서 소와 대의 관계는 루쉰의 발상법을 보여줍니다. 루쉰은 어디까지나 중국이라는 범위 안에서 중국에 관해 말하며 인류를 응시했습니다. 중국인 이외의 이야기는 거의 쓰지 않았습니다. 중국에 관한 이야기가 아니라면 거의 꺼내지도 않았죠. 그러나 그가 진정 주목한 문제는 중국 사회가 어떻게 풍부한 인간성을 지닌 사회가 될 수 있는가, 또한 중국의 국민성 속에서 그것을 방해하는 추악한 요소와 어떻게 맞서 싸울 것인가였습니다. 그 지점을 철저히 파고들어 중국 사회를 열린 사회로 만들고자 애썼던 것입니다. 마찬가지로 다케우치 요시미도 중국의 상황을 참조하며 루쉰을 사상적 자원으로 삼으면서 기본적으로 일본만을 사고했습니다. 다만 아주 깊이 파고들었죠. 그토록 철저했기에 다케우치 요시미는 루쉰이 그러했듯 내셔널리스트가 될 수 없었습니다.

이 지점에서 개인과 공공성 혹은 특수와 보편의 관계가 드러납니다. 보편적인 것이 곧 국제적인 것은 아닙니다. 보편적인 것은 한 나라 안에서도 존재할 수 있습니다. 그렇지만 일국의 내부에서 보편성이 존재하는 방식에 관해서는 숙고해봐야 합니다. 그 나라를 열린 사회로 만들 것인가, 닫힌 사회로 만들 것인가? 그 사회를 깊이 있는 인간성을 갖춘 사회로 만들 것인가, 이익만 좇는 사회로 만들 것인가? 거기서 보편성의 문제가 발생합니다. 저는 오래전에 "국제화는 어디서 발생하는가"라는 문제를 제출하며 한 나라 안에서 국제화를 시도하지 않는다면, 그것은 진정한 국제화가 될 수 없다고 강조했습니다. 이것이 개인의 물음과 공공성이 담보한 물음의 관계에 관한 저의 생각입니다.

상황과 원리

윤여일　선생님의 말씀에 공감합니다. 특히 보편성과 특수성에 관한 견해는 제게 시사하는 바가 큽니다. 최근 저는 "원문 속에서 이미 번역이 시작된다"는 표현을 이따금 사용하고 있습니다. 저는 어떤 구체성, 제 발언 속에서는 구체적 텍스트인데요, 즉 거시적 범주나 이론적 전제에서 출발하지 않고 비약과 섣부른 추상화도 허용치 않으며, 바깥의 시선으로는 설명될 수 없는 자신의 진실에 천착하는 한 구체적 인간의 지난한 사고의 흔적이 오히려 보편적 물음으로 육박해온다는 느낌을 받을 때가 있습니다. 그 텍스트의 문제의식은 짙은 농도로 말미암아 읽은 이에게로 삼투하고, 읽는 자는 그 텍스트에 자신의 내면세계를 투사하여 거기서 잠재되어 있던 여러 물음이 모습을 이룹니다. 그런 글에는 어떤 번역성이 감돌고 있습니다. 원문에서 이미 번역이 시작되는 것입니다. 원문에 잠재된 고민은 독자에게 가닿으려고 하지만, 독자는 어떤 전환을 겪어야만 그 고민을 공유할 수 있습니다. 저는 보편성과 특수성의 관계를 이렇게 이해하고 있는 중입니다.

선생님께서 말씀하신, 한 나라 내부의 국제화라는 화제에 관해서는 다음 시간에 여쭤볼 기회가 있으리라고 생각합니다. 여기서는 조금 우회해 선생님께서 종종 사용하시는 '원리'라는 표현에 관해 여쭙고 싶습니다. 아마도 '원리'에 관한 선생님의 사색은 자신의 체험이나 외부의 대상으로부터 물음과 사상 과제를 끌어내고, 그것들을 사상적 전통의 일부로 삼는 시도와 관련되리라고 생각하기 때문입니다.

선생님께서는 어떤 상황에 관해 기술하실 때 기존의 가치 판단이나 이론으로 재단하지 않고 상황의 복잡함으로 들어가는 동시에, 구체적인 상황을 나열하는 것이 아니라 거기서 '원리'를 발견하려고 하십니다. 이때 '원리'란 바깥에서 들여온 선험적 논리와는 다르다고 생각합니다. 여기서 '원리'라는 말의 함의가 무엇인지, 무엇을 지시하는 표현인지 여쭙고 싶습니다. 아마도 이 대목에서 보편성과 특수성에 관한 논의를 다른 각도에서 전개할 수도 있을 것 같습니다. 이를 위해 선생님의 글 가운데 몇 곳을 인용해보겠습니다.

'내부 시좌'는 유동성을 유동성인 채로 파악하며 유동적 상황에 몸을 맡기고 거기서 살아있는 원리를 발견한다. 이를 위해서는 사상사 연구에서 밟아야 할 절차로서 정적인 개념에 생명력을 불어넣는 노력이 필요하다.(「'사스'라는 사상사의 사건」)

중국인이 오키나와의 상황을 이해하려면 몹시 노력해야 할 것이다. 중심-주변이라는 인식 구도를 근본에서 뜯어고쳐야 한다. 나라를 전제로 한 아이덴티티의 단순화 경향을 돌파해야 한다. 나아가 이데올로기에 근거한 정치 판단을 떨쳐내야 한다. 이로써 역사를 직시하여 동아시아사의 역동성을 끌어내야 한다. 이러한 일련의 노력이 있을 때 비로소 오키나와는 하나의 원리가 될 수 있을 것이다.(「오키나와가 우리의 눈에 비칠 때」)

다케우치 요시미가 중국 역사의 원동력을 '중국식 근대'라는 말로 담아내려 한 고뇌는 오늘날에도 여전히 한 가지 사고의 형태로 정착하지 못했다. 그런 사정으로 다케우치 요시미가 말했던 결코 만만치 않은 중국 원리의 혼돈스러움은 안이하게 '중국 찬미'로 간주되어 본뜻이 왜곡되었다.(「왜 '포스트 동아시아'인가」)

다른 맥락에서 나온 여러 글을 무분별하게 모아놓는 일은 피해야 하겠지만, 가령 "살아있는 원리", "오키나와는 하나의 원리", "중국 원리의 혼돈스러움" 등으로 표현된 '원리'라는 말에는 현상을 대하는 선생님의 사고법이 함축적으로 담겨 있는 것 같습니다. 그것은 대상이 지닌 구체성을 훼손하지 않으면서도 그 안에서 공유 가능한 무언가를 발견하려는 시도의 일환으로 여겨지는데요.

쑨거　우리는 일상에서 원리, 원칙이라는 말을 종종 사용합니다. 그때의 피부감각으로 '원리'라는 말을 이해해주기 바랍니다. 물론 이론의 일반론으로서도 '원리'라는 말에 접근할 수 있겠지만, 그러면 중대한 결함이 발생합니다. 우리가 원리에 관해 엄밀한 정의를 내려버리면, 원리는 좀처럼 꿈쩍 않는 것이 되어버리니까요. 그렇듯 움직이지 않는 원리의 사례로 제시할 수 있는 것이 이른바 문화본질주의입니다. 이를테면 유교 원리, 마르크스주의 원리 등도 마치 실체로서 존재하는 것인 양 여겨져 사태를 갈무리하는 데 쓰이거나 그것 자체가 지고의 목표가 되어버립니다.

저는 원리를 이런 식으로 인식하는 일에 동의하지 않습니다. 원리란 살아있는 것입니다. 따라서 오히려 살아있는 유동적 현상 속에서 원리를 발굴해내야 합니다. 그때의 원리란 현상의 근원이 되는 것입니다. 근원이 있기에 모든 현상은 독특한 형태와 이유를 획득합니다. 만약 근원적인 게 없다면, 우리가 보는 현상은 무질서하며 이유를 갖지 못합니다. 그 근원적인 것을 일컬어 저는 '원리'라고 부릅니다.

당신은 제 글에서 "중국의 원리", "오키나와를 원리화하다" 같은 몇 가지 대목을 인용했는데, 여기서 당신이 알고 싶은 것은 아마도 원리라는 말의 의미라기보다 제가 원리라는 말로 무엇을 표현하려는지, 그때 저의 피부감각은 무엇인지겠지요.

윤여일　그렇습니다. 예를 들어 선생님께서는 "원리를 발견한다"는 표현만큼이나 "원리화한다", "원리로 삼는다"는 표현을 종종 꺼내십니다. "오키나와의 원리화"도 그렇습니다. 저는 선생님께서 생각하시는 원리란 객관적 실체가 아니라 살아있는 상태로 존재하기에 그런 표현을 사용하신다고 생각합니다. 방금 전 보편과 특수에 관한 이야기가 나왔습니다만, 제가 이해하기에 오키나와를 원리화한다는 것은 오키나와를 하나의 특수한 사례로 다루는 것이 아니라, 오키나와와는 다른 상황과 조건에서 버거워하고 있는, 이를테면 저와 같은 사람도 영양분을 흡수할 수 있도록 오키나와로부터 사상적 자원을 발굴하고 가다듬는다는 의미로 여겨집니다. 아마도 '원리화'라는 표현은 이런 차원에서 꺼내신 게 아닐까 짐작합니다.

그런데 이때 대상의 고유성을 훼손하지도 않고 또한 섣부른 비약을 범하지도 않으면서 대상으로부터 무언가를 원리화하려면, 인식주체에게 특별한 사고의 감도가 요구된다고 생각합니다. "~를 원리화한다"는 표현은 다른 사람의 글에서는 좀처럼 접한 적이 없는데다가 보편과 특수에 관한 선생님의 이해방식이 잘 드러나는 대목이라고 짐작하기에 구체적인 사건과 대상을 응시하는 인식론의 문제로서 여쭙고 싶었던 것입니다.

쑨거　　감사합니다. 제게도 무척 중요한 물음입니다.

중국과 오키나와, 그리고 능력을 벗어나지만 한국과 타이완에 대해서도 저는 '원리화'를 하고 싶습니다. 왜냐하면 원리 자체는 사실 추상적이지 않기 때문입니다. 현재 세계의 지식인들은 어떤 공범 관계로 얽혀 있습니다. 원리는 언제나 서쪽에서 오며, 아시아에는 원리가 적용될 재료만이 있습니다. 따라서 아시아가 자신을 재료로 내주어 서쪽의 원리를 조정하는 식으로 공동 작업이 현재 진행 중입니다. 이 작업 자체는 가치가 있습니다. 서양이라 해도 그것은 여러 문화의 집합체이니 원리도 다양합니다. 근대화론이 있다면 탈근대론도 있습니다. 그러한 이론 모두가 원리로서 자격을 획득하고 있습니다. 그렇다면 가령 중국의 원리란 무엇인가, 그것은 지금까지 두 가지 방식으로 논증되어왔습니다.

첫째, 중국은 서양과 달리 독자적이며 특수한 원리를 가진다는 이해 방식으로, 주로 중국의 유학자들이 일궈왔습니다. 그들은 유교의 근간인 화和나 인仁이라는 조화의 원리에 의해 중국의 역사가 형성되어왔다고 인식합니다. 그러나 이런 담론은 그다지 성공을 거두지 못했습니다. 왜냐하면 중국의 역사는 닫힌 것이 아니며, 자신의 원리를 지니면서도 늘 외부 세계와 부대껴왔기 때문입니다. 따라서 중국의 원리를 구한다면 그것은 열린 원리여야 할 것입니다. 배타적인 채 다른 논리와 동떨어져 있다는 식으로 중국의 원리를 논하는 것은 거의 무모합니다.

둘째, 이와 대립하는 형태로 중국 안에도 세계와 공통하며 서양 이론을 보완할 원리가 있다는 주장입니다. 이 주장은 본질주의에 맞서니 그만한 가치가 있습니다. 다만 이때 '중국의 원리'란 아무래도 서양 이론을 이식한 형태가 되어버립니다. 따라서 알아듣기는 쉬운 주장이지만, 중국의 원리를 발견하는 데는 이르지 못합니다. 그런 의미에서 중국의 원리를 발굴하는 작업은 배타적 방식으로 성사될 수 없으며, 서양 이론에 의거해 서양 이론을 수정하는 방식으로도 제대로 진척될 리 없습니다. 요컨대 중국의 원리는 여전히 원리로서 확립되지 않았습니다. 따라서 원리화할 필요가 있습니다.

마찬가지로 오키나와도 원리화할 필요가 있습니다. 분명 당신도 말했듯이 자신과 동떨어진 특수한 사례로 다루는 것이 아니라 원리화함으로써 자신의 고민과 맞닿을 지점을 발견해야 하겠죠. 그러나 더욱 중요한 위상이 있다고 생각합니다. 저는 몇몇 다른 장소에서 같은 내용을 반복해 강조했습니다만, 일본에서 오키나와는 마이너리티로 여겨져왔습니다. 그러나 일본 본토에는 없는 힘이 오키나와에는 있습니다. 달리 표현하면 오키나와는 새로운 원리를 낳을 수 있는 가능성을 지니고 있습니다. 현재 우리에게 거의 유일한 인간 사회의 조직 방식처럼 받아들여지는 국민국가를 넘어서는 길을 오키나와는 모색하고 있습니다. 저는 원리화를 말할 때 그 대목에 가장 공을 들입니다.

그런 의미에서 동아시아에서 원리화 작업에 나서야 할 지역은 오키나와만이 아닙니다. 타이완도 마찬가지입니다. 타이완의 아이덴티티는 온전히 국민국가라는 틀에 담기지 않습니다. "대륙으로부터의 독립인가 대륙과의 통일인가"는 표면적인 문제에 불과합니다. 오히려 타이완이 살아가는 방식은 국민국가를 넘어서는 가능성을 암시합니다. 홍콩도 그렇습니다. 따라서 일국양치—國兩治라는 중국의 특수한 방식은 이미 국민국가라는 근대 유럽의 사회 편성을 넘어서고 있습니다. 애초부터 이질적이었죠.

이런 시각에서 올해 불거진 티베트 문제도 바라볼 수 있습니다. "독립인가 아닌가"라는 구도에 얽매인 사람들은 국민국가가 아닌 다른 모습을 상정하지 않습니다. 그러나 중국의 기나긴 역사적 흐름을 보건대 서유럽의 민족국가 같은 형식은 중국의 실정에 들어맞지 않습니다. 그러나 이 문제는 원리화되지 않은 탓에 표면으로 등장해도 대개 사상적으로 빈약한 형태로 다뤄집니다. 중국 내 소수민족의 문제는 인권 문제로 환원되곤 합니다. 인식론의 위상에서 아시아의 역사

를 어떻게 인식해야 하는지를 검토하지 않는다면, 구체적인 역사 상
황에 대한 분석은 근본적으로 뒤틀리고 말 것입니다. 그런 의미에서
원리화 역시 인식론 작업의 일환으로 생각할 수 있습니다.

윤여일　　다케우치 요시미의 「현대지나支那의 문학정신에 대하여」라
는 글이 떠오릅니다. 이 글에서 다케우치 요시미는 현대지나와 고전
지나라는 말을 대비해 사용했습니다. 현대지나란 중국이 독자적 근대
를 갖고 있음을 강조하기 위한 표현이었습니다. 반면 고전지나에 관
해 그는 이렇게 말합니다. "'천'天이나 '유교', '중화사상', 내려와서는
'현실적 생활태도'나 '생존본능' 등 지나인 특유의 성격처럼 회자되는
것들은 물론, '종법사회'宗法社會나 '동양적 정체성', '아시아적 생산양
식'까지 모두 한결같이 고전지나라는 추상에서 도입한 원리다." 즉 고
전지나는 과거형의 중국일 뿐 아니라 어떤 '원리'를 가지고 한손으로
꿰차거나 사물처럼 쥐락펴락할 수 있는 중국을 뜻합니다. 그러나 다
케우치 요시미는 중국을 중국 자신의 근대에서 읽어내고자 했습니다.
그래서 아편전쟁(중국이 근대로 포섭된 시기)이 아니라 5·4운동(중국이 근대
를 포섭한 시기)을 주목했죠. 이런 발상은 전후로도 이어져 일본의 뒤틀
린 근대화를 해부할 때 그는 중국의 근대를 참조축으로 삼았습니다.

　　다케우치 요시미의 발상과 선생님께서 '오키나와의 원리화'를 거
론하신 것은 포개지는 면이 있는 것 같습니다. 이 글에서 다케우치는
유동하는 '중국의 원리'를 다뤘지만, 결국 중국에서 독자적 근대를 읽
어내야 한다는 그의 중국론은 일종의 일본론으로서 일본 사회를 겨냥
하고 있었습니다. 즉 '중국의 원리'를 통해 일본의 근대를 되묻고 일

본사상계의 시각을 교정하려 했던 것입니다.

마찬가지로 '오키나와의 원리화'에서 목표는 오키나와에 관한 정확한 지식을 획득하는 데 있다기보다 자기 사회에서 국민국가를 성찰하고자 할 때 오키나와의 역사적 경험을 자양분으로 삼는 데 있지 않을까 합니다. 그때 원리란 대상에 대한 객관적 이해가 아니라 대상에 육박하고자 하는 주체의 절박함에 의해 구현되며, 그로써 원리는 생명력을 얻을 수 있다고 생각합니다.

그렇다면 선생님께서도 말씀하셨듯이 원리화에는 범박하게나마 두 가지 대립하는 태도가 있다고 정리해볼 수 있지 않을까요? 한 가지는 기존의 이론과 학설에 의거해 높은 위치에서 내려다보듯 원리를 적용하는 태도입니다. 그 경우 원리화는 대상을 하나의 지적 사물로 고착시키며, 따라서 대상의 유동성을 놓치고 맙니다. 무엇보다 그런 원리화 과정은 자신을 향한 문제의식으로 되돌아오지 않고, 오히려 기존의 자기 이미지를 공고히 하는 데 일조할지 모릅니다. 원리의 발견이 진정한 발견이 아닌 자기 확인으로 끝나버리는 것입니다.

반면 선생님이 강조하시는 원리화나 다케우치 요시미가 당시의 중국을 현대지나로 대해야 한다고 주장한 것은 대상 세계와 대면하여 그것을 자기 조건 속에서 내재화하여 원리로 삼는다는 내용이라고 이해됩니다. 다르게 표현하자면, 자기를 되돌아보기 위한 사고의 참조축으로 삼는다는 뜻이죠. 이렇듯 원리화에서는 두 가지 다른 태도 내지 감각을 구분할 수 있는 게 아닌까요.

쑨거　원리화는 분명 주체의 문제와 관련되지만, 주체가 어떤 필요와 절박함으로 원리화 작업을 수행하느냐 하는 것과는 다른 위상도 존재합니다. 물론 모든 문제는 주체의 조건과 무관하지 않겠죠. 그러나 지금 말하는 원리화란 "역사를 어떻게 볼 것인가"라는 구체적인 문제입니다. 그 지점을 더 파고들면 당신이 제기한 주체의 문제로 이어질 테지만, 저는 두 가지 문제를 나눠 생각하고 싶습니다. 얽혀 있지만 따로 다루지 않으면 안 됩니다. 즉 왜 원리화의 문제가 곧장 주체성의 문제로 회수되지 않도록 원리화하지 않으면 안 되는지 탐구해야 합니다. 그렇지 않으면 모든 문제가 주체성의 문제로 환원되고 맙니다. 따라서 당신은 방금 전 다케우치 요시미의 「현대지나의 문학정신에 대하여」를 인용했고 이 글은 지금 우리의 논의와 밀접한 관련이 있기는 하지만, 저라면 다른 글을 참조할 것입니다.

다케우치 요시미는 1960년대 중반 요시모토 다카아키*와 대담을 가졌습니다. 그때 다룬 주제 가운데 하나는 "문화혁명이 진행 중인 중국을 어떻게 인식해야 하는가"였습니다. 요시모토는 다케우치에게 중국에 관한 해석을 요구했습니다. 다케우치는 이렇게 답합니다. "중국은 원래 국가를 파괴하는 경향이 있다. 마오쩌둥은 지금 문화혁명을 추진하며 국가를 파괴하려 하고 있다. 그러나 실은 마오쩌둥이 아니라 민중이 국가를 파괴하려는 중이다. 마오쩌둥은 민중의 의지를 대변할 뿐이다." 여기에 다케우치의 날카로움이 있습니다. 그는 중국이라는 나라가 일본인에게 친숙한 서유럽의 민족국가 형태와 다르다고

---

* 吉本隆明(1924~2012). 사상가. 근로동원 중에 패전을 맞았다. 전후에는 문학가의 전쟁책임론을 주창했고, 1960~70년대에는 신좌익에 반당파적 자립사상의 이론적 토대를 제공했다. 『전위를 위한 열 편』이 초기 대표작이며, 『의제의 종언』에서는 공산당을 비판했다.

거듭해 강조했습니다. 국민국가라 불리면서도 중국은 일종의 국제사회인 것입니다. 내부의 법칙이 복잡하여 국민국가라는 틀로는 중국의 실상을 인식할 수 없습니다. 다케우치는 이렇게 표현합니다. "중국 안에는 노예사회, 봉건사회, 자본주의사회, 공산주의사회가 모두 들어있다. 역사의 모든 단계가 중국 속에서 동시에 존재한다."

범박한 주장이라 정확성을 따지기는 어렵지만, 방향성만큼은 설득력이 있습니다. 즉 한 가지 틀이나 발전단계론으로 중국을 이해할 수 없다는 점을 그는 분명히 간파했습니다. 다케우치는 그 점을 알았지만 그 이상으로 설명할 수 없었기에 문화혁명이 진행되는 동안 굳이 「중국을 알기 위하여」처럼 정치나 사상과 그다지 관련이 없는 글을 계속 써냈습니다. 더는 중국 사회를 정치적으로 분석할 수 없다고 잘라 말하기도 했습니다. 요시모토 다카아키와의 대담에서 다케우치가 그런 단정을 내린 것은 당시 1960년대 일본 사회에서 나온 중국 사회의 분석이 모두 잘못되었다고 판단했기 때문입니다.

저라면 이 일화를 가져왔을 것입니다. 당신이 제기한 주체성의 문제는 다음번에 본격적으로 다뤄보면 좋을 것 같습니다.

윤여일   그렇군요. 선생님, 쉬지 않으셔도 체력적으로 괜찮으신가요.

쑨거   그럼요. 이제야 조금 흥분하기 시작했습니다. (웃음) 계속해 나가죠

사상과 이론

윤여일   그렇다면 이어나가겠습니다. 막상 선생님과 대화를 시작하니 제가 머릿속으로 그려온 순서대로는 진행되지 않는군요. (웃음) 여쭈어본 무언가에 대해 선생님께서 답하시는 과정에서 저는 또 다른 질문거리를 발견하고 그것을 좇게 됩니다. 그런 식으로 여쭙다보니 대화가 똑바로 나아가지 못하는 것 같습니다. 이렇게 진행한다면 토의의 장을 만들어낸다는 이번 대화의 취지에 부합할 뿐 아니라, 예기치 않은 샛길에서 선생님의 또 다른 사유를 만날 수도 있겠죠. 다만 어떤 공동의 화제에 다다랐을 때 대화가 심화되도록 물음을 구성하는 것이 제 역할일 텐데, 능력이 부족한 탓에 임기응변을 제대로 해내지 못하고 있습니다. 오늘은 다소 두서가 없더라도 전체의 밑그림을 넓게 펼쳐볼 기회라고 생각하니, 물음이 추상적이더라도 이해해주시기 바랍니다.

앞서 선생님께서는 '원리화'에 관한 말씀 중에 외부 이론을 이식하는 식으로는 살아있는 원리를 발굴해낼 수 없다고 강조하셨습니다. 그 지점을 좀 더 파고들고 싶습니다. 즉 이론의 활용에 관한 물음입니다. 제 물음이 추상적이라는 느낌이 들어 잠시 개인적 경험을 꺼내 맥락을 마련해볼까 합니다.

저는 2004년에 선생님의 책을 처음 접했습니다. 당시에 선생님의 책을 읽는 동안 가장 큰 문제의식으로 다가온 것은 "어떻게 하면 이론 편향적 공부에서 벗어날 수 있는가"였습니다. 나중에 선생님의 책을 다시 들었을 때는 동아시아의 사유에 집중하게 되었지만요.

선생님의 책을 처음 접한 시기에 저는 이론 지향적 공부에 회의를 느끼던 참이었습니다. 학부 때부터 주로 읽어왔던 것은 유럽, 유럽이라고 해도 주로 프랑스, 영국, 독일, 이탈리아에서 나온 정치철학 서적이었습니다. 물론 다른 사유가 녹아든 책을 섣불리 지역 단위로 분류해서는 안 되겠지만, 저는 문제의식도, 등장한 시대와 사회적 맥락도 다른 책을 '유럽의 정치철학'을 대한다는 느낌으로 읽어왔습니다. 이처럼 몇몇 나라를 일컬어 유럽 혹은 서양이라는 담론적 구성물을 만들어내는 것은 식민화된 무의식의 징후일지도 모르죠.

아무튼 이른바 '서양 이론'을 섭취하는 동안에 제 안에서는 그렇게 섭취한 이론, 추상적 개념이 현란하지만 나른한 공론이 되어버린다는 느낌이 들었습니다. 나중에는 갑옷처럼 갑갑했습니다. 갑옷에 비유하는 까닭은 그 이론과 개념이 바깥 세계로부터 상처입지 않도록, 낯선 대상과 유동하는 상황 속에서도 혼란을 겪지 않도록 저를 보호하고 있었기 때문입니다. 그러나 갑옷을 계속 껴입듯이 여러 개념적 지식으로 치렁치렁 무장하고 있자니 그 무게에 저의 사고력이 짓눌렸습니다.

그중에서도 석사논문의 집필은 고약한 경험이었습니다. 2004년 저는 석사논문을 마쳤는데, 영국의 화폐 체제를 검토해 그 안에 내재된 국민화의 메커니즘을 규명하는 내용이었습니다. 애초 그 주제를 선택한 까닭은 마치 중립적인 듯이 보이는 화폐 체제가 국민국가 형성 과정에서 어떻게 활용되는지 분석하여 국민국가를 '비판'하는 데 있었습니다.

하지만 논문이 마무리되어갈 즈음 난감해졌습니다. 국민국가를 이론적으로 비판하면 할수록 그것은 괴물이 되어버렸고, 제 안에서 괴물이 되어버린 '국민국가'를 통해 비판의 열정을 다시 구하는 어떤 회로에 빠졌습니다. 정작 비판을 통해 대상을 제대로 이해하는 거리를 확보하고자 국민국가에 관한 논문에 착수했는데, 논문에 몰두한 결과 국민국가라는 개념 없이는 현상에서 아무것도 제대로 읽어낼 수 없게 된 것입니다. 한동안은 어떤 현상에서라도 가능하면 국민국가의 징후를 읽어내려 했습니다. 비판의 의지가 도착되어 비판 대상을 제 안에서 절대화시킨 것입니다. 이는 개념을 통해 세계와 자신을 연결하는 연구자들이 종종 걸리는 병이지 싶은데, 능력도 내성도 부족한 저는 그 병을 심하게 앓았습니다.

또한 이른바 현실 문제를 분석할 때 제가 사용하는 이론적 언어에도 회의감이 찾아왔습니다. 분명 현실 상황에 대한 분노에서 출발했지만, 체계적인 언어화 끝에 분노를 탕진해버리는 경우가 있습니다. 이론 내지 학술의 언어와 현실의 절규 사이의 간극에 제대로 손을 대지 못하는 것입니다. 그리하여 학술의 언어가 현실의 복잡함을 가리거나 현실과의 거리를 확보하는 데 사용됩니다. 개념을 내놓고 그만큼 대상으로부터 뒷걸음질치는 것이지요. 현실 문제를 둘러싼 날이 선 격론이 실은 개념이 공전空轉하는 소리에 불과한 경우도 종종 보았습니다. 무엇보다 제 글이 그러했습니다.

그래서 한동안 저의 이론 지향적 공부에 회의를 느꼈습니다. 사실 제가 공부했던 방식은 '이론' 중심이라고 말할 수도 없습니다. 자료를 읽을 수 있는 눈과 감수성을 마련하지 못한 채, 개념을 좇아 개념으로 비약하는 공부였으니 말이죠. 진정한 이론감각은 형성되지 않았습니다. 지금도 그렇습니다. 그래서 이 질문은 제게 더욱 중요합니다.

저는 '이론'에 대한 반작용으로 한동안 이론과 구분하여 사상이라는 말을 사용하기도 했습니다. 가령 보편지향성, 탈맥락성, '자기 부정'의 계기가 포함되어 있는지 여부, 말의 운용에 대한 섬세함, 감정에 대한 민감함 등을 기준으로 사상과 이론을 구분해보았습니다. 물론 이 경우 사상을 이론으로부터 끄집어내기 위해 이론에 '악역'을 맡겼습니다. 그러나 이윽고 이런 시도 자체가 제가 경계하던 추상적 의미의 '이론적' 태도라는 생각이 들었습니다.

하지만 제게는 여전히 이론과 사상이라는 말 사이에 어감의 차이가 있습니다. 저는 지식, 특히 인문·사회과학의 지식은 정합성과 아울러 기능성, 윤리성을 지닌다고 생각합니다. 저는 정합성이 지적 주체가 생산한 지식이 지적 대상과 얼마나 정확히 부합하는지의 문제라면, 기능성은 지식이 지적 환경 혹은 현실 세계에서 어떤 역할을 맡을 수 있는지와 관련되며, 윤리성이란 지식을 통해 지적 주체 자신이 변화할 수 있는지의 문제라고 나름대로 정의하고 있습니다. 그리하여 당시에 저는 '이론'이 주로 지식의 정합성을 중시하며, 특히 윤리성은 등한시하는 지적 영위라고 악역을 맡겼습니다. 거꾸로 말하자면 사상이란 바로 지식의 윤리성으로 고투하는 지적 영위여야 하는 것입니다.

그러던 차에 2006년 베이징의 선생님 자택을 방문했습니다. 선생님께서 와인을 꺼내주신 탓이기도 한데(웃음), 그때 저는 이론의 활용 문제에 관해 저의 고민을 장황하게 말씀드렸죠. 물론 그때는 친구인 김우자 씨가 일본어로 통역을 해주었습니다. 그때 선생님의 반응이 제게는 뜻밖이었습니다. 선생님께서는 '이론적' 경향을 비판하는 동시에 '이론화'하는 절차의 중요성을 짚어주셨습니다. 그때 저는 선생님의 글을 읽으며 제가 오독을 범했구나 알아차렸습니다. 이른바 이론에 대한 반편향이 지나친 나머지 선생님의 글도 이론 비판적 내용으로 읽어왔던 것입니다.

지금 이 자리를 빌려 저는 선생님께 이론의 위치, 이와 함께 드러나는 사상의 의미가 무엇인지 다시 여쭤보고 싶습니다. 이를 위해 선생님의 글에서 한 가지 대목을 소재로 취하고자 합니다.

> 의미심장하게도 추상이 늘 이론의 차원에서만 활용되는 것은 아니다. 구체적 문제에서도 활용된다. 구체적 문제를 다루는 장면에서 추상이 사용되면 대개 문제의 핵심은 단순화되어 메타포로 대체된다. 구체적 문제를 분석하는 경우, 더욱 널리 수용되기를 바라는 마음에 남들이 의문을 품지 않도록 직관적 결론을 가져오는 사례가 그 전형이다. 하나의 사건은 복잡한 면모를 지니며, 특히 핵심 대목은 섣불리 이론으로 처리할 수 없는데도 추상은 이를 교살하는 것이다. 추상은 그런 식으로 새로운 계기를 지녔을 법한 사건을 이미 통용되는 기성의 결론으로 덮어버린다. 그리하여 이론이 현실에서 영양분을 흡수하는 길은 끊기고, 이론이 성숙할 가능성은 말라버린다.(「사상으로서의 '아즈마 시로 현상」)

여기서 '이론'이라는 말은 이중적 의미로 사용됩니다. 어떤 주장이 추상화되면 '이론'으로 등장하지만, 그것이 오히려 진정한 '이론'의 성장을 가로막는다고 말입니다. 따라서 선생님께서는 '이론' 그리고 '이론과 사상'의 관계를 어떻게 이해하고 계신지 여쭙고 싶습니다.

쑨거　몹시 어려운 문제군요. 이론은 지적 생산의 한 가지 방식입니다. 이를테면 철학도 이론의 한 가지 종류지만 철학이 곧 이론은 아닙니다. 철학이 아닌 형태의 이론도 있을 수 있습니다. 즉 논리성에 기초해 지적 사고를 추상화하고 심화해나가는 방식을 우리는 이론이라 부릅니다. 이론은 인간의 사고 자체를 대상으로 삼습니다. 따라서 우선 현실을 그대로 이론화하려는 행위는 성사될 리 없습니다. 이론의 대상은 인간의 정신입니다. 그런 의미에서 이론이라는 지적 생산방식은 무척 소중합니다. 오늘의 주제인 인식론도 이론이 없다면 불가능하겠죠. 인식론을 생산하려면 이론적으로 실시해야 합니다. 그와 동시에 이론은 하나의 방식으로 고착되면 생명력을 잃을 위험성이 따릅니다. 즉 이론이 형해화되면 추상적인 말만 쌓일 뿐, 내용은 공허해질 수 있습니다.

　살아있는 이론을 만들려면 무엇이 필요할까요? 대답은 여럿이며 유일한 정답은 없습니다. 저는 그렇게 생각합니다. 사상은 바로 이론의 생명력을 유지하기 위해 필요합니다. 그러나 이는 정해진 인과관계가 아닙니다. 사상과 이론은 동시에 발생하는 정신의 영위입니다. 거꾸로 말해 사상의 힘을 유지하기 위해서도 이론의 힘이 요청됩니다. 사상이란 인간 정신의 산물입니다. 그렇다고 날조라는 의미는 아니죠. 현실을 대하는 인간의 여러 반응에 의해 생겨난 산물이 사상입니다. 따라서 사상이라는 정신의 산물은 긴장 어린 것이어야 합니다. 그 긴장감이 이론의 힘이 될 수 있다고 생각합니다.

그렇다면 어떻게 해야 사상성을 품을 수 있을까요? 마루야마 마사오*는 자신의 강의에서 사상의 성격을 규명한 적이 있습니다. "자극이 주어졌을 때 인간은 바로 반응하지 않는다. 어떤 '시간의 절단'을 만들어낸다. 반사적으로 반응하는 게 아니라 조금 기다리고 나서 반응한다. 사상성은 이 같은 시간의 지체에 의해 유지된다." 이런 내용이었죠.

그의 발언은 무얼 뜻할까요? 어떤 자극이 주어지는 경우, 가령 전쟁이 발발하면 찬성할 것인지 반대할 것인지 즉각적인 입장의 표명을 요구받습니다. 그렇게 되면 시간의 절단을 만들어낼 수 없습니다. 혹은 지진이 일어나면 그때는 피난을 갈지 말지 곧바로 행동으로 옮겨야 합니다. 그 경우 시간의 공백을 만들어낼 여유는 전혀 없습니다. 당연한 일입니다. 다만 그때의 선택은 사상성을 띠지 않습니다. 자극에 대한 반응에 불과합니다. 사회적·문화적 반응이라 해도 마찬가지입니다.

그러나 사상은 그렇지 않습니다. 입장과 행동을 선택하고 나서 시간의 공백을 만들어 사건을 되돌아보면 다른 풍경이 펼쳐집니다. 그때 나타나는 반응이 사상적입니다. 이때의 반응은 반사적 반응과 다릅니다. 이런 예는 부지기수일 테니 여기서 따로 언급하지 않아도 되겠죠. 같은 사건인데도 사상가의 반응과 운동가의 반응은 다를 수 있습니다. 다르더라도 한쪽이 잘못은 아닙니다. 양쪽 모두 올바를지도

---

* 丸山眞男(1914~1996). 정치학자. 일본정치사상사연구의 최고봉으로 전후 민주주의 사상의 지도적 존재였다. 저서로는 『현대정치의 사상과 행동』, 『일본정치사상사연구』, 『충성과 반역』 등이 있다.

모릅니다. 역할 분담이니까요.

이쯤에서 사상의 힘은 어디서 나오는가라는 이야기로 돌아가봅시다. 직접 반응하는 경우라면 자극에 노출되었을 때 본능이 힘의 원천입니다. 그러나 그게 사상의 힘이 될 수는 없습니다. 사상은 이론에서 힘을 얻습니다. 다만 이때 이론은 기성품을 말하는 게 아닙니다. 이론이란 현실에서 문제를 적출하고 그것을 추상적 형태로 배양하여 현상 배후에 있을 가능성을 발견해내는 힘입니다.

우리 동양인은 종종 이론의 힘과 이론의 제품을 혼동합니다. 이론가의 글을 인용하면 자신도 이론가가 된 듯 착각합니다. 그러나 이론의 기성품을 그대로 사용한다고 이론을 생산하는 건 아닙니다. 그건 소비 행위에 불과합니다. 이론의 힘을 몸에 익히는 것은 이론적 생산을 행하는 것이기도 합니다. 다만 그것이 이론의 모습이 될지 어떨지는 중요하지 않습니다.

동양의 젊은 학생들은 대학에서 자주 이론 교육을 받습니다. 서양이론을 많이 섭렵하면 이론 공부를 마칠 수 있다고 착각합니다. 첫 걸음으로야 매우 중요한 과정이겠죠. 그러나 그런 공부를 해도 이론화의 힘이 길러지지는 않는다는 사실에 주의해야 합니다. 형해화된 이론을 암송한다고 이론의 힘이 배양되지는 않습니다. 이론의 힘이란 발견의 힘이기 때문입니다. 거듭 말하지만, 이론은 인간 정신을 대상으로 하는 지적 영위이기에 눈에 보이지 않는 것을 발견해내는 힘을 길러야 합니다. 다만 눈에 보이지 않는 것을 대상으로 삼더라도 기성이론의 결론을 가져와 설명하는 식이라면 아무것도 이룰 수 없습니다.

저는 이론과 사상에 이런 관계를 부여하고 싶습니다. 그러므로 경

"서양의 이론을 기성품 삼아 들여온다면, 자신의 고유한 사회 내지
시대와 맺고 있던 긴장 관계가 끊겨 수입된 이론은 틀릴 수 있다는
상대성을 잃어버립니다. 또한 수입한 이론을 여과 없이
비서양 사회에 적용한다면, 해당 사회에 대한 이해가 단순화됩니다.
즉 해당 사회의 어떤 면모를 그 이론의 타당성을 입증하는
징후로 간주하는 것입니다."

"우리 동양인은 종종 이론의 힘과 이론의 제품을 혼동합니다.
이론가의 글을 인용하면 자신도 이론가가 된 듯 착각합니다.
그러나 이론의 기성품을 그대로 사용한다고
이론을 생산하는 건 아닙니다. 그건 소비 행위에 불과합니다.
형해화된 이론을 암송한다고 이론의 힘이 배양되지도
않습니다. 이론의 힘이란 발견의 힘이기 때문입니다."

우에 따라 사상적 이론, 이론적 사상이란 말도 가능하겠죠. 당신처럼 사상과 이론을 대립하는 관계로 상정하지는 않습니다. 두 가지는 양립 가능합니다.

내부와 외부

윤여일　　선생님의 글 가운데 「'사스'라는 사상사의 사건」이 있습니다. 이 글을 소재로 삼는다면 선생님께서 말씀하신 문제, 즉 상황에 직면했을 때 사상을 이끌어내기 위한 '시간의 절단'과는 다른 각도, 즉 공간감각의 측면에서 현상을 대하는 인식론의 문제를 다뤄볼 수 있을 것 같습니다.

　　이 글에서 선생님은 사스가 발발하여 베이징의 시민이 삶과 죽음의 문제에 직면했을 때, 그들은 생명의 위협에 처했을 뿐 아니라 상황 판단력도 시험에 놓이게 되었다고 지적하셨습니다. 그러면서 내부 관점과 외부 관점이라는 문제를 제기하셨습니다. 한 구절을 인용해보죠.

　　상황의 추이에 따라 앞에 내린 판단은 유효성을 잃고 말았다. 상황과 함께 잘잘못에 대한 판단도 엎치락뒤치락 뒤바뀌었다. 당사자라면, 진정 '당사자'라면 매순간 사건의 흐름에 따라 모든 사태를 다시 짜 맞추어야 비로소 판단을 내릴 수 있었다. 반면 외부자는 국부적 문제를 고정시키고 다른 문제로부터 떼어놓아야 비로소 사태를 이해할 수 있었다. 그리하여 사스가 진행되는 동안, 나는 그 어느 때보다도 '내부 시좌'*와 '외부 시좌'의 차이를 분명히 인식할 수 있었다.

선생님은 여기서 '당사자성'이라는 문제를 꺼내셨습니다. 흔히 당사자는 어떠한 사건에 참여하거나 직접 영향을 받는 사람을 가리키는데, 선생님께서는 누가 '진정한 당사자'인지는 어떤 '시좌'를 가지고 있느냐에 따라서도 결정된다고 말씀하셨습니다. 가령 사스 감염지에 몸을 두고 있어도 반드시 '내부 시좌'를 갖는 것은 아니라고 지적하시면서, "'내부 시좌'와 '외부 시좌'의 근본적 차이는 '내부'로부터 상황성을 파악해 상황의 유동적인 특징을 이해하려는 자세와 상황을 고정시켜놓고는 '외부'의 어떤 정지된 초점에서 사건을 재구성하는 자세에 있다"고 하셨습니다.

제가 이해하기로 이때 '내부'와 '외부'는 물리적 공간의 구획이 아니었습니다. 차라리 내부와 외부는 인식론적 구도가 아닐까 생각합니다. 앞서의 이야기와 결부한다면, 현상에서 사상적 요소를 도출해내려면 사고의 절차를 거치기 위한 '시간의 절단'이 필요한 동시에, 유동적 상황에 발을 들이면서도 상황을 전반적으로 이해할 수 있는 '인식의 공간'을 마련해야 한다는 문제설정이 가능하지 않을까 싶습니다.

쑨거　　그것은 다른 문제지만 답해보겠습니다. 생활감각의 수준에서 내부와 외부를 공간적 구획으로 파악한다면 받아들이기 쉽겠죠.

---

* 　시점視點과 유사한 뜻이지만, 본다〔視〕는 행위와 아울러 어디서 보는가라는 장소성〔座〕이 결합된 말이다.

그런 공간감각이 내부와 외부를 가르는 기초가 됩니다. 그런 감각 없이는 애초 내부와 외부라는 말은 의미를 갖지 못합니다.

그러나 앞서도 강조했지만 공공성을 마련하려면 우리는 '사상의 사건'에 대한 공간감각을 가져야 합니다. 이런 공간감각은 물리적인 게 아닙니다. 눈에 보이지 않습니다. 여기서 내부와 외부의 구분은 일상생활과는 다른 원리를 따릅니다. 내부와 외부를 설정하는 방식에는 여러 가지가 있습니다. 상대성을 강조하는 자들은 내부의 폐쇄성을 비판합니다. 혹은 자본주의를 비판하는 일군은 자본주의에는 외부가 존재하지 않는다고 주장합니다. 이처럼 물리적 공간감각을 활용하여 내부와 외부의 새로운 관계성을 설정하려는 영위들이 있습니다.

저는 내부와 외부의 관계를 이와 다르게 모색해보고 싶습니다. 한 가지는 다케우치 요시미에게 배운 관점으로 내재하는 타자, 내재하는 외부가 있습니다. 다케우치 식으로 말하자면 '내재하는 중국'이 되겠죠. 즉 중국은 나의 바깥에 있는 게 아니라 내 안에 있다는 것입니다. 그저 말의 위상에서만 이해한다면, 다케우치의 중국 이해는 실증성을 결여한 이야기가 되고 말겠죠. 실제로 그런 비판이 제기되기도 했고요. 그러나 다케우치에게 '내재하는 중국'의 가치란 자기를 상대화하고 개방해가는 데 있었습니다. 즉 내부를 외부화한다는 목적이 있었던 것이죠. 타자는 어디에 있는가? 타자는 내 안에 있습니다. 그렇지 않으면 진정한 타자가 아닙니다. 그래서 타자와의 만남에는 고통이 따릅니다. 자신을 부수지 않으면 안 됩니다. 다케우치 요시미는 중국이라는 타자=외부에 의해 일본이라는 자기=내부를 깨뜨리려 했습니다. 내부를 새롭게 개방시키려 했습니다. 그러나 그 내부는 어디까지나 내부지 외부는 아닙니다. 이게 다케우치 요시미의 생각입니다.

다른 하나는 마루야마 마사오에게 배운 것입니다. 완전히 다른 위상과 방향의 접근입니다. 수업 시간에 함께 읽었죠. 1961년에 나온 「현대의 인간과 정치」라는 텍스트의 말미에는 "타자를 타재他在에서 이해해야 한다"는 주장이 나옵니다. 여기에는 외부성에 관한 또 다른 이해가 담겨 있습니다. 방향으로 보면 다케우치 요시미와 정반대입니다. 다케우치 요시미는 타자, 즉 외부를 내부로 끌어안아 외부와 내부의 새로운 관계성을 구축하고자 했습니다. 외부와의 관계성에 힘입어 내부를 개조합니다. 반면 마루야마의 경우에는 내부를 외부에 넣는다, 즉 타자를 타재에서 이해한다는 것이었습니다. 동시에 내부성은 사라지지 않고 유지됩니다. 그러나 타자를 타재에서 이해한다는 행위는 외부를 내부의 바깥에 두고 다루는 것을 근본적으로 불가능하게 만듭니다. 외부로 들어감으로써 내부는 자신을 바꿔갑니다. 따라서 두 가지 방식은 방향으로는 정반대지만, 어느 경우도 내부와 외부의 관계는 말끔하게 가를 수 없도록 설정되어 있습니다.

"내부에서 외부를 이해한다"든 "외부에 내부를 집어넣어 외부를 이해한다"든 내부와 외부의 관계를 새롭게 모색하는 경우, 관건은 내부와 외부가 부대끼면서 교통하지 않는다면 관계성이 발생하지 않는다는 사실에 있습니다.

윤여일 그렇다면 「'사스'라는 사상사의 사건」에서 '내부 관점'의 내부란 어느 쪽에 가까운가요?

쑨거　　글쎄, 어느 쪽일까요. 마루야마 마사오 쪽에 가깝지 않을까요. 그 글에서 저는 주체성에 대한 추궁보다는 어떻게 해야 사태 속에서 사태의 진행 과정을 정확히 인식할 수 있는가에 집중했습니다. 내부와 외부의 관계성을 대하는 다케우치와 마루야마 담론의 차이는 다케우치가 주체성을 강조한다면 마루야마는 인식의 적확함을 강조한다는 것입니다. 물론 거기서 말하는 적확함은 자신의 편견을 극복해야만 성취된다는 전제가 있죠. 마루야마는 자기가 아무리 꺼려할 만한 상대라고 해도 금욕적으로 타재에 입각해 타자를 이해해야 한다고 주장했습니다.

서양의 지적 자원을 어떻게 활용할 것인가

윤여일　　앞서 선생님은 유럽의 지적 자원을 기성품처럼 수입해 무반성적으로 가져다 쓰는 태도를 비판하셨습니다. 그것은 잘못된 이론감각이라는 것입니다. 그 대목을 좀 더 논의하고 싶습니다. 그래서 "서양의 지적 자원을 어떻게 활용할 것인가"라는 물음을 다시금 꺼내고자 합니다. 먼저 「동아시아는 역사를 공유할 수 있는가」라는 인터뷰에 나온 선생님의 발언을 인용하겠습니다.

　　서양 이론을 산출한 지적 분위기는 이식할 수 없기에 이론을 옮기는 과정에서 걸러지고 맙니다. 우리의 이론이 늘 서양인의 이론보다 추상적인 것은 그 까닭이죠. 더욱이 까다로운 대목은 서양 이론만으로 현실의 복잡함을 설명할 수 없으며, 거꾸로 '서양'을 실체화시켜 그것과 대결한다는 자세를 취해본들 지금의 사상 과제를 처리할 수 없다는 것입니다.

선생님의 다른 글에서도 비슷한 지적을 접할 수 있습니다. 이론을 무분별하게 가져다 써서 현실의 복잡함을 가려버리는 경향을 비판하는 경우만이 아니라 서양, 특히 유럽의 지적 유산을 절대화하여 '정치적으로 올바른' 논리로 활용할 때도 선생님께서는 비슷한 지적을 하십니다. 또한 유럽의 지적 유산뿐 아니라 '인권', '민주주의', '자유' 그리고 '근대' 등을 포함한 유럽산 개념과 거기에 들러붙은 가치관을 들여와 정치 논리로 활용할 때, 그런 개념과 가치관이 아시아의 맥락이나 구체적인 상황에서는 오히려 의미의 역전이 일어나거나 중요한 대목을 은폐할지도 모른다고 강조하셨죠.

저 역시 선생님의 지적에 공감합니다. 서양의 지적 유산이나 가치를 선생님 말씀처럼 기성품으로 수입한다면, 적어도 두 가지 문제를 불러일으킨다고 생각합니다. 하나는 수입하는 지적 유산에 관한 문제로서, 그것이 자신의 고유한 사회 내지 시대와 맺고 있는 긴장 관계가 잘려나가 사상이라면 사상으로 살아있을 수 있는 이유, 즉 틀릴 수 있다는 상대성을 잃어버립니다. 그래서 가령 프랑스의 구체적 맥락 속에서는 물음으로 등장한 사상이 수입되는 과정에서는 탈맥락화되면서 하나의 안이한 이론으로 변모합니다. 또 한 가시, 그런 지적 유산을 여과 없이 자기 사회에 적용한다면, 자기 사회에 대한 이해가 단순화됩니다. 즉 자기가 속해 있는 사회의 어떤 면모를 그런 지적 유산의 징후로 간주하는 것입니다. 그리하여 자기 사회의 복잡한 입체감은 보이지 않게 됩니다.

하지만 그렇다고 선생님은 유럽의 지적 유산을 활용하는 것에 반대하거나 반서양주의의 입장을 취하지는 않으십니다. 서양의 맥락에서는 비판 정신으로 충만할 지적 유산이 추상화 과정을 거치면서 이곳에서는 거꾸로 패권적인 양상을 띠고 유통될 때, 선생님께서는 그런 경향을 비판하면서도 비판적 사유의 가능성을 살려내서 활용하려고 노력하십니다. 특히 선생님께서 아도르노나 E. H 카, 혹은 라스키의 문헌을 사용하실 때 그런 인상을 받았습니다.

그리하여 저는 여쭙고 싶습니다. 서양의 지적 자원을 여과 없이 수용하거나 혹은 거부하는 것이 아니라, 그것의 가능성을 활용하되 자신의 조건에서 '역사화'하는 데는 어떠한 곤란함이 가로놓이는가, 또 그 문제는 어떻게 해결할 수 있는가라는 질문입니다. 물론 일반론으로 답할 수 있는 질문은 아니겠죠.

쑨거　저는 기본적으로 서양 이론을 전공하지 않았습니다. 제가 관심을 둔 문제는 서양 이론의 틀에 들어맞지 않으며, 서양 이론을 활용하기 위한 훈련을 받은 적도 없습니다. 제 전공 분야와 관련된 서양 이론이라면 독일이나 영국, 프랑스에서 나온 구조주의 이후의 저작을 얼마간 읽어왔습니다. 그러나 저는 역시 사상성이 짙은 이론에 가장 관심이 갑니다. 철학보다는 역사학에 좀더 가까운 사상 이론입니다. 가령 당신이 언급한 아도르노, E. H. 카, 라스키는 구체적 상황 속에서 이론적 생산을 시도한 지식인입니다. 그들이 놓인 상황 자체가 그들의 역사성입니다. 그 역사성에 대해 그들이 설명한 부분도 있고 생략한 부분도 있습니다. 그들 이론의 역사성은 그들 이론의 맥락이 되었습니다. 그런데 맥락을 무시하고 그저 이론의 결론만 인용한다면, 그들의 이론은 살해당할 것입니다. 따라서 이론을 공부할 때는 맥락까지 함께 공부해야만 합니다. 우리 역사 속의 사상가를 탐구할 때도 마찬가지입니다. 그들이 어떤 과제에 직면하고 어떻게 사상적으로 반응했는지, 그리고 그들이 남긴 이론적 저작이 어떤 특징과 한계를 지니는지, 그런 대목은 전체적으로 맥락에 근거해 읽지 않으면 읽어낼 수 없습니다.

가령 다케우치 요시미가 쓴 「대동아전쟁과 우리의 결의」라는 글이 있습니다. 이 글을 맥락에서 떼어놓는다면 완벽한 우익의 언사가 됩니다. 그러나 그가 처했던 상황으로 파고들어 읽는다면 정반대의 이해도 가능합니다. 다케우치 요시미에게 그 글은 나름의 저항이었습니다. 이런 의미에서 어느 나라의 이론이든 상관없이 역사화 과정은 이론을 독해할 때 대전제가 됩니다. 이 전제에서 벗어난다면 이론은 형해화하여 뒤틀린 형태로 오독될 가능성이 농후합니다.

콘텍스트로의 진입

윤여일 저는 선생님께 다른 환경에서 생산된 테스트를 자신의 환경으로 가져올 때 어떻게 역사화해야 하는지를 여쭈었는데, 우선 그 텍스트가 출현한 시대적·상황적 조건에 근거해 독해해야만 역사화가 가능하다는 말씀이시군요.

그렇다면 이 대목에서 텍스트와 맥락, 즉 텍스트와 콘텍스트를 어떻게 읽어내야 하는가라는 문제를 좀 더 심화시키겠습니다. 제게 그것은 텍스트를 매개로 한 사상가와의 만남에 관한 물음이기도 합니다. 과거의 어느 사상가가 남긴 텍스트를 읽으면 새로운 지식과 관점을 얻기도 하며, 제가 찾고 있던 아이디어나 표현구를 발견하기도 하며, 혹은 간직하고 있었지만 제대로 표현하지 못하고 있던 고민을 대신 표현해준 것 같아 감동하기도 합니다. 텍스트 속으로 발걸음을 더 내디디면, 특히 행간이 깊은 사상가인 경우 그는 무엇을 버리고 이런 표현에 도달했는지, 문면에 수놓인 문자들 아래를 배회하고 있을 작가의 고민과 고독이 마음에 걸리기도 합니다. 그러다보면 한 저작만이 아니라 다른 저작도 함께 읽어 그 작가의 전체상을 그려보고 싶어집니다. 혹은 한 인간으로서 어떻게 살아갔는지, 인생의 부침과 사유의 변천이 알고 싶어집니다. 물론 이상의 내용은 순서대로 진행되는 단계론이 아닙니다. 다만 과거 사상가와의 만남 가운데는 이렇듯 여러 사건이 일어날 수 있습니다.

다만 결정적 지점에 이르러서 선생님께서 말씀하신 콘텍스트가 독자에게 문제로 남는 건 아닐까요. 그건 단지 그 텍스트를 당대 상황에 비추어 해석한다는 의미가 아닙니다. 콘텍스트를 읽어낸다는 것은 상대가 남긴 문자를 읽어낼 뿐 아니라, 문자를 토해낸 시대 상황 속에서 상대가 지니고 있던 내재적 모순을 이해하는 것, 나아가 상대와 당대 사이의 긴장 관계 속으로 들어가 상대의 텍스트에서 여전히 읽혀지지 않은 사상적 요소를 건져 올리는 것입니다. 그러나 텍스트를 시대 상황에 비추어 이해하되 섣불리 시대 상황으로 환원해서도 안 될 것입니다. 왜냐하면 상대가 자신의 시대 상황 속에서 자각적으로 택한 지적 위치와 사고의 행방은 상대의 사상적 함량을 결정하는 고유한 요소이기 때문입니다.

다만 독자가 과거 인물의 사상적 함량에 매료되더라도 사상가가 자신의 사유를 낳아야 했던 환경과 콘텍스트는 독자가 경험할 수 없습니다. 여러 자료를 구해 시대 상황의 윤곽을 그려볼 수는 있겠지만, 과거 상황을 재구성한다고 해도 긴장감으로 충만하고 유동하는 상황에 서보는 추체험은 사실상 불가능에 가깝습니다. 그리하여 한 사상가에게 매료당하고 이끌려 그의 사상 세계에 발길을 옮겨 헤매고 그의 생활상을 상상하고, 이윽고 그의 사상이 출현할 수 있었던 콘텍스트에 도달했을 때는 그 사상가와의 이별이 시작되는 것은 아닐까 합니다.

다케우치 요시미를 읽으면서도 그렇게 느꼈고, 선생님과도 그런 날이 오지 않을까 생각합니다. 사상가가 사상을 낳아야 했던 콘텍스트는 반복되지 않으며, 흉내 낼 수도 없기에 콘텍스트까지 다다른 후에는 사상가와 헤어져야 하는 것입니다. 그것은 추종도 모방도 더 이상 불가능하기에 상대가 사상을 연마해냈던 고투를 자신의 환경 속에서 시도하는 일, 상대에게서 배운 사고의 자원을 바탕으로 자신의 길을 개척해나가는 일이라고 생각해봅니다.

쑨거 올바른 길이라고 생각합니다. 사상사 안에서는 어느 사상가를 만나서 이끌리고 따라가는 단계가 필요하지만, 헤어짐도 만남만큼이나 소중한 의미를 지닙니다. 헤어진다는 것은 자립한다는 의미입니다. 자기 힘으로 발견해나간다는 의미입니다. 만남이 발생한 후에도 상대에게 계속 얽매인 채로 머물러 있다면 그 만남은 실패한 것이 됩니다.

그러나 당신이 꺼낸 문제에는 다른 대목도 있는 것 같은데요, 제 감각으로는 어쩔 수 없이 헤어진다는 느낌, 즉 그 사상가의 콘텍스트에는 결국 들어갈 수 없기 때문에 어쩔 수 없이 헤어진다는 어감이 있는 것 같은데, 제가 제대로 이해한 것인가요?

윤여일 예, 그렇습니다. 콘텍스트로 진입할 수 있는 힘, 선생님의 표현으로는 '마음의 기력'이 부족한 저로서는 그런 역사적 조건을 재구성하여 긴장 관계로 들어가기가 어렵습니다. 그래서 사상가와 헤어지고 저의 환경으로 돌아와 만남의 기억을 가지고 자신의 장소에서 그 만남을 활성화시켜야 한다고 생각하는 것입니다.

쑨거 그렇다면 이상적인 헤어짐이 아니군요. 아마 표현상의 문제도 있으리라 생각하는데, 당신은 다른 문제를 꺼내고 있다고 생각합니다. 다시 말해 만남과 헤어짐 모두 두 가지 절차로서 중요하다는 의미에서의 '헤어짐'이 아닙니다. 당신이 말하는 헤어짐이란 제가 말하려는 헤어짐이 아닌 것이죠. 당신이 말하는 헤어짐은 자립하지 못한 상태, 상대의 콘텍스트로 파고들어갈 수 없는, 즉 진정한 만남으로 무르익지 않은 상태의 헤어짐이라고 생각합니다. 그것은 헤어짐이라고 할 수 없습니다. 만남이 발생하지 않았으니까요.

사상가와의 만남은 사상가의 고투와 방황, 기쁨과 절망을 만나는 것입니다. 따라서 대상의 콘텍스트를 이해하는 것은 만남을 위한 필수조건입니다. 물론 고대 사상가의 콘텍스트를 그려내기란 매우 어렵습니다. 그 경우에는 다른 절차가 필요합니다. 고대의 콘텍스트를 이해하기 위한 요소를 우리의 생활감각에서 직접 끌어낼 수는 없습니다. 고대의 사상가를 만나려면 '자료 비판'이라는 중요한 작업에 나서야 합니다. 자료 비판이라는 절차를 거쳐 당시의 지적 상황, 사회 상황을 재구성합니다. 다만 그때 현대인의 감각을 가지고 들어가서는 안 됩니다. 그 콘텍스트는 우리의 생활감각에서 한참 떨어져 있으니까요. 그러나 재구축 자체는 불가능하지 않습니다. 이 이상으로 발언할 자격이 제게는 없군요. 저는 고대를 연구하지 않으니까요.

수업에서 우에하라 센로쿠*에 관한 이야기가 나왔는데, 그는 이 문제를 다뤘습니다. 그의 전공은 독일 중세기였는데, 독일의 중세 시대라는 콘텍스트를 나름대로 재구성했습니다. 우에하라 센로쿠는 오늘날의 일본인이지만 그런 작업은 가능한 것입니다.

제 경우로 돌아와 다케우치 요시미와의 만남 속에서 어떻게 콘텍스트를 만들어내야 했던가를 말하겠습니다. 그와 저는 다른 시대에 속하지만 이어져 있기도 합니다. 현대사는 여전히 살아 움직입니다. 그런 의미에서 여러 요소를 생활감각으로부터 추출하여 콘텍스트

---

* 上原專祿(1899~1975). 역사가. 사회과학을 종합적으로 다루는 사회학부 설립에 진력하여 1949년 히토츠바시 대학 사회학부 교수로 취임했다. 또한 일본교직원조합의 국민교육연구소 초대회장, 국민문화회의 의장 등을 맡았다. 1959년에는 미일안보조약 개정에 반대해 안보문제연구회를 결성했다.

를 구성하는 작업은 가능합니다. 예를 들어 전쟁 관련 자료 중에는 회상록 같은 게 많이 남아 있습니다. 일본인과 중국인이 작성한 회상록이 방대하게 존재하는데, 전쟁 시기의 다케우치 요시미를 이해하고자 할 때 그런 회상록을 단서로 활용할 수 있습니다. 그런 자료를 읽을 때 자신의 상상력을 보탠다면 전시 시대에 사람들이 처했던 부자유한 상황을 그려낼 수 있습니다. 더구나 부자유의 감각은 어느 사회에나 존재하며 인생 경험에도 존재합니다. 관건은 스스로 그것을 포착해낼 수 있느냐입니다. 그렇다면 자신이 느끼는 부자유의 감각을 살려내 전시를 살아간 사람들을 이해할 수 있겠죠.

가령 중국에서 문화혁명이 진행되던 때, 저는 어른이 아니어서 사회 일에 직접 개입하지는 못했지만 당시의 체험을 얼마간 기억하고 있습니다. 주변 사람들은 흥분 상태에서 모두 같은 표정을 짓고 있었습니다. 그것을 보면서 하나의 이데올로기가 통제하는 사회가 어떠한 것인지를 체감했습니다. 물론 다케우치 요시미가 처했던 부자유한 상황과 문화혁명 속의 상황은 다르겠죠. 그렇지만 누구나 같은 말을 해야 하는 상황 속에서 다케우치 요시미가 어떻게 자기 나름으로 저항했던가를 이해하려면, 부자유한 상황에서 인간이 사고하는 모습을 상상할 필요가 있습니다.

이것은 어디까지나 하나의 사례에 불과합니다. 콘텍스트로 들어가는 일은 분명히 몹시 버겁습니다. 연구자라면 누구나 자신의 가치관과 생활감각을 과거의 대상을 향해 내리누르려는 충동을 갖고 있습니다. 마루야마 마사오가 말했듯이 그러한 충동을 억제하여 '금욕'적 태도로 타자를 타재에서 이해하는 것이야말로 콘텍스트로 들어가기 위한 가장 중요한 전제입니다. 진정한 만남이 이루어지려면 이런 노력을 기울여야만 합니다.

윤여일   사실 지금 진행되는 대화는 제게 선생님과의 만남이자 이별의 절차 가운데 하나라고 생각합니다. 선생님과의 만남을 실현하기 위해 선생님의 사상 세계와 환경을 이해하려고 애써보지만, 동시에 선생님과 잘 헤어지기 위해 이런 식으로 선생님을 대상화하고 싶었던 것입니다. 2004년 이래 선생님의 사고방식에 지나치게 이끌려 자립이 필요하다고 느껴왔기 때문입니다. 그리하여 이번 대화는 선생님과의 만남이자 제 안에 있는 선생님을 상대화할 기회일 거라고 기대했습니다. 하지만 이렇게 자리를 갖추어 말씀을 나눠보면, 역시 이별을 하기에는 제가 아직 충분한 단계에 이르지 못했음을 알아차리게 됩니다.

쑨거   저에 대해서야 아무래도 좋아요. (웃음) 단순한 매개로서 당신에게 얼마간의 문제를 제기할 뿐인걸요. 그렇게 성실히 다룰 필요는 없다고 생각합니다. (웃음)

말의 용법

윤여일   마지 고백저럼 되어버리는데요. (웃음) 선생님이 제게 남긴 영향은 무척 큽니다. 선생님은 지적 관점을 제공하거나 지식의 부족함을 메워주셨을 뿐 아니라 사유감각, 표현감각이라는 층위에서도 영향을 남기셨죠. 이것은 아마도 『다케우치 요시미라는 물음』을 번역하는 동안 선생님과 상상의 대화를 거듭하고, 선생님의 글을 한국어 문장으로 하나하나 다듬어가며 선생님의 문체를 몸에 익히는 경험을 했기 때문일지도 모르겠습니다.

그렇게 선생님의 글을 읽고 번역하는 동안 선생님의 표현법을 접하며 생겼던 궁금증을 꺼내보겠습니다. 즉 말을 운용하는 방식에 관한 물음으로 잠시 옮겨가겠습니다. 『다케우치 요시미라는 물음』을 읽었을 때 제가 시사점을 얻은 것 중 하나는 말에 대한 민감함이었습니다. 선생님께서는 다케우치 요시미가 말에 무력감을 느끼고 회의를 품었기에 사상적 생명력을 얻었다고 말씀하셨습니다. 현실을 담아내는 말의 능력을 부단히 고심하며 조절하고 새로운 말을 구하는 긴장 속에서만, 그리고 말로써 세계에 개입하지만 그것으로 완결될 수 없다는 자각 속에서만, 사상은 역사와 진정한 관계를 맺는다고 하셨죠.

그래서 그 책을 읽으면서 제게는 "근대적인 지식 제도로 걸러져버린 말의 혼", "말에 배반당하다"와 같은 표현이 눈에 들어왔습니다. 아마도 말에 대한 이런 태도는 인식론의 문제나 사상 생산의 문제와 무관하지 않으리라 생각합니다.

다소 뜬금이 없을지도 모르지만 저는 다케우치 요시미가 『중국문학』을 폐간하면서 적었던 「『중국문학』의 폐간과 나」라는 글에서 말에 대한 일종의 태도를 접합니다. 그 가운데 일부를 인용해보겠습니다.

그때의 문화는 세속화된 문화이며 단계적 진보의 관념으로, 진정한 문화의 발전과는 하등 관계가 없다. 우리 모임의 궁극적 입장은 그러한 세속을 부정하고 점점 세속화되는 자기 자신을 부정하는 데 있다. 세속화는 모임의 발전에 따른 필연적 현상이며 이른바 운명이겠으나 운명과 맞서는 일이 거꾸로 우리가 본원에서 일탈하지 않도록 경계하게 만드는 양식이 된다. 따라서 그 태도를 그르치지 않는 한, 해산의 위기는 이제껏 끊이지 않고 찾아왔던 것이다. 경솔히 폐간을 마음먹지 않았다. 하루하루의 영위가 폐간을 향해 성실히 나아가야 했던 것이다. 유감스럽게도 우리의 태도가 공허함에 대해 완전히 성실했다고는 자신 있게 말하지 못하겠다. 해산의 날에 마음이 쓰라린 까닭이다.

"세속화는 발전에 따르는 필연적 현상이자 이른바 운명"이며, 운명에 맞서 "하루하루 그 끝을 향해 성실히 나아가야 한다"는 특정 시기에 고통을 끌어안으며 그가 토로한 발언입니다. 하지만 한편으로는 어떤 사상, 그리고 지적 개념에도 들어맞는 표현이지 않을까 생각해 봅니다. 기성의 체계가 비틀려 터진 자리에 한 사상이 출현합니다. 그러나 사상을 간직한 사상가의 내적 모순이 평정되어 긴장을 잃는 때가 옵니다. 세속화되는 것입니다. 하나의 사상은 구체적 상황을 향해 던져져 시간의 흐름에 노출됩니다. 언제까지고 올바를 수 있는 사상이란 존재하지 않습니다.

그것은 지적 개념도 마찬가지라고 생각합니다. 한 개념이 사회적으로 힘을 발휘하는 데는 유통기한이 있습니다. 어떤 개념의 환기 능력은 시간이 지나면 줄어들고 새롭게 등상한 화두라도 빛이 바랩니다. 그러면 그 개념은 통속화됩니다. 그렇듯 세상에 나와 세속화와 통속화의 위험에 노출되는 것이 사상과 사상적 언어의 운명입니다. 그러한 운명에 대한 긴장감을 간직하고 있을 때 사상이나 어떤 종류의 말은 생명력을 잃지 않고 수명을 연장할 수 있습니다.

질문이 길어지는데, 저는 오늘 선생님께서 사용하시는 표현 즉 '원리', '사상', '이론' 등의 독특한 어감에 대해 여쭈었습니다. 그러한 어감에 천착하는 까닭은 선생님의 표현들을 하나의 완성된 개념으로 가져다가 사용하기 위함이 아닙니다. 말은 세속화되며 유통기한을 갖지만, 시간이 지남에 따라 자연스럽게 부패한다고는 생각하지 않습니다. 말에 새로운 생명력을 주입하는 어떠한 노력이 있다면, 말의 생명력은 늘어나거나 경우에 따라서는 다른 생명을 얻는 일도 가능하다고 봅니다.

선생님께서는 기성의 지적 풍조를 비평하는 가운데서도 새로운 개념을 좀처럼 꺼내지 않으십니다. 대개 기존의 인식론을 해체하는 작업은 새로운 개념을 들여와 진행되는 경우가 많은데도 말이죠. 그보다 선생님께서는 이미 사용된 개념을 다른 맥락 속에서 재구성하거나 그 개념 속에 새로운 내실을 주입한다는 인상을 받았습니다. 저는 말을 활용하는 그러한 감각, 즉 말에 생명력을 주입하는 방식에 관해 선생님께서 갖고 계신 고민이 듣고 싶습니다.

쑨거 분명 저는 새로운 개념을 그다지 만들어내지 않습니다. 무엇보다도 그럴 만한 역량이 없습니다.

말이란 우리가 세계와 관계를 맺는 유일한 수단입니다. 말이 있기에 우리는 인식할 수 있습니다. 말이 없다면, 세계를 감지해도 윤곽을 잡을 수 없겠죠. 말은 세계에 관한 우리의 객관적 인식을 결정짓는 거의 유일한 수단입니다. 그렇다고 역사란 말이라든가 객관적 세계란 말에 불과하다는 식의 결론에는 결코 동의하지 않습니다. 그건 소쉬르에 대한 가장 중대한 오독이겠죠. 우리는 분명 말에 기대어 세계를 인식하고 표현합니다. 바로 그 때문에 말을 신용해서는 안 됩니다. 이게 저의 기본적 생각입니다.

왜냐하면 말은 목적이 아니기 때문입니다. 우리는 말에 의지해 자신의 모호한 감각을 조형합니다. 그러나 조형된 감각 자체는 감각의 일부에 불과합니다. 아무래도 능숙하게 표현해낼 수 없는 부분이 남습니다. 가령 우리 둘이 대화를 나눈 짧은 시간 동안에도 그런 장면이 몇 차례나 있었습니다. 당신이 제출한 문제는 당신이 하고 싶은 말을 온전히 담지 못합니다. 그것은 당신이 지금 단계에서 택할 수 있는 표현이며, 5년 후에 그 표현은 적합하지 않았다고 느낄지도 모릅니다. 저도 같은 경험을 겪어왔습니다. 표현하고 싶어도 제대로 표현해낼 수 없다는 분함을 거듭해왔습니다.

재능이 없으니 하는 수 없지만, 그래도 이렇게 생각합니다. 위대한 사상가들도 나와 같은 고민을 하지 않았을까? 가령 마루야마 마사오도 자신의 표현이 얼마나 적확했는지에 관해 불안감을 내비칩니다. 강연할 때 그는 정의 내리기를 회피합니다. 정치학자라면 보통 정의를 내리고 나서 본론으로 들어가죠. 마루야마는 그렇지 않았습니다. 가령 '사상이란 무엇인가'를 이야기할 때도 그는 사상이라는 범주에 관한 정의를 일단 유보하고 강연을 시작합니다.

왜 그랬을까요? 그는 개념을 신용하지 않았고, 개념을 담아내는 말을 신용하지 않았습니다. 마루야마는 말에 대한 불신을 많은 말을 사용해 해소하려 했습니다. 그는 하나의 카테고리를 꺼낸 다음, 다른 여러 카테고리를 가져와 먼저 꺼냈던 카테고리를 한정하려 했습니다. 한두 가지 카테고리를 가지고는 제대로 표현할 수 없는 인식에 관해 여러 카테고리와 말로 한정함으로써 그것을 표현하려 했습니다. 그는 이론을 만들 때 반드시 현실로부터 떼어냅니다. 현실에 대해서는 늘 애석의 정을 품지 않으면 안 된다는 유명한 테제를 제기했죠.* 그게 말에 관한 마루야마 마사오의 감각이었습니다.

다케우치 요시미는 자신의 언어 감각을 좀 더 직접적으로 표현했습니다. "나는 말을 갖고 싶다. 지금 있는 말들은 어느 것 하나 마음에 들지 않는다. 내가 느낀 것을 표현해내지 못한다. 내 심정을 조형할 수 없다. 그래서 나의 말을 갖고 싶다." 그는 이렇게 토로했죠. 방금 당신은 "말에 배반당한다"는 표현을 인용했는데, 그는 안티테제로서 '지나학자'들에게는 말에 배신당한다는 감각이 없을 것이라고 적었습니다. 거꾸로 말하자면, 자신에게는 그런 감각이 있다는 것이죠.

사상가들의 이런 경험으로부터 우리는 무엇을 배울 수 있을까요? 제게 몹시 중요한 문제입니다. 당신도 저도 숙명적으로 말을 사용하지 않고는 작업을 수행할 수 없습니다. 말을 어떻게 사용해야 하는가? 당신은 말에 생명력을 주입한다는 문제를 꺼냈습니다. 몹시 흥미로운 표현입니다. 막 생겨난 말은 생명력으로 흘러넘칩니다. 아직 낡

---

* 마루야마 마사오의 「일본의 사상」에 나오는 구절이다. "따라서 이론가는 한편으로는 엄밀한 추상의 조작에 힘을 쏟는다. 다른 한편으로는 자기 대상의 주위에서 무한한 광야를 이루며 그 끝은 희미한 빛 속으로 사라져가는 현실에 대한 어떤 단념과 조작과정에서 흘러 떨어지는 소재에 대한 애착을 끊임없이 경험한다. 그런 단념과 남겨진 것에 대한 감각이 자신의 지적 조작에 대한 엄격한 윤리의식을 기르며, 나아가 이론화를 정력적으로 밀고 나가려는 충동을 불러일으킨다."

지 않았습니다. 가령 신자유주의라는 말은 처음 등장했을 때 세계의 비판적 지식인에게 큰 충격을 안겼습니다. 그러나 점차 유통되더니 지금은 누구나 부담 없이 입에 담을 수 있게 되었죠. 이 말은 원래의 생명력을 상실했습니다. 이 말을 꺼내면 곧 "아, 그것 말인가" 하며 누구나 알고 있는 듯한 느낌을 갖습니다. 상황이 이리되면 이 말은 이미 살해당한 것입니다.

이때 두 가지 선택지가 있습니다. 첫째, 살해당한 말을 버리고 새로운 말을 만드는 것입니다. 그러나 그 경우 한 가지 난관에 부딪칩니다. 말이라는 건 유통되어야 합니다. 어떤 힘을 빌려 유통되지 않는다면, 모처럼 새로운 말을 만들어봤자 무용합니다. 따라서 새로운 말을 만들려는 인간은 반드시 유통시킬 힘을 생각해야 합니다. 그 힘에는 여러 가지가 있겠죠. 두드러진 사례로서 현실에 큰 변동이 일어났을 때 새로 등장한 사회 세력은 새로운 말을 유통시킵니다. 역사의 전환기가 언제나 새로운 말을 만들어내는 것은 그 때문입니다. 말은 등장했다고 필연적으로 유통되는 게 아닙니다. 새로운 말의 등장은 언제나 사회의 동향과 맞닿아 있습니다.

그러나 이런 상황이 역사의 모든 시기에 들어맞지는 않습니다. 만약 그만한 사회적 요구가 없다면 새로운 말을 만드는 일에는 위험이 따릅니다. 즉, 그 말을 유통시키려고 현실의 힘관계를 그대로 활용하는 것입니다. 가령 이미 지배적이 된 서양 이론의 영향력 아래서 조어를 만들어내는 일이 그렇습니다. 이 방식이 늘 생산적이리고는 단언할 수 없습니다. 더구나 현재 서양 이론에 대한 우리 사회의 태도는 좀처럼 소비자 수준을 넘어서지 못하고 있습니다. 그런 지반에서는 조어를 만들어봐야 유통된들 생산적이라고는 장담하기 어렵죠.

둘째, 낡아버린 말을 신선한 상태로 되돌리는 것입니다. 그게 저의 방식이죠. 이미 다들 알고 있는 말을 씻어내고 거기에 새로운 생명력을 주입하는 것입니다. 낡은 말을 씻는다는 것은 이미 정착된 사유양식을 해체한다는 의미며, 그러려면 현실과 부대껴야 하는 상황에 처하게 됩니다.

윤여일　　특히 인문사회과학을 하는 사람들은 물질적 대상을 갖지 않는 개념을 사용할 일이 많습니다. 그런 개념에는 두 가지 측면이 있는데, 하나가 지시성이라면 다른 하나는 운동성입니다. 그 개념들은 어떤 정신적 대상을 지시하는 동시에 복잡한 연상 작용을 낳으며 운동합니다. 제가 이해한 바로는 이 운동성을 주목하시기에 선생님께서는 낡은 말이라고 버리지 않고 거기에 새로운 생명력을 주입하고자 노력하시는 것 같습니다. 말에는 대상에 정확히 안착하지 못하는 운동성 내지 유동성이 있기에 말을 주고받는 사람들 사이에 오해가 빚어지지만, 동시에 말이 현실을 움직이는 힘도 발생합니다.

방금 드렸던 질문이 어떤 의미에서 말을 매개로 주체와 세계가 관계를 맺을 때 발생하는 문제라면, 주체와 주체 사이에서 생길 수 있는 문제도 거론할 수 있을 것 같습니다. 선생님께서 말씀하신 '말의 유통'을 좀 더 검토하고 싶은 것입니다.

어떤 말은 주고받는 사람에게 다른 의미를 환기합니다. 어떤 말이 지니는 문제의식의 두께나 감각은 사람마다 다를 수 있습니다. 즉 말의 운동성이 작용합니다. 특히 이는 중국과 일본 사이에서 활동하는 선생님께서 민감하게 다루시는 대목이리라고 짐작합니다. 가령 「풀한 포기 나무 한 그루에 보내는 시선」에서는 '고향'이라는 말을 두고 중국과 일본의 지식인 사이에서 오간 대화를 통해 "애초 비교가 불가능한 상황이 말의 유사성을 뒤집어쓰자 차이가 가려졌다"고 짚어내시면서 "이런 식의 대화는 비교문화를 연구하는 자에게 더할 수 없는 곤란함을 안긴다"고 토로하셨습니다. 여기서 선생님께서는 '고향'이라는 비교적 실감 어린 말을 두고 중국과 일본의 지식인이 대화를 주고받을 때 각국의 맥락의 차이로 말미암아 '고향'이라는 말에 관한 연상이 달라지고, 따라서 같은 말을 주고받아도 서로의 감각이 전달되지 않는다는 사실을 지적하셨습니다.

저는 추상도가 높은 개념어를 사용할 때도 그런 문제가 빈번하다고 생각합니다. 가령 국경을 넘어선 지식인 교류에서 같은 개념을 다른 맥락 속에서 여과 없이 사용하면, 정작 논의가 되어야 할 미묘한 대목이 가려지고 마는 경우를 자주 접했습니다. 민족, 문화, 국가라는 개념이 사회에 따라 다른 연상을 낳을 뿐 아니라 민주주의, 자유, 평등 등 비교적 보편개념이라 여겨지는 것들도 사회마다 다른 문제를 환기하곤 합니다. 그런데 서로 같은 개념을 사용한다는 이유로 맥락의 차이를 간과하고 동일한 의미를 주고받는다고 착각하는 것이죠. 물론 같은 개념을 두고 각 사회의 맥락에 따른 차이를 지나치게 강조하는 문화특수주의의 오류도 경계해야 하겠지만요.

그런데 더욱 까다로운 문제가 있습니다. 지식인들끼리 개념으로 어떤 내용을 주고받는 것은 담론의 위상에서 일어나는 일이라서 서로 간의 차이가 드러날 가능성이 비교적 높습니다. 하지만 지식인이나 연구자가 아카데미의 언어로 구축한 세계와 일상의 세계 사이의 단층은 좀처럼 문제로 포착하기 어렵습니다. 이와 관련해 선생님의 글을 취해오고자 합니다. 『다케우치 요시미라는 물음』에 나오는 내용입니다.

> 관념적인 서술이 지닌 관습적인 분석을 타파하고, 동시에 생명력 있는 이념은 잃지 않도록 노력해야 한다. 현실감각을 정리하고 승화시킬 능력을 지녀야 하며, 동시에 사회생활의 영역에서 민중의 진정한 감각을 좇지 않으면 안 된다. 이러한 사고의 국면에 들어간다면, 정치적으로 올바른 선험적 전제는 효과를 잃을 것이다. 눈앞에 드러난 것은 현실 생활의 어수선함 자체다. 생활경험 속에서 유동하며 살아있는 사상자원을 발굴하고, 그것을 상황의 핵심에 있는 문제와 연결해야 한다.

선생님이 말씀하시는 과제를 수행하려면 상당한 노력이 필요하겠죠. 지식 세계의 언어와 일상 언어 사이의 괴리는 좀처럼 표면으로 떠오르지 않습니다. 따라서 그 사이의 공백 지대를 인식하기란 좀처럼 어려우며, 공백 지대의 존재를 알아차리고 거기서 문제를 건져 올리려면 어떤 감수성과 자세가 요구될 것입니다.

그래서 다소 거친 질문이 되겠는데요, 어떻게 하면 추상도가 높은 개념을 활용하되 거기에 리얼리티를 주입해 주체와 주체 사이, 특히 지식인과 생활인 사이에서 좀 더 생산적인 의미의 교환을 도모할 수 있을까요? 물론 언어의 기능은 정확한 전달에만 있는 것이 아니며, 하나의 말을 두고 사람마다 연상을 달리한다면 거기서 중요한 사고의 재료를 취할 수 있을 것입니다. 하지만 지적 담론과 피부감각 사이의 단층을 직시하는 일은 지식을 대하는 태도와도 관련된 문제라고 생각하기에 여기서 여쭤보고 싶습니다.

쑨거　어려운 문제군요. 주체와 주체 사이에서 의미가 교환되려면 양측의 협력이 필요합니다. 일방적으로 내리누를 수 없습니다. 교환은 필요하지만 강요할 수 없습니다. 그렇다면 연구자로서 어떻게 해야 할까요?

　연구자는 말로 작업하는 인종입니다. 물건을 생산하지 않습니다. 말만 만들어냅니다. 사회를 향해 말로 조형 작업을 합니다. 생활인이 물건을 만들 때는 말로 조형할 필요가 그다지 없습니다. 적어도 그 필요성을 연구자만큼 느끼지 않습니다. 그러나 연구자에게는 그게 바로 자신의 과제이기에 작업의 결과를 말로써 사회에 내보냅니다. 당연한 얘기지만, 지식인은 생활인이기도 합니다. 따라서 지식인과 생활인 사이의 교류는 지식인 간의 교류이기도 합니다.

　한편 당신은 다른 문제도 꺼냈습니다. 지식인으로서 작업하는 사람들이 그렇지 않은 사람들, 이를테면 노동자와 어떻게 의미를 교환할 수 있는가를 물었습니다. 생활인이랄까요, 달리 대체할 만한 표현이 잘 떠오르지는 않지만 뭐라고 불러야 좋을까요, 즉 직업을 달리하는 사람들과 의미를 교환하는 문제입니다. 이 문제는 분해를 해야 할 것 같습니다. 저로서는 몇 가지 문제로 나누지 않으면 답할 수가 없습니다.

　먼저 사회에는 왜 어려운 말을 사용하거나 혹은 어려운 말을 생산하는 지식인이 필요한 걸까요? 아마 한국 사회에서도 그렇겠지만 중국 사회에서 이런 종류의 사람들은 점차 주변화되고 있습니다. 물질적으로는 아무것도 생산하지 못하고 이윤도 내지 못하는 텅 빈 이야기만 늘어놓는, 그런 인종이 사회에 정말 필요한 걸까라고 말이죠. 특히 시장경제로 접어들면서 중국에서는 이 문제가 불거지고 있습니다. 그렇지만 이런 인종이 여태껏 살아있다는 것은 여전히 어떤 필요성이 있기 때문이겠죠. 결국 지식인은 담론을 생산하여 사회에 공헌합니다. 그 공헌이 실질적 가치를 지니려면 어떤 조건이 필요할까요? 그게 당신이 꺼낸 주체와 주체 사이의 의미 교환이라는 문제의 첫 번째 위상이라고 생각합니다.

또 다른 위상이 있습니다. 지식인이 아닌 샐러리맨이나 노동자 사이에서 어떻게 공통언어를 만들어낼 수 있는가라는 문제입니다. 그들은 이 문제를 지식인에게 맡기지 않을 것입니다. 그들은 자기 나름대로 말을 만들어내고 있습니다. 따라서 어떻게 그들과 그들의 언어를 공유할 수 있는가는 지식인의 과제가 됩니다. 적어도 이러한 두 가지 위상에서 생각해야 합니다. 이 두 가지 위상은 실상 이어져 있지만요.

첫 번째 위상에서 말하자면, 지식인이 그저 공리공론하고 있을 수 있는 시대는 분명 지나갈 것입니다. 현대사회는 복지사회를 지향하지만 자원이 부족하며, 세계화 가운데 다양한 모순이 발생하고 고조되어갑니다. 그런 와중에 지식인만이 유유자적하며 질 낮은 가짜 물건을 내놓는다는 것은 용납되지 않습니다. 용납하지 않는 시대가 반드시 옵니다. 따라서 현재 많은 사람은 자신의 작업을 가치 있게 만들려고 노력하고 있습니다. 그러나 방식은 가지각색입니다. 가령 비판적

"저는 낡아버린 말을 신선한 상태로 되돌리려고 합니다.
이미 다들 알고 있는 말을 씻어내고 거기에 새로운 생명력을
주입하는 것입니다. 낡은 말을 씻는다는 것은
이미 정착된 사유 양식을 해체한다는 의미며,
그러려면 현실과 부대껴야 하는 상황에 직면합니다."

지식인으로서 여러 투쟁의 최전선에 서기도 합니다. 혹은 진리 추구에 헌신해 현실로부터 거리를 둡니다. 지적으로 사고한다는 것은 매개 없이 사회에 직접 나선다는 의미가 아닙니다. 물론 그런 시도도 중요하지만, 지적 생산은 그것만으로는 불충분합니다. 지知의 형태로 사회의 여러 요소와 측면을 분석하고 기록하며 재구축하는 작업을 해야합니다. 그렇지 않으면 지식인으로서 실격입니다. 이것이 한 가지 위상입니다.

또 다른 위상은, 당신의 말을 빌리자면 생활인 혹은 다른 직업인과 어떻게 공통 언어를 만들어낼 것인가입니다. 저는 그 문제를 되도록 분업으로 사고하고 싶습니다. 계몽의 시대는 이미 지나갔습니다. 대중에게 오피니언 리더는 필요 없습니다. 그런 시대로 접어들었습니다. 따라서 대중의 언어와 지적 언어를 어떻게 해야 공유할 수 있는가는 중대한 문제입니다.

현대에는 특히 매스미디어가 사회적 언어의 조형력을 거의 독점하고 있습니다. 이런 시대에 지식인 역시 미디어를 통해야 영향력을 발휘할 수 있습니다. 미디어의 흐름에 따르지 않는 지식인은 미디어에 등장할 수 없는 상황입니다. 그런 상황 속에서 지식인의 몫이란 기본적으로 미디어의 풍조에 부합하면서도 조금씩 엇갈림을 만들어내서 자기 생각을 사회로 흘려보내는 정도입니다. 이런 시대에는 지식인과 생활인 사이의 공통언어라는 문제보다 미디어의 존재를 어떻게 사고할 것인지가 더욱 실감 어린 문제가 아닐까 합니다.

현실정치와 역사감각

윤여일　　말씀하신 문제를 한창 고민하는 중입니다. 고민한다기보다 생각을 제대로 정리하지 못한 채 버거워하고 있습니다. 이곳에서 선생님의 수업에 참가하는 동안 한국에서는 이명박 정권이 등장했고, 지금은 촛불시위가 진행 중입니다. 그동안 저는 줄곧 일본에 있었기에 인터넷을 통해 한국의 상황을 접하는 수밖에 없었습니다. 이명박 정권이 등장한 이후 그가 추진하는 정책이나 법의 개정을 보면 분노를 삭이기 어렵습니다. 현재는 촛불시위가 달아올라 흥분하고 있지만, 현장에서 직접 참여할 수 없습니다. 이렇듯 한국 사회에 정치적 격변이 일어나고 있는 동안, 저는 선생님의 사상사 수업을 듣고 있으면서 개인적으로도 긴 호흡을 요구하는 작업을 진행하고 있습니다.

　　그런데 인터넷으로 전해오는 한국의 소식을 접하면, 분노와 때로는 흥분으로 호흡이 몹시 거칠어집니다. 특히 인터넷으로 접하는 기사들은 단편적이어서 전체상을 파악하기 힘듭니다. 따라서 인터넷이 상황을 파악하는 유일한 매체가 될 경우에는 감정 기복이 심해지고 정신력이나 체력도 많이 소모된다는 것을 느끼고 있습니다.

　　그리하여 최근 몇 개월간 감정적으로도 육체적으로도 고된 상태가 이어지고 있습니다. 현재 한국에서 시시각각 전개되는 상황을 바라보면서 그것에 대해 발언하고 싶은 생각이 간절하지만, 그런 글을 쓰다보면 긴 호흡을 요구하는 다른 작업을 하기가 힘들어집니다. 즉 감정에 충실하게 정치적 언어를 꺼내 글을 쓰는 일과 사상사를 차분히 검토하고 정리하는 작업을 동시에 해낼 수 없습니다. 이것은 지식인으로서 겪는 어려움이라기보다 생활인으로서 자신의 사회에 대해 갖는 감정이자, 자기 사회로부터 떨어져 나온 데서 오는 초조함입니다. 그런데 그 감정이 연구자로서 해야 할 작업과 조화를 이루지 못하는 것입니다. 그리하여 호흡이 흐트러지고 언어가 갈라져 혼란스런 상태입니다.

지금의 대화가 끝나면 저는 한국으로 돌아가 이명박 정권이 등장한 이후 한국 사회에서 발생한 피해와 희생을 목격하게 될 것입니다. 그때 그 장면을 마주하고도, 선생님의 표현을 빌리자면 '시간의 단절'을 만들어내 사고할 만한 사고와 감정의 여유를 가질 수 있을지 자신이 없습니다. 이렇듯 연구자로서 요구되는 긴 호흡과 현재의 거친 호흡 사이의 분열이 저의 언어를 점점 거칠고 빈곤하게 만들고 있음을 감지하고 있습니다. 생각을 명료하게 정리하기도 힘들고요.

쑨거 역시 그런 맥락에서 꺼낸 물음이군요. 저에 대한 물음이라기보다 스스로에 대한 물음이겠군요.

윤여일 그럴지도 모릅니다. 하지만 선생님께 여쭙고 싶은 물음이기도 합니다. 선생님도 현재 저처럼 외국인으로서 일본에 체류하고 계십니다. 그 동안 중국에서는 티베트 사태, 쓰촨 대지진, 성화 릴레이 사태 등의 사건이 있었고, 선생님께서는 일본에서 강연을 하시거나 글을 쓰셨습니다. 선생님의 그런 모습을 곁에서 보면서 여유랄까, 사건들로부터 거리감을 유지하는 자세가 느껴졌습니다. 여유 내지 거리감이란 사건을 남의 일처럼 멀찌감치 떨어져서 대한다는 의미가 아닙니다. 현실 사태를 긴 안목에서 살피기 위해 인식론의 위상에서 만들어낸 거리감을 뜻합니다. 아등바등하는 제 모습과 비교하면 더욱 그렇게 느껴졌습니다.

제 경우에는 정치감각이 부족한 탓인지 거리감을 확보하지 못한 채, 선생님의 수업에 참가해도 긴 호흡으로 사고하지 못하고, 그렇다고 한국의 현 상황에 진입하지도 못하는 어정쩡한 상태가 이어지고 있습니다. 다만 이런 기간이 길어지면서 온전한 생활을 영위하기 위해서도, 또 문제를 명확하게 사고하기 위해서도 감정을 한꺼번에 쏟아낼 것이 아니라 감정을 세분하고 정교하게 꺼내 활용하는 훈련이 필요하다는 것을 자각하고 있습니다.

쑨거　그렇군요. 당신의 이야기는 아마도 정치감각이라기보다 역사감각과 관련되어 있으리라 생각합니다. 사상사를 공부하며 제가 얻은 가장 귀한 수확은 인간 주체의 의지를 넘어선 역사의 무서움을 깨달았다는 점입니다. 그때의 무서움이란 일상적 의미의 무서움이 아닙니다. 인간은 힘껏 살아가고 제아무리 노력해도 역사에 의해 놀아나는 숙명에 놓입니다. 거기에 절망하여 허무주의로 침잠하거나 동시대사에 대한 관심을 내려놓는 일도 생기죠. 그러나 허무주의로 기울지 않으면서 역사는 우리의 장악 능력에서 벗어난 힘임을 인식하는 것이 몹시 중요합니다. 즉 스스로 노력해야 하는 동시에 사회는 자기 뜻대로 움직이지 않는다는 사실에 대한 각오도 해야 합니다. 생각대로 되지 않으니 더욱 분발해야 합니다. 돈키호테 같은 발상을 말하는 건 아닙니다. 모든 인간이 그렇게 마음먹는다면, 역사가 뜻대로 굴러가지 않더라도 최악의 사태까지 가지는 않겠죠.

그것이 "절망에 절망할" 때 우리의 유일한 선택일 것입니다. 한국에서도 그러할 것이며 중국에서도 마찬가지입니다. 이 나라는 어떻게 바람직한 선택을 할 수 있을까요? 중국 사회가 안고 있는 여러 문제에 대해 한 사람의 중국인으로서 책임을 지려고 하면 절망을 느끼지 않을 수 없습니다. 한국도 그렇고 일본도 그러할 것입니다. 많은 사람이 틀림없이 무력감을 맛보고 있겠죠. 그 속에서 "절망에 절망"하며 행동합니다. 그 행동은 당신이 말한 '여유'를 요구합니다. 역사의 무서움을 알면서도 노력합니다. 그리고 행동에 나서는 자신의 위치를 파악합니다. 그래야 자신이 역사의 중심이라는 환상을 걷어낼 수 있습니다. 환상을 버리고 분투할 때 사람은 땅에 발을 딛게 됩니다. 구름 위를 걷는 게 아니라 제대로 대지를 밟게 됩니다. 자신을 과대평가하지 않습니다. 이는 아마도 정치감각이라기보다 역사감각이라고 생각합니다.

또 한 가지, 유토피아와 같은 이상 사회를 상정해 현실 사회도 그리되어야 한다는 식으로 관념적 이미지를 품어서는 안 됩니다. 이상 사회의 이미지는 누구나 갖고 있습니다. 양심적인 사람이라면 조금이라도 이상에 다가가기 위한 요소를 현실에서 늘려가고 싶다는 마음가짐을 공유하리라 생각합니다. 이상적 요소를 어떻게 늘려가야 할지는 중요한 문제입니다. 현재의 사회 상황은 결코 낙관적이지 않습니다. 그러나 자신에게 가능한 일이 반드시 무언가 있게 마련입니다.

가령 대중사회의 주체인 대중은 정치적으로 무관심해 보입니다. 그들은 인터넷에서 무책임한 말을 늘어놓습니다. 그러나 그들은 책임이 따르는 이야기에도 관심을 보입니다. 이처럼 책임을 요구하는 이야기를 우리가 만들어낼 수 있을까요? 소박한 노력이지만 그것 말고 할 수 있는 일은 없습니다. 내일이 되면 이 사회가 갑자기 좋아질 것이라는 환상을 갖지 않고 착실하게 노력을 쌓아가야 합니다. 여기서 당신이 말하는 여유가 생겨나리라고 봅니다.

최근 몇 개월 동안 당신이 느낀 실망감은 어떤 이상적 모습을 상정했는데 현실이 그 이상을 배반했다는 분함이겠지요. 그 분함은 저도 알고 있습니다. 그러나 역사란 그러한 것입니다. 따라서 그런 상황에 직면했을 때 필요한 태도는 역사란 잔혹하고 매정하다는 생각에 머무는 것이 아니라 다케우치 식으로 말하자면 "절망에 절망하는" 것입니다.

윤여일　　그렇군요. 몇 달 전 수업에서 하신 말씀이라고 기억합니다. 선생님께서는 "절망에 절망한다"란 "절망을 믿지 않는 것이다. 우리는 최후의 도피처로서 절망을 마련해두었다. 절망에 절망을 하면 절망은 도망칠 곳이 되지 않는다"고 말씀하셨습니다. 저는 언젠가 그 말을 이해할 수 있는 때가 오기를 바라면서 기록해두었습니다. 하지만 그 말은 그저 말이 아니라 일종의 행동이자 태도이기 때문에 어떤 결정적 사건을 매개하지 않고는 머리와 몸으로 진정 이해하기란 힘들 것이라고도 생각했습니다.

다케우치 요시미는 이렇게 말했습니다. "절망에 질밍했던 자는 문학가가 되는 수밖에 없다. 누구에게도 의지하지 못하고 누구도 자신의 버팀목이 될 수 없기에 스스로 전체를 자기 것으로 만들어내야 한

"한국에서는 이명박 정권이 등장했으며
지금은 촛불운동이 진행 중입니다.
그 동안 저는 정치감각이 부족한 탓인지 동요하여
이곳 일본에서 차분하게 작업하지도 못하고 한국의 현 상황으로
진입하지도 못한 채 어정쩡한 상태로 지내고 있습니다."

"당신의 경험은 정치감각보다 역사감각과 관련되어 있겠죠.
사상사를 공부하며 저는 인간 주체의 의지를 넘어선
역사의 무서움을 깨달았습니다. 인간은 제아무리 노력해도
역사에 의해 놀아날 숙명입니다. 사회는 자기 뜻대로
움직이지 않습니다. 하지만 거기에 절망하여 허무주의로
침잠하지 않고, 생각대로 되지 않으니 더욱 분발해야 합니다."

다." 루쉰 또한 말했습니다. "절망이 허망인 것은 희망이 그러함과 같다." 선생님도 비슷한 말씀을 하셨죠. 저는 그런 표현이 루쉰에 대한 모방이라고 생각하지 않습니다. "절망에 절망한다"는 태도는 다케우치 요시미에게도 선생님에게도 역사의 시간을 가로지르는 어떤 특별한 종류의 고뇌에서 비롯되었겠죠.

이론과 감정, 이론과 실천

윤여일　　방금 선생님은 현실 정치를 대할 때 요구되는 역사감각에 관해 말씀해주셨습니다. 그렇다면 이번에는 정치감각에 관한 이야기로 화제를 조금 옮겨가고자 합니다. "논리로는 이겼지만 문제는 해결하지 못했다." 선생님께서는 종종 이런 표현을 꺼내십니다. 오늘 인식론으로 시작된 대화를 마무리하기에 앞서 '정치감각'에 관한 질문을 드리고 싶습니다. 왜냐하면 선생님께서는 추상적 이론이나 선험적 가치 판단은 정치 과정을 관념화하고 단순화하는 경향과 맞닿아 있다고 여러 차례 강조하셨기 때문입니다.

　　선생님의 글에서 단서를 찾아본다면, 우선 이론과 심경 사이의 공백 지대를 두고 정치적 입장의 차이가 빚어지곤 하는데, 이런 대치 구도가 진정한 '정치감각'을 마비시킨다고 지적하신 적이 있습니다. 가령 체제를 적극적으로 바꿔가려는 진보주의는 기존의 권력구조, 사회제도, 문화 양상을 종합적으로 인식하여 당면한 정치 상황 속에서 미래의 전망을 확보해야 하기에 이론적 무장에 대한 욕구가 강합니다.

하지만 보수파는 이론적 일관성을 지향하기보다 상황에 맞춰 심정에 호소하곤 하죠. 그래서 진보파가 이론적으로 공박에 나서도 보수파의 영향력을 감퇴시키기 어렵습니다. 정치적으로 올바른 입장을 피력해도 현실정치에서는 제대로 힘을 쓰지 못하는 것입니다. 앞서 제가 빌린 선생님의 표현처럼 '논리로는 이기지만 실제로는 밀리는' 상황이 발생합니다. 특히 민족주의 논쟁이 번져갔을 때 좌파의 올바른 주장은 비일상성으로 말미암아 비판력과 유효성을 상실하고, 심경의 영역은 우파에게 넘어감으로써 좌파와 우파 사이에는 서로를 견제할 수 없는 비생산적 대립이 발생하곤 합니다.

또 한 가지. 이 경우는 '이론과 심경'의 문제라기보다 '이론과 실천'의 문제인데요, 선생님께서는 안보투쟁을 분석하면서 이 지점을 주목하셨습니다. 즉 현실 운동이 발생했을 때 운동가들은 종종 구체적 성과를 목표로 삼아 지식인의 원리적 사고를 배척하곤 합니다. 격동하는 현실 상황에서 이론은 문제를 해결하는 데 직접 적용될 수 없습니다. 만약 지식인의 이론적 사고와 현실 운동의 구체적 목표가 공전한다면, 이론은 현실 운동을 승리로 이끄는 데 보탬이 되지 않을 뿐 아니라 현실 운동이 실패하더라도 그 경험을 사상적 유산으로 남길 수 없을 것입니다. 여기서 이론은 어떠한 경로를 거치고, 어떠한 과정을 밟아야 비로소 현실과 결합될 수 있는지가 다시 정치감각의 문제로 부상한다고 생각합니다. 즉 '이론과 감정' 혹은 '이론과 현실'이라는 이분법을 놀파하기 위해 사상이 덤딩해야 하는 역할은 무엇인지 묻고 싶습니다.

쑨거 '이론과 감정' 그리고 '이론과 실천'은 다른 문제군입니다. 두 경우 모두 이론이 한 항목으로 등장하지만, 감정의 맞은편에 놓일 때는 이론의 합리적 측면이 강조됩니다. 그러나 실천과 대비 관계에 놓이면 이론의 논리적 측면과 자기완결성이 두드러집니다. 같은 이론이라도 초점이 달라지죠.

먼저 '이론과 감정'의 문제를 보면, 여기서 가장 까다로운 대목은 감정이 합리적이지 않다는 사실입니다. 논리로는 설명할 수도 파악할 수도 없는 경우가 허다합니다. 그러나 인간인 이상 누구나 감정을 갖고 있습니다. 감정을 어떻게 이론과 결부시킬 것인지는 참으로 어려운 과제입니다. 어떤 역사적 국면에서 이론은 합리주의의 형태를 취해 감정을 부정했습니다. 그에 대한 반발로 유럽에서는 낭만주의가 분출하여 합리주의에 맞섰지만, '이론과 감정'의 문제를 해결하지는 못했습니다. 한쪽에서 다른 한쪽을 부정하는 대립 구도가 아니라 어떻게 양자를 생산적으로 묶을 수 있는지가 사고해야 할 지점으로 남아 있습니다.

제 경우에는 실감 어린 전쟁기억이라는 커다란 문제에 직면했을 때, 이론과 감정을 잇는 방식을 고민하게 되었습니다. 저는 이 문제를 끝내 물음으로 남겨놓았지만, 적어도 감정을 통해 이론의 합리적 측면을 상대화할 수 있다는 가능성만큼은 강조하고 싶습니다. 뒤집어 말하자면, 이론은 자신의 한계를 알아야 합니다. 오늘 우리 대화의 전반부에서 저는 발견을 해내는 이론의 힘이 중요하다고 강조했는데, 그때의 이론 역시 합리적인 것입니다. 인간은 이성의 작용으로 여러 사고를 만들어냅니다. 당연한 일입니다. 거기서 한 걸음 더 내딛는다면, 이런 이론의 힘은 어떻게 감정과 생산적으로 결합될 수 있는가라는 문제에 맞닥뜨립니다. 이론은 그 형태 그대로라면 감정이 될 수 없으며 감정을 다룰 수도 없습니다. 한편 합리적 외관을 취한 감정은 더 이상 감정이 아닙니다. 감정이란 필연적으로 합리적일 수 없는 것입니다.

여기서 제가 생각하는 가능성은 감정에 근거해 이론이 지닌 합리성의 한계를 드러내는 것입니다. 그게 유일한 가능성은 아니지만, 감정의 무척 소중한 역할이기는 합니다. 일본에 대한 한국인의 적대감, 가령 독도 문제에 대한 정서가 그렇죠. 중국에 대한 한국인의 반발도 마찬가지입니다. 그러한 감정의 문제를 다룰 때는 합리적 분석이 지닌 빈약함을 의식해야 합니다. 한국인의 감정은 존중받아야 하는 것이죠. 아울러 분석 가능한 부분과 그렇지 않은 부분을 구분하는 작업도 필요할 것입니다.

일본인의 감정 역시 매우 복잡하며 그 복잡함의 뿌리가 깊습니다. 히로시마, 나가사키의 피폭 체험에 대한 감정, 오키나와와 본토 사이의 긴장 관계 등 모든 것을 합리적으로 설명해내기는 어렵습니다. 상처는 상처로서 존중해야 합니다. 상처를 존중하면서 일본의 전쟁 책임을 추궁할 수는 없을까요? 그렇게 작업해나가야 합니다.

동아시아 안에는 이와 같은 감정기억이 깊이 새겨져 있습니다. 감정기억은 합리화된 방식으로 이론화할 수 없습니다. 이론이 감정기억과 마주하여 자신의 빈곤함을 자각할 때 비로소 이론으로서 힘이 움틀 수 있습니다. 분석 불가능한 감정 속에서도 분석 가능한 요소를 끄집어낼 수 있고, 분석 불가능한 감정을 어떤 의미에서는 상대화해 분류할 수도 있습니다. 어떤 감정이어야 더 나은 방향으로 성숙시킬 수 있는가. 어떤 감정을 이성으로 제어해야 하는가, 아니면 다른 방향으로 재구성해야 하는가. 이런 작업도 가능하리라고 생각합니다.

이론과 실천의 관계에서 관건은 이론이 실천을 지도해야 하는가, 그렇지 않은가겠죠. 이론 없는 실천은 방향을 잃고 만다는 설이 있습니다. 그러면 실천에 방향을 부여하는 이론은 아카데미의 교실 안에서 만들어진 것인가 하면, 그렇지 않습니다. 저는 이론적으로 실천하는 것이 가능하다고 생각합니다. 그것은 이론과 감정의 관계와는 전혀 다른 관계가 되겠죠. 발견의 힘과 전망을 구비하지 못한 실천은 자기 반복이 되고 맙니다. 아무것도 이룰 수 없습니다. 그렇다면 어떻게 전망을 세워야 할 것인가, 어떻게 발견을 해나갈 것인가? 역시 이 대목에서 이론의 힘이 필요합니다. 그렇지만 그때의 이론은 누군가가 써놓은 것이 아닙니다. 운동을 이끌어가는 자의 판단력과 관련된 것입니다. 그런 의미에서 이론과 실천의 대립 구도는 허위라고 생각합니다.

누구를 향해 발화할 것인가

윤여일　벌써 대화를 시작한 지 여러 시간이 흘렀습니다. 오늘 첫날은 대화의 지평을 마련하기 위해 인식론의 문제로 시작했습니다. 대화의 초석은 어느 정도 다져졌다고 생각합니다. 이상의 내용을 토대로 앞으로는 좀 더 구체적인 대화를 빚어가고 싶습니다. 좀 더 열심히 준비해오겠습니다.

이제 마지막 질문을 드리겠습니다. 저는 오늘 선생님의 여러 글을 자료로 삼아 여쭈었는데, 그것들을 읽는 동안 점차 선생님은 누구를 대상으로 글을 쓰시는 걸까 궁금해졌습니다. 제 인상이 빗나갔을 수도 있지만, 선생님께서는 지식인, 특히 소위 비판적 지식인을 향해 글을 써내고 계시는 듯했습니다. 이론에 대한 비판적 성찰 등은 지식인론에 가까웠고, 대중론은 지식인론에 비해 상대적으로 적다는 느낌이 들었습니다. 물론 제가 읽은 글이 주로 일본에서 일본어로 발표된 것이라서 그런 인상을 받았을지 모릅니다. 다만 추측해보건대, 선생님께서 지식인론을 쓰시는 까닭은 지식인으로서 자기 자신을 분석의 대상으로 삼고 계시며, 아울러 지적 세계 속에서 선생님께서 자각적으로 선택한 위치에서 기인하는 것이라고 생각합니다만, 끝으로 이 점에 관해 말씀을 듣고 싶습니다.

쑨거 사람은 저마다 능력이 다릅니다. 여러 문제를 다룰 수 있는 사람도 있겠지만, 대개 사람의 능력은 제약되어 있습니다. 저 역시 한정된 일밖에 하지 못합니다.

다만 제가 써낸 글은 지식인론이라기보다 우리가 어떻게 지식을 수단으로 삼아 세계와 역사를 생각해야 하는가를 이야기하고 싶었습니다. 왜 이 문제를 주된 주제로 선택했느냐면, 현재의 지적 상황 때문입니다. 자주 거론되는 이야기지만, 오늘날 역사는 가속하고 있습니다. 템포가 점차 빨라지고 있습니다. 그러다보니 인간의 인식이 역사의 속도를 따라잡지 못합니다. 그러한 상황에서 비판적 지식인은 비교적 양심적인 사람이며 사리사욕에 기울지 않고 자신의 작업을 해 나가고 있습니다. 자신을 위해 그러는 것이 아닙니다. 저는 그러한 인종에게 가장 친근감을 느낍니다. 비판은 어떻게 해야 적확할 수 있는가, 가속하는 역사를 어떻게 따라잡을 수 있는가, 이러한 초조감에 떠밀려 저는 평온한 학문에 안주할 수 없었습니다. 역시 인식론의 위상에서 사고하지 않으면 역사의 복잡하고도 중요한 요소는 놓치고 마는 게 아닐까라는 위기감을 갖다보니, 지금과 같은 방식이 되었습니다.

두 번째 대화

중국과 일본
사이

윤여일　　자, 선생님. 이제 오늘의 수업을 부탁드립니다.

쑨거　　당신이 수업이라고 말하면 저는 엄격해진답니다. (웃음)

대화의 방식에 관해

윤여일　　아, 그렇군요. 정정하겠습니다. (웃음) 선생님과 대화를 시작하기 전에는 과연 가능한 시도일지 걱정스러웠지만, 선생님께서 잘 인도해주신 덕분에 지난 시간을 무사히 마칠 수 있었습니다. 제가 꺼냈던 물음을 되돌아보니 제대로 된 물음을 마련하려면 글을 쓸 때와는 다른 치밀한 사고가 요구된다는 점을 알게 되었습니다.

　　오늘은 지난 시간 논의한 내용을 다른 긴장감 속에서 다시 여쭙게 될 것 같습니다. 오늘의 주제는 '중국과 일본 사이'입니다. 이런 명명은 다케우치 요시미의 저작 『일본과 중국 사이』에서 차용한 것입니다. 선생님의 사상적 위치를 담아내는 표현이 아닐까 싶기 때문입니다. 제가 오늘 드릴 질문이 지난 시간의 내용에 공간적 요소를 가미한 것이라면, 다음 시간에는 '역사성'이라는 시간적 요소를 더하려고 생각합니다. 나아가 4부로 예정된 마지막 시간에는 '동아시아'라는 역사적 공간 속에서 사고의 실험을 해보고자 합니다. 하지만 1~3부가 동아시아 사유에 도달하기 위해 절차를 밟아나가는 과정이라고는 생각하지 않습니다. 다만 선생님께 여쭤보고 싶은 물음을 최대한 꺼내놓고 다시 분류해보았더니 네 가지 큰 주제에 담겼고, 동아시아 사유는 마지막에 여쭤봐야 더욱 현실감 어린 대화가 진행될 수 있겠구나 판단했을 뿐입니다. 첫 시간부터 마지막 시간까지 다룰 주제는 동등한 무게를 지닙니다.

지난 시간 대화하면서 느낀 바지만, 어떤 질문을 꺼내든지 선생님께서는 제가 구분해놓은 네 가지 요소, 즉 인식론과 공간성(위치 설정의 문제), 시간성(역사에 진입한다는 문제), 그리고 동아시아라는 시좌를 아우르며 사고하여 답하신다는 것을 새삼 알아차렸습니다. 그래서 한편으로는 이러한 4부의 구성이 선생님과 대화를 나누기에 적절한 틀인가라는 의문이 들었습니다. 선생님의 복잡한 면모를 담아내기에는 이미 실패가 아닌가라고도 생각했습니다. 이런 구성 방식이 앞으로의 대화에서 유효할 수 있을지 걱정스러운데, 선생님의 생각은 어떠신가요?

쑨거　논의할 가치가 있는 문제로군요. 복잡하게 얽혀 있는 여러 문제를 분류해야 할 필연성에 관한 문제입니다. 인식의 대상이 되는 현실은 분류할 수 없습니다. 그 사실을 대전제로서 인정해야 합니다. 분류 불가능한 대상을 능숙하게 다루고자 할 때, 우리는 분류라는 방법을 통해 대상을 분해합니다. 따라서 분류라는 방법은 대상을 파악하기 위한 임시적 방편에 불과합니다. 이 사실 또한 하나의 전제로서 인정해야 합니다.

분류하는 방법에 관해 저는 반대하지 않습니다. 분류하지 않으면 우리 머릿속은 말끔하게 정리되지 않기 때문이죠. 그러나 분류 자체는 어디까지나 인식을 위한 방편에 불과하다는 걸 잊어서는 안 됩니다. 그리하면 분류할 때도 여러 방식이 있을 수 있으며, 자신의 분류 방식이 꼭 타당하지는 않을 수 있다는 걸 알게 될 것입니다. 이것을 알고 있다면 실패하지 않을 수 있겠죠. 임시적 수단이니 언제든 버릴 수 있으니까요. 분류를 수단 삼아 대상으로 들어가더라도 어느 단계에 이르면 분류한 결과를 흩어놓는 일도 가능하겠죠.

물론 한 가지 문제가 남습니다. 즉 능숙한 분류와 서투른 분류가 있습니다. 분류란 맞닥뜨린 문제군 안에서 상대적으로 독립적인 요소를 발견하거나 만들어내는 일입니다. 따라서 능숙하게 분류할 수 있는 사람과 그렇지 않은 사람이 있습니다. 이것은 또 다른 문제입니다.

저는 4부로 편성한 당신의 분류 방식을 기본적으로 받아들일 수 있습니다. 다만 물음의 구체적인 내용을 접했을 때, 당신이 분류하는 원칙은 대체 무엇인지를 납득할 수 없었습니다. 4부로 구성한 큰 틀 자체는 제법 잘 짜여 있습니다. 그러나 그 틀 안에서 문제를 설정하고 문제의 위치를 부여하는 방식이 다소 혼란스럽다는 인상입니다. 이것은 어떤 의미에서 기술적인 문제이고 경험의 문제이므로 저는 그다지 개의치 않습니다. 따라서 이런 방식으로 나아가도 실패하지는 않으리라 생각합니다. 전체적 틀이 잘 짜여 있으니, 지금 와서 수정할 필요는 없겠죠.

모어문화로 진입하다

윤여일　네, 그렇다면 이 틀에다가 앞으로 실질적인 내용을 채워가 도록 노력하겠습니다. 내용을 채워주실 분은 선생님이시고, 내용을 받아낼 수 있는 유효한 물음을 찾아내는 것이 제 역할이 될 것입니다.

그렇다면 오늘은 "모어문화에 진입하다"라는 문제로 시작해보겠 습니다. 현재 저 자신은 외국에서 생활하고 있으며 지금도 일본어를 매개 삼아 선생님과 대화를 나누고 있습니다. 그러다보니 이 주제는 제게 더욱 강한 울림을 갖습니다.

모어사회에 있을 때와 외국에서 지낼 때는 달라지는 것이 많은데, 그중 한 가지로서 선생님의 글도 다소 다르게 읽혔습니다. 최근에 「아 시아라는 사유공간」을 읽으며 제 체험에 비추어 그 내용을 음미할 기 회를 가졌습니다. 다소 개인적인 이야기입니다만, 「아시아라는 사유 공간」은 선생님의 글 가운데서도 제가 특히 애독하는 글입니다. 왜냐 하면 이 글에는 일본사상사에 발을 들여놓고, 다케우치 요시미와 만 나고, '지知의 공동체' 활동을 하고, 아시아라는 화두에 관심을 갖게 된 선생님의 사상 편력이 묵직한 물음과 어우러져 담담하게 전개되고 있기 때문입니다. 그 가운데서도 모어문화로 진입하는 일에 관한 사 색은 현재 외국에 나와 있는 상태인 제게 여러 복잡한 고민을 안깁니 다. 선생님께서는 그 글에서 이렇게 말씀하셨죠.

내가 중국인임을 망각하고 '타인'의 문제로 들어가길 바랄 때, 나는 더 욱 모어문화에 근접해 있음을 느낀다. 자신이 모어문화의 대표자가 아님을 자각했을 때 비로소 타자 속으로 진입하는 노력으로 모어문화에 진입할 수 있고, 자신과 모어문화의 연결점을 찾을 수 있기 때문이다. 주체 형성의 과정은 이런 '진입'의 노력으로 진실해진다. 지성의 측면에서 나는 개체의 문화동일시가 갖는 비직관성을 이해하기 시작했다.

저는 이 글에서 언급하신 '모어문화로의 진입'과 '대표성'에 관해 질문을 드리고 싶습니다. 외국에서 지내면서 혹은 외국인과 만나면서 모어문화로 진입한다는 것은 자신이 모어문화를 대표한다는 의미가 결코 아니겠죠. 하지만 외국에 있을 때 저 자신은 "한국은……" 하고 말하게 되는 상황이 자주 생깁니다. 어떤 대화를 하려면 한국의 상황을 상대에게 먼저 알려주어야 할 때가 있죠. 한국이라는 국적에 매이지 않고 말을 건네려 하지만, 그러려면 먼저 한국인으로서 발언해야 하는 역설적 상황에 빠지곤 합니다. 그런데 이미 나름대로 한국의 사정을 설명하면 이후의 대화에서 '한국'이라는 국적과 자신의 거리를 유지하기가 힘들어집니다.

이런 장면도 있습니다. 외국인과 대화할 때 그 자리에 한국 국적을 가진 사람이 있으면, 화제가 민감한 대목으로 흘러갈수록 한국에 대한 이야기를 피하게 됩니다. 논리적으로야 '여러 한국'이 있을 수 있지만, 자칫 그 한국인과 다른 견해 혹은 다른 방식이나 뉘앙스로 한국의 사정을 전달하는 경우, 상대에게 부적절한 정보를 제공하는 것은 아닌지 우려스럽기 때문입니다. 아마도 이것은 주체가 의도하지 않더라도 '대표성'을 어떻게 사고해야 하는가라는 문제가 상황 속에서 발생한다는 사실을 보여주는 사례이지 않을까 생각합니다.

쑨거　　저도 비슷한 경험을 합니다. 이를테면 일본에서 저 자신은 중국인으로서 발언한다는 의식이 전혀 없이 무언가를 말했는데도, 중국인의 발언으로 받아들여지는 장면을 자주 경험했습니다. 그것이 늘 나쁜 일은 아니겠죠. 아무튼 이 경우에 우리, 즉 저와 당신은 국적에 얽매일 생각이 없는데도, 환경으로 인해 국적에 얽히게 됩니다. 이것이 실상입니다. 이런 상황에 대처하려면 경우에 따라 우리는 자신의 국적을 강조해야 할 필요도 있습니다. 현재 상황을 객관적으로 인식하며 동시에 일국 단위로 사고하지 않겠다는 자각을 갖는 것은 정말이지 중요하고도 어려운 일입니다.

이런 경험도 있습니다. 몇 년 전 중일관계에 관한 국제회의에서 중국과 일본의 연구자가 모여 당시 상황에 대해 이야기를 나누었습니다. 저도 초대받아 참가했습니다. 회의장에는 통역자가 대기하고 있었습니다. 그러나 중국 측 발표자들은 대부분 일본어가 능숙해서 거의 통역을 거치지 않고 일본어로 발표했습니다. 당시 통역자의 역할은 일본어를 모르는 중국인을 위해 일본어를 중국어로 옮기는 것뿐이었습니다. 저도 일본어로 충분히 발표할 수 있었지만, 어차피 통역을 거치기 마련이니 반대 방향의 통역도 시켜야겠다는 생각이 들었습니다. 그래서 굳이 중국어로 발표했습니다.

이 장면에는 따져봄직한 문제가 있습니다. 당시 저는 어째서 중국어를 사용했을까요? 저는 중국인이니 모어로서 중국어를 사용합니다. 그러나 그곳에서 중국어로 발언한 까닭은 제가 중국인이라서가 아니었습니다. 이 대목이 제게는 중요합니다. 모처럼의 국제회의이니 서로 말이 잘 섞이지 않을 수도 있다는 문제를 들춰야겠다고 생각했던 것입니다. 그렇지 않으면 일본어만으로도 국제화는 가능하다는 착각에 빠질 수 있으니까요.

정반대의 경우도 있습니다. 저는 중국어가 통용되는 장에서 굳이 일본어로 발언한 적도 있습니다. 외국으로 나갔을 때 중국어와 일본어 가운데 어떤 언어로 말할지 저는 그 자리에서 정합니다. 따라서 제게는 모어를 사용한다는 것이 국적을 드러내는 것을 의미하지 않습니다. 그 자리의 상황에 따라 학문의 수준을 더욱 끌어올리기 위한 수단을 고른다는 생각으로 저는 언어를 선택합니다. 따라서 중국어에 구애받을 생각은 없습니다.

다소 장황한 설명이 되었을지 모르겠지만, 당신이 꺼낸 문제에 관해 저는 대표성을 무너뜨려야 비로소 모어문화로 진입할 수 있다고 답하고자 합니다. 우리는 외국에서 자국 상황을 대변해야 하는 상황에 처하곤 합니다. 그러나 그 사실이 반드시 우리가 자신의 대표성을 강조해야 한다는 걸 뜻하지는 않습니다. 거기서 일종의 딜레마가 생깁니다. 자국의 대표로 간주되는 현실 상황도 자세히 분석해보면 여러 경우가 있습니다. 일률적으로 한국의 대변자로 받아들여지는 것은 아닙니다. 적어도 두 가지 상황을 나눌 수 있겠죠.

먼저 외국에 대한 인식이 아직 초보적 단계에 머무르는 상황입니다. 상대의 국적을 보고 상대의 위치도 정해버리는 경우로서 지적 관계로서는 초보적 단계입니다. 즉 국적을 넘어선다는 복잡한 지적 관계를 고려하지 않은 상황이죠. 이게 첫 번째 상황입니다.

두 번째 상황은 다소 복잡합니다. 보통의 경우에는 국적을 거론하지 않고 교류하다가도 어떤 국면에 이르면 서로의 국적이 부각됩

"모국에서 태어나고 생활하고 모어로 말할 수 있더라도
우리가 모어문화에 속해 있다고 단정할 수는 없습니다.
외국문화도 그러하듯이 모어문화에 진입하려면
만만치 않은 절차를 거쳐야 합니다. 그러한 진입은
자신의 대표성을 무너뜨림으로써 비로소 가능해집니다."

니다. 그때 문제가 되는 것은 아마도 대표성이 아닐 것입니다. 오히려 책임감 같은 것이 문제가 됩니다. 한국에서 투표권을 행사할 수 있는 사람은 한국인뿐입니다. 저는 한국의 대통령을 선택할 수 없습니다. 그러나 한국인이 누구를 대통령으로 택하느냐에 따라 동아시아 정세는 큰 영향을 받습니다. 그런 의미에서 당신은 한국인으로서 제대로 책임을 졌느냐는 물음은 충분히 성립할 수 있습니다. 그 경우 당신은 한국인으로서 책임을 회피할 수 없습니다. 굳이 한국인임을 인정하지 않으면 안 됩니다. 이처럼 두 가지 경우가 있습니다.

나아가 전쟁 책임에 관해서도 자국 사회의 일원으로서 사고해야 하는 장면이 있습니다. 가령 한국인이 일본인에게 전쟁 책임을 따져 물을 때 일본인이라면 외면해서는 안 됩니다. 그 경우에는 대표성보다도 책임이 추궁될 것입니다. 더 자세히 검토하자면, 국적이라는 아이덴티티를 묻는 장면에는 그 밖에도 여러 편차가 있을 것입니다. 따라서 좀 더 세분화하지 않는다면 문제로서 성립하지 않을지도 모릅니다. 이것이 대표성 문제에 관한 저의 대답입니다.

다음으로 같은 국적을 가진 사람과의 관계인데요, 무척 좋은 문제를 제기해줬군요. 두 사례 모두 국적 문제의 복잡함을 잘 드러냅니다. 우리가 개인적으로 외국에 나가면 홀로 자국의 책임을 짊어지거나 혹은 자신의 대표성을 생각해야 할 일이 생깁니다. 그러나 같은 국적을 가진 사람들과 동행하면 상황은 달라집니다.

그런 상황에서 당신은 자국의 민감한 화제라면 피한다고 말했습니다. 출신 국가가 같더라도 자국의 이미지는 사람마다 다양한 것이 당연하며 한결같을 수 없습니다. 동시에 누구의 인식이 가장 올바른

지 판단할 기준을 마련할 수도 없습니다. 상황이란 한 가지 기준으로 정확히 판단할 수 있는 것이 아닙니다. 모든 인간의 판단에는 많든 적든 올바른 부분도, 그릇된 부분도 포함되기 마련이니까요.

그런 의미에서 저는 당신과 다르게 대처합니다. 혼자였다면 그다지 발생하지 않았을, 안과 바깥의 관계성이라는 문제에 주목합니다. 가령 중국인 그룹이 한국에 가면 중국인 사이에 일종의 '안쪽'이라는 감각이 생깁니다. 그러한 안과 바깥이라는 감각은 한국 연구자와의 교류가 제대로 풀리지 않을 때 쉽게 생겨납니다. 그때 중국인 연구자 사이에는 "역시 우리의 복잡한 상황이 그들에게는 제대로 전해지지 않는다"며 일종의 공감대가 조성되죠. 그 공감대에 의해 안과 바깥이 나뉩니다. 저는 이런 상황을 섣불리 비판할 생각이 없습니다. 그러나 그 단계에 머무른다면 위험합니다. 문화본질주의가 짙어집니다. "우리의 상황은 아무래도 그들에게 전해지지 않을 거야"라는 식이 됩니다.

이런 문제와 당신이 꺼낸 감상은 미묘하게 연관되겠죠. 당신의 태도는 되도록 상황 전달에 와전이 생기지 않도록 민감한 화제는 피한다는 것이었습니다. 이것은 다소 안이한 발상입니다. 먼저 당신은 다른 한국인의 입을 막을 수 없습니다. 비록 자신이 이야기를 하지 않더라도 남의 이야기를 멈출 권한은 없습니다. 또한 말을 피한다고 존재 자체를 지울 수도 없습니다. 애당초 나라를 단위로 삼아 그릇된 정보가 전해지는 것은 아닌가라고 우려하는 데 문제가 있지 않은가 합니다. 한국 안에서 한국인끼리는 모두 정보를 올바르게 공유하느냐 하면 그렇지 않죠. 어느 나라 사람이든 그런 일은 거의 불가능하겠죠.

오해 없이 올바르게 인식을 공유한다는 이상적 상태는 어디에도 존재하지 않습니다. 따라서 나라와 나라 사이의 오해는 무수한 오해 가운데 하나에 불과합니다. 물론 당신의 경우에는 한국의 이미지가 되도록 훼손되지 않도록 노력한 것이며, 저도 그 마음가짐은 높이 삽니다. 하지만 그것은 양심적인 소망일 뿐 거의 현실성을 갖지 못합니다.

저의 태도는 다릅니다. 모순과 잘못을 드러냅니다. 일본어에는 "냄새나는 것에 뚜껑을 덮는다"는 표현이 있죠. 뚜껑을 덮어 보이지 않게 숨긴다는 것입니다. 일본에서는 특히 외국을 대할 때 이런 경향이 있습니다. 중국에서도 집안의 추한 것은 되도록 남의 눈에 띄지 않게 한다는 말이 있습니다. 그러나 진정한 지적 책임은 숨기는 것이 아니라 드러내는 것입니다. 그리했던 훌륭한 표현자가 루쉰이고 다케우치 요시미였습니다. 그들은 굳이 자국의 가장 추한 부분을 폭로했습니다. 누군가에게 보여주고 싶어서가 아니라 다만 폭로해서 직시하고자 했습니다. 당신도 지금의 바람에서 한 걸음을 더 내디딘다면, 아마도 루쉰의 입장에 다다를 수 있으리라 생각합니다.

간단히 정리해봅시다. 우리는 자국에서 태어났다고 자국 문화에 속한다고 단정할 수 없습니다. 모어로 말할 수 있고 모국에서 생활하더라도 모어문화 안에 있다고 잘라 말할 수 없는 것이죠. 모어문화에 진입하려면 만만치 않은 절차를 거쳐야 합니다. 그러한 진입은 대표성을 무너뜨림으로써 비로소 가능해집니다.

윤여일   선생님께서 말씀하시는 문제가 일본에서 생활하는 동안 제게는 자주 물음으로 다가왔습니다.

이런 체험도 있었죠. 작년, 도쿄외국어대학에서 1980년 한국의 광주항쟁에 관한 연구회에 참석한 적이 있습니다. 연구회가 끝나고 술자리가 이어졌습니다. 그 자리에 모인 여섯 명이 이런저런 이야기를 나누다가 그중 한 사람이 갑자기 "당신은 위안부 문제를 어떻게 생각하나요?"라고 물었습니다. 질문을 던진 사람은 한국의 유학생으로 여성이고, 질문을 받은 사람은 일본인 남성이었습니다. 그 질문으로 인해 저는 그때까지는 의식하지 않았던, 그 자리에 모인 사람들의 국적과 성별을 꼽아보았습니다. 질문을 건넨 한국인 여성 한 명, 질문을 받은 일본인 남성 한 명, 그리고 일본인 여성 세 명과 제가 있었습니다.

질문이 나온 순간 저는 긴장했습니다. 혹시 저한테도 같은 질문이 돌아오면 어쩌나 싶었습니다. 무엇보다 질문자가 여성이었기에 성별의 차이가 마음에 걸렸습니다. 또한 질문을 받은 일본인 남성이 답변하고 나서 만약 제게도 같은 질문이 주어졌을 때, 만약 제 답변이 그 사람의 답변과 비슷하다면 그것은 무얼 뜻하는지를 생각하게 되었습니다. 그 경우에는 국적의 차이가 마음에 걸렸습니다. 질문을 받은 사람은 "어려운 문제네요"라고 답했으며, 아니 답변을 피했으며, 제게는 질문이 오지 않았습니다.

그 일본인 남성이 답변을 회피한 까닭은 그 질문이 위안부 문제에 대한 정치적 입장보다는 실감을 향한다고 판단했기 때문일 겁니다. 일본에서 광주항쟁에 관해 함께 공부하던 그에게 위안부 문제에 관한 정치적 입장이 없지는 않았겠죠. 다만 그 물음을 감당할 실감이 그에게는 없었으리라 생각합니다. 그리고 그것은 제게도 없습니다. 그날 제가 할 수 없었던 상상 속의 대답은 할 수 없었다는 이유로 이후 고민을 안겼습니다.

그 사건을 곱씹으며 생각했습니다. 자국의 역사 내지 상황은 주어져서 소유할 수 있는 것도, 자신의 재산처럼 멋대로 처분할 수 있는 것도 아니며, 한 명의 개체로서 한국의 역사와 상황 속으로 진입하려고 나름의 노력을 하지 않는 한, 그것은 자신의 역사와 상황이 되지 않는다고 말입니다.

선생님께서는 대표성과 책임을 구분하셨지만, 제가 말씀드린 에피소드에서는 그것들이 뒤섞여 있어 제대로 답할 수 없었습니다. 또한 질문을 꺼낸 사람은 저와 국적이 같았고, 제가 무언가를 발언한다면 그 발언은 그 사람뿐 아니라 국적을 달리하는 사람들에게도 전해질 것이기에 그 장면은 모어사회로의 진입이 무엇인지를 생각하게 만들었습니다. 그 상황에는 대표성, 책임, 정치적 판단, 실감의 문제가 뒤얽혔고, 그것을 좀처럼 정리해낼 수 없어서 발언하기가 힘들었던 것입니다.

쑨거　무척 값진 체험이군요.

페미니즘의 입장은 국가를 전제로 삼지 않습니다. 물론 여성이더라도 남성과 공범 관계일 수 있습니다. 마이너리티의 입장에 처한 섹스로서의 여성이라는 여성상이 있습니다. 그러나 누구누구라는 개개인을 가리키는 것이 아니라, 여성을 젠더의 측면에서 이해하는 관점은 매우 중요한 사상적 입장을 일궈냈습니다. 그 대목을 남성도 공유하지 않는다면 이 관점은 생산적일 수 없습니다. 즉 젠더로서의 여성은 실체적 성으로 결정되는 것이 아닙니다. 젠더로서의 여성은 국가와 민족처럼 지금껏 절대시되어온 카테고리를 무너뜨릴 힘을 갖고 있습니다. 그러나 동시에 우리가 알고 있는 여러 역사적 현실은 국가의 폭력과 민족의 동원력에 의해 실현되어온 것 또한 사실입니다. 따라서 젠더로서의 여성이라는 입장은 복잡한 함의를 갖추어야 합니다.

한국인 남성인 당신이 이처럼 복잡한 젠더로서의 여성이라는 문제에 직면했을 때, 당신이 어떻게 반응해야 하는가는 앞으로도 사상 과제로 삼아 계속 사고해야 하겠죠. 다만 그때 남성이라는 자연적 속성을 전제로 삼아서는 안 됩니다. 단순화를 무릅쓰고 말하자면 당신은 먼저 여성이 되어야만 합니다. 여성이 되지 않는다면 한국인 여성이 꺼낸 문제를 당신은 이해할 수 없습니다. 세상의 남성은 젠더로서의 여성이 되는 과정을 거쳐야 합니다. 지금 논의에서 벗어났지만 하나의 코멘트로서 덧붙여두고 싶습니다.

윤여일　저로서는 지금 답하기는 힘든 문제군요. 어떤 입장을 표명하기보다는 구체적 상황 속에서 숙고해야 할 문제이기 때문입니다. 그래서 뒷걸음질 치게 되지만, 다시 앞서의 논의로 줄기를 잡아가고 싶습니다.

다른 상황을 꺼내보겠습니다. 외국에서 사람들을 만나 이런저런 이야기를 나누다가 상대가 자기 사회의 어떤 문제를 들추면, 내가 속한 사회에도 그런 문제가 있다는 식으로 반응하는 자신을 종종 목격합니다. 물론 두 사회가 비슷한 문제를 겪고 있을 수노 있긴 하지만, 실은 양상이 다른데도 상대방과의 우호를 위해서—그것이 진정한 우호가 아님을 알고 있지만요—혹은 대화의 소재를 만들려고 그렇게 말하곤 합니다. 또한 언어 능력의 제약도 있지만, 자신의 사회에 대해 필요 이상으로 거칠게 비판하는 경우도 있습니다. 마치 자신의 사회에 대해 취하는 비판적 태도가 상대에게 저 자신의 정치적 올바름을 증명하는 것인 양 말이죠. 물론 그런 식의 대화에서는 겉만 맴돌다 끝나는 느낌을 받곤 합니다.

이 경우 무엇보다 모어사회에 대한 자신의 이해가 단순해진다는 데 문제가 있으리라 생각합니다. 이 장면에서 제게는 "나라는 개체가 모어사회의 상황과 역사를 이렇듯 자신의 재산인 양 상대와의 대화에서 처분해도 되는가"라는 의문이 생겼습니다. 하지만 그 문제를 의식하면서도 외국인을 만나거나 외국에 나가면 종종 그런 편향에 빠지곤 합니다. 아마도 이렇듯 사유재산처럼 모어사회의 역사나 상황의 일부를 취해 사용하는 것은 선생님께서 말씀하시는 '모어문화로의 진입'에서 멀어지는 일임을 알지만 그렇게 되곤 합니다.

쑨거　알리바이를 만드는 것이군요.

윤여일　그렇습니다. 제 경우는 일본어든 영어든 쓸 수 있는 어휘가 제한되어 있어 모어사회의 복잡한 맥락을 제대로 전하지 못하며, 상대와 대화를 나눌 때 양측 사회에서 발생하는 문제 양상의 미세한 차이를 말로 풀어내기도 힘듭니다. 물론 비교를 할 수 있을 만큼 한국 사회를 포함해 양측 사회를 알지 못한다는 지식의 부족함도 중요한 이유입니다.

하지만 이 같은 문제는 통역을 매개로 전문가들이 역사나 현재의 문제를 다루는 학술 현장에서도 엿보이는 풍경입니다. 저는 그런 장면에서 서로의 우호를 위해 미묘한, 그러나 중요한 문제의식이 희생된다는 생각과 아울러 말의 위상에서는 같은 용어를 주고받지만 문제의 무게는 서로 공유하지 못한다는 인상을 받곤 했습니다. 이 경우 대표성이란 자신이 모어사회의 대표라고 의식적으로 내세우는 데서 발생하지 않더라도, 모어사회의 역사나 현실을 자신의 재산처럼 사용해 상대와 교환하는 감각에 묻어 있는 게 아닐까라고 생각했습니다.

쑨거　날카로운 지적이군요.

분명 여러 의미에서 지식인은 알리바이에 매달리는 인종일지 모릅니다. 자신의 정치적 올바름을 증명하고자 이따금 지나친 비판을 내놓는 경향이 있습니다. 그러나 이 점에 관해서도 저는 일률적 판단을 경계하고 싶습니다. 경우에 따라서는 알리바이를 만들기 위해서가 아니라, 그 장에 있는 사람들의 요구에 맞춰 강한 비판을 내놓아야 하는 경우도 있겠죠. 그렇다고 그런 비판이 모든 장면에서 필요한 것도 아닙니다.

굳이 사례를 꺼낼 필요가 없을지도 모르지만, 일본인이 한국에 가서 나이 지긋하신 분들에게 일본사회를 비판하며 깊이 사죄하는 행위가 당신에게는 일본 정부도 아니면서 왜 대신 사죄하는가라고 비쳐질지도 모릅니다. 그러나 그 장면에서는 분명 그런 요구가 발생합니다. 거기서 양심적으로 응하는 태도에는 가치가 있습니다. 그러나 모든 일본인이 일본 정부 대신 사죄해야 한다고 결론을 내려서는 안 됩니다. 그것은 다른 문제입니다. 비극적인 역사에 대한 감정을 공유한다는 의미에서 일본인의 사죄가 요청되는 장면도 있는 것입니다. 그밖에도 여러 사례가 있겠죠.

지금의 문제제기는 당신의 개인적 고민을 바탕에 깔고 있어서 직접적인 형태로는 거기서 일반적인 문제를 추출해내기 어렵군요. 제가 덧붙일 수 있는 코멘트라면 이것이군요. 알리바이를 만드는 것은 그만둡시다. 그것만은 말하고 싶습니다. 그게 저 자신의 원칙이기도 합니다.

번역과 이문화 교류

윤여일 그렇다면 잠시 번역의 장으로 옮겨 문화 교류의 문제를 마저 짚어보겠습니다. 「'상호인식', 세우는 법과 말하는 법」에서 선생님께서는 상호인식은 두 문화 사이에서 일어나기 전에 한 문화 내부에서 일어나야 하며, 그것의 본질은 '주체의 분절화'에 있다고 강조하셨죠. 그런데 이 글은 루쉰과 다케우치 요시미의 번역 논쟁을 사례로 들여오신 점이 흥미로웠습니다. 선생님은 번역이 이쪽에 있는 말을 저쪽으로 옮기는 게 아니라 자기 존재를 먼저 되묻는 행위임을 역설하셨죠.

전부터 궁금했는데, 이 자리를 통해 질문을 드리고 싶습니다. 선생님은 필자이자 번역자이기도 하십니다. 2004년에는 다케우치 요시미의 선집인 『근대적 초극』을 중국어로 옮기셨습니다. 아니, 어쩌면 선생님은 일본어로 글을 쓰고 계실 때 이미 집필과 동시에 번역을 경험하고 계신지도 모릅니다. 여기서 번역의 구체적 경험과 관련해 두 가지 질문을 드리고자 합니다. 한 가지는 다케우치 요시미의 글을 번역하면서 선생님께 어떤 일이 발생했는지를 여쭙고 싶습니다. '어떤 일'이라고 막연하게 묻는 까닭은 번역 과정에서 기술적인 문제가 아니라 사상적으로 해명해야 할 어떤 사건이 있었으리라고 짐작하기 때문입니다.

두 번째는 외국어, 선생님의 경우에는 일본어로 써내는 행위가 어떠한 사상의 소재가 되는지 여쭙고 싶습니다. 만약 중국어로 먼저 발표한 글을 일본어로 다시 쓰는 경우에는 그냥 옮기시는지, 아니면 표현을 조절하거나 변형을 가하시는지, 그렇다면 그 이유는 무엇인지도 궁금합니다.

쑨거   어느 쪽이나 매우 좋은 질문이군요.

먼저 첫 번째 문제부터 답하겠습니다. 다케우치 요시미의 글을 번역하는 동안 가장 어려웠던 점은 그가 직역할 수 없는 사상가라는 데 있었습니다. 그의 모든 글에는 문체가 있습니다. 문체가 없는 학술논문이라면 직역할 수 있습니다. 다케우치 요시미의 경우, 논문의 의미만 번역하면 진정한 번역이 될 수 없습니다. 그의 글에는 말로 드러나지 않은 긴장감과 유머, 리듬이 바닥에 깔려 있기 때문입니다. 격렬한 논쟁의 와중에 써낸 글이더라도 긴장감과 유머와 리듬은 여전합니다. 그러나 그것은 모두 일본어 어휘의 흐름 속에서 직조되는지라 그의 문체 자체를 직역할 수는 없습니다. 그런 의미에서 다케우치 요시미는 직역할 수 없는 사상가라고 말씀드리는 것입니다.

그의 긴장감, 초조감, 분노는 모두 문체 속에 깔려 있습니다. 그를 번역하려면 중국어 안에서 전혀 다른 형태로 유사한 문체를 만들어내야 합니다. 중국어 어휘의 흐름 속에 담긴 긴장감과 유머, 리듬을 번역문에 입혀야 하는 것입니다. 그것은 모두 행간에 새겨져 있습니다. 이 점이 그를 번역할 때 가장 어려운 대목이었습니다.

번역이라는 행위는 당신이 말하듯이 한 가지 언어체계에서 다른 언어체계로 단어를 옮겨놓는 작업이 아닙니다. 저는 다케우치 요시미를 번역하면서 그 점을 통감했습니다. 또한 흥미롭게도 번역하는 동안 자신의 중국어가 미숙하다는 사실을 알아차렸습니다. 일본어를 할 줄 아는 중국인이라면 누구든 번역할 수 있는 건 아닙니다. 그만한 교양이 없다면 상대를 번역할 수 없음을 깨달았습니다.

앞서의 화제와 관련해 대답한다면, 어디로부터 모어문화로 들어갈 것인가를 묻는 경우, 말로부터 들어간다고 할 것입니다. 모어문화에 진입하려면 모어라는 통로를 거쳐야 합니다. 따라서 모어를 철저히 몸에 익히지 않으면 안 됩니다. 그런 의미에서 저는 아직 충분한 중국인이 되지 못했습니다. 이것이 첫 번째 질문에 관한 대답입니다.

두 번째 질문에 대해 말하자면, 같은 글을 중국어로 쓰고 나서 일본어로 옮기거나 일본어로 쓴 다음 중국어로 옮기는 경험은 여러 차례 있었습니다. 같은 글을 두 가지 언어로 두 번 쓰는 일을 저는 별로 좋아하지 않습니다. 그러나 긴박한 상황에서는 중국과 일본의 편집자가 동시에 원고를 의뢰하는 경우가 있습니다. 예를 들어 2005년 반일 시위 때가 그랬습니다. 저는 먼저 일본어로 쓴 뒤에 중국어로 다시 한번 썼습니다. 비슷한 경험이 두세 차례 더 있습니다. 기본적으로 저는 한쪽 언어로 쓴 원고를 다른 언어로 번역하지 않습니다. 거의 따로따로 쏩니다. 내용이 중복되더라도 따로 쓰지 않으면 안 됩니다. 왜냐하면 방금 말했듯이 문체의 문제가 있기 때문입니다. 대체로 한쪽의 언어로 쓰인 글을 다른 언어로 그대로 옮기면 읽기가 몹시 어렵습니다. 신체가 그렇게 반응합니다. 따라서 중국어로 쓸 때는 중국어 문체 감각으로 쏩니다. 일본어로 쓸 때는 되도록 일본어 문체 감각에 따르죠. 따라서 제가 일본어로 쓴 글과 다른 사람이 일본어로 번역해준 저의 글은 문체가 다릅니다. 물론 저의 일본어 수준이 높지 않아서 그다지 좋은 문체라고는 말할 수 없습니다만, 같은 감각이 두 가지 다른 언어 속에서 같은 형태로는 존재할 수 없음을 통감하고 있습니다. 결국 같은 화제를 꺼내더라도 언어가 달라지면 다른 감각으로 써야 합니다.

여기에 더해 두 사회의 상황이 다르다는 점도 고려해야 합니다. 중국에서 강조해야 할 대목이 일본 사회에서는 쓸모없는 때도 있습니다. 그런 대목은 당연히 잘라냅니다. 중국의 독자를 향해 행간에 남겨둔 내용을 일본어로 번역하면 일본 독자에게 전달되지 않습니다. 그런 경우에는 분명히 드러낼 필요가 있습니다. 그처럼 여러 가지 차이가 있습니다.

저는 일본에서 자주 이런 질문을 받습니다. "당신이 일본어로 발표한 글을 중국어로 옮기려면 조심해야 하지 않나요? 정치적 검열이 있잖아요." 솔직히 말해 제가 쓰는 글에서 검열 대상이 되는 부분은 얼마 되지 않습니다. 물론 제 작업의 속성과도 관계가 있습니다. 제 작업은 "정치사상이란 무엇인가"라는 물음에서 출발하여 그 물음을 중국의 일반 서민과 공유하려는 것입니다. 그것은 정부 비판보다 시선을 아래에 두고 진행되는 정치적 작업입니다.

제가 생각하기에 민중의 정치적 판단력을 연마하려면, 연구자가 다양한 분석을 축적해야 합니다. 그런 작업 없이 갑자기 민주주의를 말해보았자 민주주의라는 절차로 민주주의 정치를 실현하지는 못합니다. 중국 사회의 정치적 성숙도는 낮습니다. 중국인이 정치적 공민이 되려면 실제의 운동을 통해 다양한 정치 담론을 생산해야 할 필요가 있습니다. 저는 사상사 연구자로서 그 일에 나서고 싶습니다. 현재의 중국 사회에서 언론 자유의 공간은 여러 노력에 힘입어 점차 확대되고 있습니다.

그보다 저는 그러한 질문에서 다소 안이한 발상을 감지합니다. 중국어로 번역하는 경우에 원문을 그대로 옮기지 않는다면 뭔가 정치 이데올로기상의 이유가 있을 것이라는 발상 말입니다. 이것은 번역이라는 작업에 관한 가장 큰 오해일 뿐만 아니라 정치에 대한 가장 큰 오해이기도 합니다.

현재 세계에는 몹시 단순한 중국 이미지가 떠돌고 있습니다. 중국 사회는 언론이 부자유하니 언론 자유가 확립되면 중국도 더 나은 사회가 되리라는 사고방식입니다. 몹시 허술한 생각입니다. 현실에 들어맞지 않습니다. 비록 언론 자유가 있더라도 책임감을 가지고 사고하는 국민이 없다면 그 자유는 무용합니다. 나아가 자유란 주어지는 것이 아닙니다. 스스로 싸우며 만들어가야 합니다.

예를 들어 현재 중국의 출판 사정을 개선하기 위해 출판인도 저자도 정치 검열에 교묘하게 대항하고 있습니다. 그렇더라도 언론의 자유가 사회의 자유를 재는 눈금이기는 하나 근본적인 것은 아닙니다.

왜냐하면 비판의 자유가 있어도 변혁의 자유가 없는 사회라면 진정 자유로운 사회가 아니기 때문입니다. 그런 의미에서 저는 사회 체계의 차이가 문체의 차이로 이어진다는 생각을 거부합니다. 그처럼 단순한 문제라면 번역을 사고하는 일은 차라리 좀 더 수월하겠죠. 이것이 두 번째 질문에 관한 저의 대답입니다.

윤여일　지금 선생님의 발언 중에는 심화시키고 싶은 내용이 많습니다. 그러나 중국 인식의 문제는 지금 다루면 화제가 번다해질 것 같으니 뒤로 미루고, 번역에 관해 마저 질문을 드리겠습니다.

방금 선생님께서는 문체가 없는 학술 논문은 직역할 수 있지만, 다케우치 요시미의 글은 직역하기 어렵다고 말씀하셨습니다. 이 대목을 좀 더 확인하고 싶은데요, 이것은 모어문화 안에서 타국의 맥락을 어떻게 들여올 것인가라는 문제와도 관련된다고 생각하기 때문입니다.

흔히들 번역에는 직역과 의역이 있으며 텍스트의 종류에 따라 번역자가 둘 중 하나를 선택해야 한다고 하는데, 저는 현실적으로 번역에 직역은 있을 수 없다고 생각합니다. 가령 직역은 원어에 가깝고 의역을 하면 할수록 번역어에 가까워진다는 식의 일반론은 틀렸다고 봅니다. 더욱이 직역과 의역의 대비 구도가 의역 사이에 존재하는 미세한 차이를 가린다고 생각합니다. 저는 직역과 의역의 차이가 아니라 의역들 간의 질적 차이야말로 번역을 통한 맥락의 전환과 관련해 주목해야 할 지점이라고 봅니다.

만약 직역이 존재한다면 원리상 여러 사람이 같은 원문을 두고 번역할 때 그 결과는 거의 비슷해야 할 것입니다. 하지만 아주 간단한 구문이 아니라면, 구체적인 번역자가 이미 번역 상황의 일부로서 존재하기 때문에 그런 일은 발생하지 않습니다. 따라서 진정 좋은 번역인가는 '정확하냐/아니냐'와는 다른 층위에서 물어야 합니다. 물론 오역이라면 곤란합니다. 하지만 정확성을 기준으로 직역과 오역을 나누고, 의역은 직역과 오역 사이에 있다는 견해에는 동의할 수 없습니다.

저는 번역은 기본적으로 의역이라 생각하며, 번역은 곧 의역이라는 사실이 바로 이문화의 말을 자문화 안으로 들여올 때 번역자의 언어 감도가 추궁되며 번역의 사상성이 발생하는 이유라고 봅니다. 번역하며 느낀 점인데, 제가 일본어를 한국어로 능숙하게 옮기지 못하는 이유는 일본어 어휘를 몰라서라기보다 모어를 활용하는 능력이 부족한 데서 기인하곤 했습니다. 선생님의 말씀처럼 다케우치 요시미의 글을 번역할 때 특히 그러했습니다.

다케우치 요시미의 글을 옮기는 일은 제게 특별한 경험이었습니다. 감정적 어조가 많은 탓이라고도 생각합니다만, 원문이 지닌 말로서의 가능성이 풍부해서 한국어로 일단 옮겨놓은 후에 다듬으면 다듬을수록 빛이 났습니다. 어떻게 표현해야 좋을지 모르겠지만, 다케우치의 글은 한국어 안에서 아주 깊숙한 곳으로 제자리를 찾아갑니다. 동시에 그의 글을 번역하다보면 저 자신이 한국어 표현의 관성에서 벗어나기도 합니다. 그의 글은 그렇게 일본어에서 벗어난 후에도 말로서의 가능성을 실현해간다는 느낌이 들었습니다. 저는 원문이 지닌 말의 생명력을 훼손하지 않기 위해 오히려 한국어를 공부해야 했습니다. 그의 글을 옮기며 번역에서 정작 중요한 것은 원문이 지닌 말의 가능성, 그리고 역자가 자신의 모어와 모어상황에 얼마나 진입할 수 있는가라는 감도라고 생각했습니다.

반면 학술논문은 선생님의 말씀처럼 비교적 번역하기 쉽습니다. 특히 한국어와 일본어는 연접성이 강하고 어순도 비슷해서 비교적 쉽게 번역할 수 있습니다. 하지만 단어들을 대응시켜놓는 것만으로는 읽기 쉬운 번역문이 나오지 않습니다. 번역은 단어의 수준이 아니라 맥락과 논리 구조의 수준에서 이루어지는 실천이기 때문입니다. 그런 의미에서 일본어는 어순과 문법구조가 비슷한 까닭에 한국어로 번역할 때 얼추 옮겨놓아도 의미가 성립한다고 착각할 수 있는 언어기도 합니다. 영어를 옮기는 경우에는 어순을 새로 짜야 하기 때문에 맥락을 재구성하게 되지만, 일본어는 그대로 옮겨놓아도(이른바 직역을 해도) 한국어 조건 안에서 의미가 성립하는 것처럼 착각할 공산이 있습니다.

그리하여 일본어로 작성된 것을 포함해 학술논문도 실제로 번역하는 경우에는 의역으로 진행됩니다. 결국 번역은 의미를 단어의 수준이 아닌 맥락과 논리의 수준에서 짜내는 것이기에 실제로는 의역만이 존재합니다. 그리고 번역의 성패는 다른 언어로 옮기는데도 원문이 사유의 깊이와 유효성을 유지할 수 있는지, 번역자는 번역하려는 언어에 얼마나 풍부한 감각을 가지고 있으며, 또 모어를 얼마나 깊이 있게 구사할 수 있는지에 달렸다고 생각합니다. 그것은 말의 번역뿐 아니라 사상의 번역에서도 마찬가지입니다.

쑨거　　그런 견해에도 설득력이 없지는 않지만, 당신의 말대로라면 직역의 사상성이 모두 가려지고 맙니다. 직역은 존재합니다. 직역이 존재하지 않는다면, 번역 논쟁 자체가 성립할 수 없습니다.

윤여일　　예. 직역은 하나의 이념형으로서 담론의 차원에서 존재한다고 봅니다. 거기서 맡는 기능이 있습니다. 그러나 구체적인 실천의 차원에서는 모두 의역이라고 보는 것입니다.

쑨거　　아니, 그렇지 않죠. 직역은 이념형이 아닙니다. 구체적인 실천의 차원, 기술의 위상에서도 직역은 존재합니다. 간단한 예를 들자면, 일본어의 모든 어휘가 그대로 한국어 어휘에 대응하지는 않습니다. 어떤 어휘는 한국어에 존재하지 않겠죠. 그래서 일본어를 그대로 들여와야 할 일이 생깁니다. 그게 직역입니다. 따라서 직역이 존재하지 않는다는 설은 성립하지 않습니다. 이것은 여전히 단어 선택의 문제에 불과하죠. 다음으로 번역 일반에 관해 원문에 충실할수록 믿을 만한 번역이라는 설이 있습니다. 그 경우 원문에 없으면 번역문에 덧붙이지 않는다는 것도 직역의 또 한 가지 측면입니다. 저는 번역의 윤리성에서 볼 때 이런 직역의 자세가 소중하다고 봅니다.

　　여기서 직역의 문제를 심화시켜 사상의 위상으로 발을 들인다면, 번역으로 자국의 문화를 변혁한다는 곳에 도달합니다. 번역을 할 때 자국에 대응되는 말이 없다는 것은 이 말로 표현되는 사물이나 사고의 통로가 자국에는 존재하지 않거나 의식에 떠오르지 않음을 의미합니다. 전형적 사례로 중국의 5·4시대에 '민주', '과학'이라는 말은 모두 직역한 것입니다. 그때 직역이라는 행위는 사회혁명을 일으키는 이데올로기를 도입하는 것이기도 했습니다.

　　기술의 위상으로 돌아와 말하자면, 의역의 경우 번역자의 수준이 원저자에 못 미친다면, 몹시 위험할 수 있습니다. 수준이 낮다면 자기

이해에 근거해 상대를 멋대로 해석해 원문을 왜곡할 가능성이 농후합니다. 또한 의역을 경계해야 하는 다른 이유라면, 예를 들어 일본어를 중국어로 옮길 경우 일본어 속에는 무의미한 어휘가 꽤 많습니다. "~이지는 않을까"(なのではないか)라든가 "~라는"(という)과 같은 표현이 그렇습니다. 이것을 중국어로 번역하기란 거의 불가능에 가깝습니다. 따라서 숙달되지 않은 번역자는 그것들을 모두 잘라버립니다. 문장의 의미 자체가 그다지 바뀌지는 않으니 오역은 아니겠죠.

그러나 올바른 번역이라고도 할 수 없습니다. 왜냐하면 그처럼 무의미해 보이는 표현에 의해 글의 리듬이 형성되기 때문입니다. 그 리듬 안에는 저자의 거리낌, 망설임, 회의와 같은 여러 감정이 담겨 있습니다. 그 부분을 잘라내 생략해버리면, 결국 번역문에는 저자가 단정한 것만 보이게 됩니다. 직역은 이런 경우에도 필요합니다. 다만 그때의 직역도 의역의 훈련을 거치지 않으면 제대로 해낼 수 없습니다. 여기서 저는 오히려 직역의 중요성을 강조하고 싶습니다. 모든 번역은 물론 의역이 아닐 수 없지만, 직역의 정신이 없다면 번역의 윤리성이 손상됩니다. 동시에 직역만으로는 좋은 번역을 해낼 수 없습니다. 따라서 '직역＝번역의 윤리'라고까지는 말할 수 없겠죠.

타자를 왜 사고해야 하는가

윤여일　　선생님 글의 번역자로서 방금 하신 말씀은 숙고해보도록 하겠습니다.

"번역은 의미를 단어의 수준이 아닌
맥락과 논리의 수준에서 짜내는 것이기에
실제로는 의역만이 존재합니다.
말의 번역뿐 아니라 사상의 번역도 그러합니다."

"번역의 윤리성에서 볼 때 직역의 자세는
무척 소중합니다. 직역의 문제를 심화시켜
사상의 위상으로 발을 들인다면,
번역으로 자국의 문화를 변혁한다는 곳에 이릅니다."

이제 선생님의 행적을 좇아가며 지금의 논의를 지적 교류와 사회 간 감정충돌의 문제로 옮겨가보고자 합니다. 구체적으로 말하자면 '지의 공동체' 활동에 나서신 사정과 '아즈마 시로 사건'을 둘러싼 논쟁에 참여하신 경위를 듣고 싶습니다. 하지만 그 전에 다소 추상적이더라도 타자에 관한 인식의 문제를 먼저 여쭤보겠습니다. 상호인식과 자문화로의 진입에 관한 논의를 주고받았으니 지금 시점에서 여쭤본다면 타자 인식에 관해 좀 더 생동감 있는 이해를 얻을 수 있지 않을까 생각하기 때문입니다.

기억하실지 모르겠지만, 4년 전 선생님께서는 제가 속해 있는 연구실의 조촐한 세미나 자리에 오셔서 타자론에 관해 강의해주신 적이 있습니다. 아니, 그보다는 풀기 어려운 질문을 던지셨습니다. 그때의 물음은 "타자는 안에 있는가, 바깥에 있는가"였습니다. 선생님은 점차 여러 물음을 꺼내 답하기 어려운 곳으로 몰아가셨고, 결국 저는 답을 내지 못했습니다. 선생님께서 제기하신 물음은 딜레마였으니까요. 다시 말해 타자가 바깥에 있다고 하면 타자는 실체화되어 타자로서의 의미를 잃고, 타자가 안에 있다고 하면 모놀로그에 빠지고 말았습니다. 즉 선생님께서는 나와 타자의 경계를 나의 바깥에 둘 것인지, 안에 둘 것인지 하는 경계에 관한 물음을 던지셨다고 기억합니다.

이제 다시금 그 물음에 도전한다면, 다소 추상적이지만 "타자는 쉽게 만날 수 없다는 태도를 통해서만 만날 수 있다"라는 역설로 그때의 딜레마를 풀어보고 싶습니다. "만날 수 없다"라는 말은 타자와 나 사이의 경계를 넘어서는 '가로지름'이 쉽사리 발생하지 않는다는 사실을 자각하겠다는 의미입니다. 혹은 경계를 넘어선다는 발상이 오히려 이쪽과 저쪽을 구분된 실체의 차이로 획정할 수 있음을 경계하겠다는 의미입니다.

또한 뒷부분의 "만날 수 있다"는 말은 타자가 자신의 바깥에서 실체화된 대상이 아니며, 어쩌면 그 만남에서 먼저 찾아오는 것은 아직 경험한 적 없는 자신과의 만남일지도 모른다는 의미입니다. 그 만남이 있고 나서야, 무엇이 될지 알 수는 없지만 외부 대상과의 만남도 가능하리라고 생각합니다. 역시 추상적인 전개가 되었지만, 예전에 선생님께서 내신 문제를 지금은 이렇게 풀어보고 싶습니다.

쑨거　"타자는 왜 필요한가"라는 물음은 역사적으로 고찰해야 합니다. 다소 거친 표현이지만 서구 사회, 서구의 지식인에게 타자가 필요한 이유와 동아시아인에게 타자가 필요한 이유는 본질적으로 다를 것입니다. 물론 한마디로 서구인이라고 통칭해서는 안 되겠죠. 서구 지식인이 타자를 이해하는 방식도 여러 가지가 있습니다. 그러나 범박하게 말하자면 타자란 자기 정당성을 보증하기 위한 외부인가, 그렇지 않으면 자기 내부에 있는가가 되겠죠. 어느 쪽이든 서구에서 타자로서의 아시아는 서구의 자기 해체를 위한 매개가 되지는 않을 것입니다. 물론 그렇게 노력하는 서구의 지식인은 있습니다.

거꾸로 말해 아시아 사람에게 타자란 처음부터 외부에 있지 않았습니다. 우리의 역사가 그것을 증명합니다. 그런데도 왜 타자를 외부에 두려고 할까요? 그런 태도는 우리의 역사 경험에 들어맞지 않습니다. 애초 근대가 타자로서 우리 내부에 비집고 들어와 우리 내부의 여러 요소와 뒤섞여 우리의 근대를 형성했습니다. 그때의 타자가 우리

바깥에 있는가 안에 있는가는 실은 문제화될 수 없는 문제입니다. 당연히 우리 안에 있습니다. 타자를 배제하여 자아를 순수하게 구축할 수 없습니다. 그럼에도 우리는 왜 그걸 인식하지 못할까요? 우리는 '어떤 이론으로 무장하여 타자의 문제를 사고하고 있는가'라는 곳까지 따져가지 않으면 안 됩니다. 당신은 추상적으로 타자의 문제를 꺼냈지만, 저는 굳이 역사적으로 생각하자고 답하고 싶습니다.

'지의 공동체'에서 드러난 것들

윤여일   그렇다면 이제 미뤄뒀던 '지의 공동체'의 경험에 관해 질문을 드립니다. 이와 관련해 주목해야 할 글은 「세계화와 문화적 차이」일 것입니다. 이 글에는 여러 화제가 빼곡하게 담겨 있습니다. 이 글 또한 선생님의 사색의 특징을 보여주는 한 가지 사례일 것입니다. 즉 현실의 어떤 과정에서 균열이 발생하면 그것을 봉합하는 게 아니라 그 균열 속에서 여러 사상의 소재를 발견하시는 것입니다.

    이 글에서는 정말이지 여러 주제를 다루셨습니다. 언뜻 살펴보아도 세계화의 충격과 문화의 실체성이라는 문제, 문화상대주의가 자칫 퇴로로 사용될 수 있다는 문제, 국경을 섣불리 넘나들 수 있다는 자유인 의식이 지니는 한계, 따라서 문화특수론을 거부하는 동시에 추상적인 보편주의적 서술에 맞서야 한다는 이중 과제, 외국인을 대할 때 국적을 처리하는 어려움, 중일 학자들이 지닌 지식인과 대중에 관한 시각의 차이, 문화의 가로지르기는 어디서 발생하는가라는 물음, 국제회의에서 통역자를 둘 때와 영어로 대화를 진행할 때의 차이, 난징 대학살 등 전쟁기억과 얽힌 감정의 문제를 다루는 일의 곤란함, 중국과 일본 지식인 이외의 다른 국적의 지식인이 참가할 때 토론의 구도는 어떻게 바뀌는가의 문제, 일본의 중국 이미지와 중국인의 아시아관 등 실로 숱한 문제의 소재를 내놓으셨습니다.

　오늘날 동아시아라는 화두 아래서 국제 교류가 활발한데, 「세계화와 문화적 차이」는 실로 귀감이 되는 글이라고 생각합니다. 국제적인 지식 교류의 현장에서 논의가 생산적이려면 훌륭한 발표문을 착실하게 준비해오는 것도 물론 필요하겠지만, 동시에 그 현장에서, 즉 다른 맥락의 사람들이 모여 있는 상황에서 빚어지는 문제를 토론의 소재로 건져 올리는 시도가 몹시 중요하다고 생각합니다. 하지만 대개의 경우 맥락의 차이로 인해 현장에서 발생하는 불협화음은 사상적 토론의 소재로 부상하지 못한 채 덮이곤 합니다. 이와 관련해 선생님께서 밝히신 '지의 공동체'의 원칙은 중요한 의미를 갖습니다. 잠시 인용해보겠습니다.

> 하나, 지의 공동체는 전문가 형의 지적 교류를 목표로 하지 않는다. 지식공동체는 전문가 형 교류가 은폐해버린 문화적 차이 또는 문화 충돌의 문제를 다루고 각각의 지식이 배치된 상태나 서로의 곤경에 관해 성찰하는 것을 목표로 한다.
> 둘, 지의 공동체는 전공 분야를 달리하는 학자와 행동하는 지식인 간의 대화를 전제로 한다. 따라서 상대방 문화 내부의 고유한 분야를 연구의 전제로 삼지 않는다. 참가자는 기본적으로 자국 문화와 사회에

존재하는 근본적인 문제에 대해 위기감을 가져야 하고, 이에 개입할 의사가 있으며 현재의 지식 지형도를 반성하는 정신을 가져야 한다.

셋, 지의 공동체는 실체화와 제도화에 반대하며 민족이나 문화의 대변자가 되는 일을 거부한다. 따라서 참가자는 개인 자격으로 대화와 토론에 참가하며, 교류 과정은 항상 유동적 상태를 유지한다. 정해진 시간 내의 교류에서 되도록 많은 문제점을 제시하고 국경으로 분할된 틀을 뛰어넘을 수 있는 사유의 실마리를 탐구한다.

이러한 지향은 모임의 준비가 아무리 꼼꼼했더라도 현장에서의 노력 없이는 성사될 수 없다고 생각합니다. 선생님의 글을 읽건대 '지의 공동체' 실험은 아마도 공통의 주제를 놓고 여러 시각을 표출하는 형식이라기보다는 기본적으로 소통의 어려움을 확인하고 그 균열 속에서 지식을 다루는 감각의 차이, 이해 방식의 차이를 전면으로 드러내 사상 과제로 삼으려는 시도였다고 여겨집니다.

이제 '지의 공동체'라는 실험은 일단락되는 단계라고 들었습니다. 그래서 선생님께 그 경험에 관한 총괄적인 말씀을 듣고 싶습니다. 무엇보다 선생님 자신의 사상적 여정 속에서 '지의 공동체' 경험이 어떤 의미를 지니는지 알고 싶습니다.

쑨거 간단히 말해 '지의 공동체'는 앞서 대화의 주제였던 이문화 교류의 어려움과 자문화가 끌어안은 문제를 들춰내는 실천이었습니다.

우리는 현재 국제 교류라는 형태로 성급하게 성과를 내려 하고 있습니다. 무언가를 성취하려면 그 전에 정돈부터 하지 않으면 안 된다는 간단한 사실을 많은 사람이 간과합니다. 서로 다른 문제를 품고 긴장 어린 관계에 놓인 사람들이 무언가를 함께 건설한다는 것은 애당초 만만치 않은 시도입니다. 기초가 마련되어 있지 않으니까요. 그런 조건에서 기초를 마련하려면 불안정한 요소를 드러내고 따져 묻고 어떻게 그것을 제어할 수 있는지에 관해 공동 인식을 마련해야 합니다. 그래야 비로소 연대가 가능합니다. 그 각도에서 보자면 '지의 공동체'는 극히 초보적인 실험에 나선 것에 불과합니다.

저는 원칙으로서 모어 사용을 내걸었습니다. 유감스럽게도 저는 한국어를 할 줄 몰라 결국 중국과 일본 연구자로만 실험은 진행되었습니다. 이 실험 자체는 대표성을 가지지 않는다고 생각합니다. 나중에 왜 한국 지식인의 참가를 요청하지 않았느냐고 여러 사람에게 지적받았습니다. 사실 그 수는 적지만 몇몇 한국의 연구자도 참가한 적이 있습니다. 『창작과 비평』의 백영서 선생은 확실히 한두 차례 참가해주었습니다. 저는 그에게 통역의 사정에 관한 이해를 구했습니다. 그는 중국어와 일본어를 모두 구사하며 참가했습니다. 그와 같은 한국의 지식인은 훌륭하다고 생각합니다. 그는 잘 이해해주었습니다.

그 자리에서 중국과 일본의 문제만 탐구하지는 않았습니다. 그 문제를 매개 삼아 동아시아 지식인에게 공통되는 문제를 파고들고자 했습니다. 언어는 부차적 사안에 불과했습니다. 그렇지만 역시 언어의 제약으로 인해 좀 더 많은 한국인 연구자의 참가를 받기는 힘들었습니다. 기본적으로는 중일이라는 자장에서 대화가 이루어졌죠. 그렇디고 대표성을 띠는 프로젝트는 아니었습니다. 여러 들춰냄의 행위를 통해 참가자 사이에 공통 인식을 얼마나 만들어낼 수 있는지, 제게는 이 대목이 관건이었습니다. 저는 거기서 폭로라는 방식으로 문제의 소재를 드러낼 수 있다는 걸 체험했습니다. 그 경우 중국과 일본 사이에서 실제로 발생하는 문제는 지知의 모습을 연마해내는 장으로 기능했습니다. 따라서 우리는 중일 사이의 문제를 해결하려고 모인 것이 아니었습니다.

윤여일　「세계화와 문화적 차이」를 읽어보면 회의를 어디서 하는지, 어떤 국적의 사람이 참가하는지에 따라 논의의 양상이 어떻게 변하는지를 기술한 대목이 있었습니다. 거기에는 "한국 지식인이 참가하여 거꾸로 지금까지 한 번도 참가하지 않았던 서양이 한 번도 회의에 결석하지 않았음을 알게 되었다"는 구절이 있었다고 기억하는데요.

쑨거　그 기억은 그다지 정확치 않군요. 정확하게는 한국의 연구자가 매번 참가하지는 않았지만, 한 번도 참가한 적이 없는 미국은 논의의 장에서 한 차례도 결석하지 않았다는 내용이었습니다. 그때 미국은 나라명이 아니라 미국으로 상징되는 서양의 사유 양식을 가리킵니다. 우리는 영어를 사용하지 않았습니다. 그러나 영어로 만들어진 사고는 그 장에서 언제나 통용되고 있었습니다. 그런 의미에서 "결석하지 않았던" 것입니다. 그러나 만일을 위해 밝혀둔다면, 제게는 영어로 만들어진 사고 양식을 배제할 의도가 없었습니다.

　모어 사용을 원칙으로 정했지만 결코 문화본질주의로 기울 생각도 없었습니다. 왜 모어를 사용했느냐면, 인간은 모어를 사용할 때 자기 사회에 가장 가까이 위치할 수 있기 때문입니다. 외국어로 말한다면 모어로 말할 때와는 달리 아무래도 번역 불가능한 대목이 잘려나 갑니다. 물론 모어로 말해도 통역 과정에서 잘려나갈 위험성은 늘 따릅니다. 특히 동시통역이라면 이런 위험성은 현실적으로 거의 피해갈 수 없습니다. 그렇지만 모어를 사용해 말할 때 발상법이 비교적 자기 사회에 가까워집니다. 이 점 또한 일률적으로 그렇다고 할 수는 없지만, 영어를 사용하는 경우보다는 모어를 사용하는 쪽이 현실의 복잡함을 흘려보낼 위험이 적으리라 생각합니다.

물론 우리의 실험 결과를 보니 중국과 일본의 연구자마다 양상이 달랐습니다. 모어를 사용하는데도 마치 영어로 말하는 것 같은 사람이 있었습니다. 그런 사람은 서양 이론 말고는 모르며, 알려 하지도 않았습니다. 반면 영어에 통달했지만 모어를 사용하며 자기 사회의 가장 모호한 지점을 표현하려는 사람도 있었습니다. 그런 힘이 영어에는 없기 때문입니다.

지식 세계에서의 위치

윤여일   여기서 다소 뜬금없는 질문이 될지도 모르겠습니다만, 선생님의 영역이 무엇인지 묻고 싶습니다. 물론 이런 질문은 선생님의 전공을 어느 하나로 한정하기 위해서가 아니라 오히려 학문에 관해 선생님께서 가지고 계신 감각이 궁금하기 때문입니다. 방금 하신 발언도 그러한데, 선생님께서는 정합적인 지식을 추구하기보다 국경을 넘어선 교류에서 발생하는 균열과 갈등에서 사고의 소재를 건져내고 계십니다.

이와 관련해 선생님의 저술을 살펴보면 글쓴이의 전공을 '비교 문화'라고 소개한 경우가 있습니다. 선생님 스스로 자신의 영역을 그렇게 밝히는 경우도 보았습니다. 그런데 저는 '비교 문화'라는 표현이 다소 의아했습니다. 확실히 선생님께서는 '중국과 일본 사이'를 사상적 거처로 삼아 실천하고 계시며, 두 사회가 서로에 대해 가지고 있는 비틀린 이미지를 바로잡으려고 노력하십니다. 하지만 '비교 문화'라는 말의 어감은 아무래도 선생님의 사상적 실천과 어울리지 않는다는 느낌이 듭니다. 가령 선생님은 「문화 '간' 실천의 가능성」이라는 인터뷰에서 이런 말씀을 하셨습니다.

> 저는 일본의 문제를 활용해 대륙이 겪고 있는 문제의 해결책을 찾고자 하는데, 그 경우 대륙과 일본은 쌍방 모두 자족해 있을 수 없으며, 더욱이 하나의 실체로서, 독자적인 존재로서 있을 수는 없습니다. 실체라고 여겨지는 것은 혼란에 빠져 기존의 사물은 푸석푸석해집니다. 그런 혼란은 사고의 공간에서 발생하는데, 그때 비로소 이른바 '방법으로서의 일본'이라는 말이 의미를 갖습니다.

선생님이 보여주시는 사고의 모험에 비하건대 '비교'라는 말에는 늘 실체화의 위험이 따른다고 생각합니다. 더구나 '비교 연구'에서 실체화는 비교 대상을 하나의 실체로 만듦으로써 자기 사회도 하나의 고정된 단위로 상정하곤 합니다. 선생님께서 '방법으로서의 일본'이라고 표현하신 것은 '비교 대상으로서의 일본'과는 어감도 다르며 의미도 다르다고 생각합니다. '방법'이라는 표현에는 대상인 일본에 대한 인식이 곧 중국의 자기 이해와 맞물려 있으며, 대상에 대한 인식을 통해 자기 전환을 기도한다는 의미가 담겨 있다고 생각합니다. 그리하여 우선 선생님께서 자신의 전공 분야를 '비교 문화'라고 밝히실 때 그 의미가 무엇인지 여쭤보고 싶습니다.

쑨거   저 자신이 '비교 문화'를 하고 있다고는 생각하지 않습니다. 그러나 제가 무엇을 연구하는지를 답해야 할 자리가 있습니다. 그 상황에 대비해 몇 가지 대답을 마련해두고 있습니다.

한 가지는 '비교 문화'입니다. 문화연구를 하는 연구자가 모이는 장에서는 그들의 문제의식에 공감을 표하고자 일단 '비교 문화'를 한다고 답합니다. 제가 '비교 문화'의 영역에서 작업한다는 생각은 별로 들지 않지만, 문화연구의 연구자와는 분명 공통된 관심사를 갖고 있습니다. 그런 의미에서만 '비교 문화'를 한다고 밝힙니다.

'일본사상사 연구자'라고 불리는 경우도 있습니다. 중국과 일본에서는 대체로 그렇게 자리매김됩니다. 저는 일본정치사상사에 관해 박사논문을 썼고, 박사학위는 정치학으로 받았습니다. 따라서 일본정치사상사 연구자로서 비쳐지는 경우도 종종 있습니다. 그 편이 '비교 문화'보다는 저의 연구 분야에 가까울 것입니다.

만약 저의 영역을 굳이 밝혀야 한다면 제 바람으로는 '정치사상사 연구'라고 답하고 싶습니다. 가령 당신은 자신이 사회학 연구자임을 의심하는 일이 거의 없을 것이라고 생각합니다. 그러나 제 경우에는 대학 시절에 중국문학을 전공했고, 현재 근무하는 연구 기관도 중국문학연구소입니다. 따라서 원래 출신을 말하자면 '중국문학 연구'입니다. 1995년 무렵부터 멋대로 방향을 바꿔 일본정치사상사를 공부하기 시작했습니다. 그 후 논문박사라는 형태로 일본에서 학위를 취득했으니 일단 '일본정치사상사' 분야에 들어간 셈입니다. 그러나 그게 일차적 이유는 아닙니다.

자신이 사용하는 학술 자원이 기본적으로 어느 분야에서 온 것인지가 연구 분야를 정할 때 가장 근본적 이유가 됩니다. 저는 정치학과 사상사의 자원에 가장 의지하고 있습니다. 그 영역에서 축적해온 사상적 자원, 학문적 자원이 제게는 모든 분석의 토대를 이룹니다. 그런 의미에서 '정치사상사 연구자'로 불려도 좋다고 생각합니다.

윤여일　　흥미롭게도 중국과 일본, 그리고 한국에서 선생님이 읽히는 방식은 조금씩 다른 것 같습니다. 이 점은 선생님이 갖고 계신 미묘한 위치 혹은 사유의 복잡성을 보여주는 사례가 아닐까 합니다. 중국에서 선생님이 어떻게 자리매김되는지는 잘 모르지만, 어느 인터뷰에서 선생님은 중국에서 동아시아 논자라기보다 일본 연구자로서 주목을 받았다고 말씀하셨고, 지금도 일본정치사상사 연구자로 평가받고 있다는 말씀을 하셨죠. 그리고 일본에서 저는 선생님이 중국문학이나 일본사상사 연구자 혹은 더 좁게는 다케우치 요시미 연구자로 소개되는 경우를 자주 보았습니다. 그러나 한국에서 선생님은 주로 동아시아 논자로서 읽히고 있다는 느낌입니다.

제 개인적인 생각으로는 어느 것도 선생님의 사상적 행방을 표시하기에는 적합하지 않은 것 같습니다. 선생님은 한 가지 전공 분야에 매진하고 계시지 않습니다. 또한 저는 『다케우치 요시미라는 물음』도 다케우치 요시미가 쓴 『루쉰』처럼 연구서로 읽지 않았습니다. 동아시아라는 화두 역시 선생님에게는 사유의 한 가지 과정이라는 인상입니다.

이것은 오독일지 모르는데, 선생님의 글을 읽으면 2000년대 초반까지는 '학제 간 연구'의 가능성을 중시하는 내용이 나오지만, 이후로는 '학제 간 연구'에 관한 언급을 거의 하지 않으십니다. 만약 거기에 어떤 이유가 있다면, 다분히 추측입니다만, 공동 연구로서 학제 간 연구는 여전히 필요하지만, 선생님 자신에게는 더 이상 특별한 의미를 갖지 않기 때문이 아닌가라고 짐작해봅니다.

선생님께서는 『다케우치 요시미라는 물음』에서 이렇게 쓰셨습니다. "다케우치 요시미는 루쉰이 통상의 문학 관념과는 무관하다고 생각했다. 말하자면 루쉰의 존재로 인해 문학은 새로 정의되었다." 저로서는 다케우치 요시미에 의해 지역연구의 의미가 변했고, 선생님의 글을 보면서 사상사에 관한 사고방식이 바뀌었습니다. 즉 사물을 근본적으로 사고하는 사람에게는 기존의 학문적 구획 안에서 자신을 정의하는 것이 아니라 자신이 학문을 새롭게 정의하는 시기가 찾아오는 것은 아닌가 생각합니다. 즉 학문과의 관계에서 따르는 자가 아니라 부리는 자가 되는 것입니다.

쑨거　　날카롭군요. 다만 저는 사상가가 아니며, 그처럼 학문을 새롭게 정의하는 힘도 없다는 사실을 먼저 밝혀두고 싶습니다. 개인적 체험을 말하자면, 분명 2000년까지 제게는 학문 세계에서 탈영역성의 필요를 강조하는 일이 중요했습니다. 그 무렵 중국의 아카데미 제도 안에서 탈영역성은 몹시 억눌려 있었습니다. 따라서 당시 저는 아카데미의 비좁은 분과 의식을 어떻게 돌파할 것인지를 과제로 삼았습니다. 그때 제게 '비교 문화'가 가장 큰 힘이 되었습니다. 그런 의미에서 기성의 아카데미즘 제도를 무너뜨리고자 여러 도구를 사용해 새로운 지적 모색에 나섰습니다.

반대로 일본에서는 학제적 영역이 제도화되어 있었기 때문에 탈영역의 이야기를 꺼낼 필요가 없었습니다. 그러나 제도화되었다면 진정한 의미의 학제가 아닙니다. 2000년 이후 중국에서는 여전히 제도화되지는 않았지만, 학제적인 방향성이 체제 속에서 용인되었습니다. 그리하여 저로서는 더 이상 학제 연구를 강조할 필요가 사라졌습니다.

오히려 이번에는 반대의 지점을 강조하기 시작했습니다. 한 분야 안에서 오랜 기간에 걸쳐 축적해온 것을 성실히 계승하지 않으면 안 된다. 학제 연구를 내세워 그것을 거절한다면 어리석은 태도라고 말이죠. 조금 전 말했듯이 저는 정치사상사 연구자로서 정치학과 사상사의 자원을 최대한 살려내는 일을 중시하고 있습니다. 제게는 탈영역이라는 지적 실천과 한 영역 속으로 깊이 파고들어간다는 행위는 모순이기는커녕 동전의 양면을 이룹니다. 그것이 저의 현재 입장입니다.

분명 일본, 한국, 중국에서 저를 자리매김하는 방식은 각각 미묘하게 다릅니다. 그 차이는 제가 학문하는 방식의 복잡성을 반영한다기보다 각 사회에서 무엇을 요구하는지가 다르기 때문이겠죠. 중국 사회에서는 저를 '사상사 연구자'로 이해하는 방식과 '일본 연구자'로서 대하는 방식이 동시에 존재합니다. 둘 중에서도 '일본 연구자'

가 되기를 바라는 요구가 조금 더 큰 것 같습니다. 중국 사회에는 일본 사회를 이해하기 위한 연구자가 더 많이 필요하기 때문입니다. 또한 이것은 어떤 의미에서 일본에서 저를 위치 짓는 방식과도 겹쳐집니다만, 저는 중국의 사상사 연구자와 줄곧 가까이 지내왔습니다. 최근에는 국제 관계 연구자와 대화할 기회가 종종 생깁니다. 그 분야와 제 작업 사이에 이음매가 만들어지고 있습니다.

한국에서 제가 동아시아 논자로 읽힌다면 몹시 영광스런 일입니다. 사실 저는 동아시아를 정면으로 다루는 논문은 그다지 많이 쓰지 않았습니다. 동아시아를 논할 때 필요한 관점을 의도적으로 만들어내려 했을 뿐입니다. 한국에서 그 노력이 이해를 얻었다면 제게는 정말이지 기쁜 일입니다.

아즈마 시로 사건을 사고하다

윤여일　예, 선생님께서는 한국의 동아시아 논의에 중요한 사고의 자원을 제공하고 계신다고 생각합니다. 한국에 소개된 선생님의 첫 저작은 『아시아라는 사유공간』입니다. 이 책은 창비의 '동아시아의 비판적 지성'이라는 시리즈에 속합니다. 이 시리즈는 단지 번역을 통해 외국 학자의 글을 소개하는 것이 아니라 한국 사상계 측의 주체적 요구를 반영했다는 점에서 훌륭한 기획이라고 할 수 있습니다. 즉 선생님의 작업은 동아시아를 새로운 사고의 영역으로 개척하려는 시도의 일환으로 소개되었습니다.

『아시아라는 사유공간』에는 「중일전쟁」이 수록되어 있습니다. 이 글에 이어 선생님께서는 「사상로서의 '아즈마 시로 현상'」을 써내시기도 하셨죠. 즉 동아시아에 관한 사유를 인식론의 위상에서 검토할 뿐 아니라, 나라 간의 구체적인 역사 갈등 문제에 천착하고, 그것을 둘러싼 동시대 사건에 개입하고, 거기서 발생하는 균열을 분석하는 것도 '동아시아 논자'로서 선생님의 한 가지 면모라고 생각합니다. 또한 그 문제는 오늘의 대화 주제와도 깊이 관련되기에 '아즈마 시로* 사건'을 소재로 삼아보고 싶습니다.

아즈마 시로 사건에 관해 여쭙고 싶은 까닭은 이 사건을 통해 '지의 공동체'의 경험과는 또 다르게 학술, 미디어, 현실정치, 무엇보다 역사기억과 민족감정의 뒤얽힘이라는 문제를 구체적 현실 속에서 검토할 수 있지 않을까 기대하기 때문입니다.

저는 선생님의 「중일전쟁」과 「사상로서의 '아즈마 시로 현상'」 두 편의 글을 보면서 특히 '감각의 낙차'와 '맥락의 전환'이라는 문제에 주목했습니다. 가령 아즈마 씨 등의 활동을 두고 일본 여론과 중국 여론이 보인 반응의 차이, 아즈마 시로 씨가 국경을 넘어 중국인에게 도의적 응원을 구하자 많은 중국인이 관심은 가졌지만 아즈마 씨와 변호인단이 일본 사회에서 처한 상황에는 생각이 미치지 못했고, 자신들의 역사기억을 긍정하는 양상으로 아즈마 씨 등의 활동을 수용했

---

* 東史郎(1912~2006). 1937년 16사단 20연대 사병으로 난징에 파견되었다. 그곳에서 만행을 목격했으며 본인도 학살에 참가했다. 일흔을 넘긴 1987년에 『아즈마 시로 일기』를 출판해 난징대학살의 만행을 공개했으며 난징을 찾아 공개적으로 사죄했다. 그의 활동은 중국의 언론에서 뜨거운 호응을 얻었지만, 일본에서는 일기에 실명을 거론했다는 이유로 민사재판을 받았으며, 지지자도 일부 있었지만 우익으로부터 공격받기도 했다.

다는 사실, 또한 아즈마 씨의 헌신적 활동도 중국의 맥락 속에 놓이면 의미가 달라진다는 점, 한편 난징대학살을 사실로 인정하여 피해 규모를 검증하려는 일본의 양심적 지식인의 노력도 중국인의 민족감정을 상처 입힐 수 있다는 점, 또한 중국 지식인이 주로 교류하는 상대가 일본의 진보적 지식인이기 때문에 중국 지식인의 대일감정은 이들 일본의 진보적 지식인을 통해 형성되기 십상이라는 점, 따라서 이 경우 중국 지식인이 일본에 대해 단순한 이미지를 가지고 있다면 그것은 일본의 우익이 아니라 중국에 우호 감정을 갖고 교류하는 일본의 진보적 지식인의 책임일 수도 있다는 점, 마지막으로 선생님께서 성원과 지지를 보내기 위해 발표하신 「중일전쟁」을 읽고 정작 아즈마 시로 씨가 "마음의 상처를 입었다"는 반응 등등입니다. 두 편의 글을 보면 한 사건을 둘러싸고 양쪽 사회에서 얼마나 다양하고도 복잡한 균열이 존재할 수 있는지 알 수 있습니다. 선생님께서는 그러한 장면에서 이번에도 사상의 소재를 끌어내고 계십니다.

미디어가 개입해 아즈마 씨 등의 활동은 불가피하게 세간의 이목을 끌었다. 그리고 그들이 중국의 미디어와 시민에게서 받은 환대와 지지는 그들이 일본의 미디어와 사회에서 받았던 냉대와 선명히 대조되었다. 이 낙차는 무척이나 복잡한 함의를 지닌다. 탈냉전의 사고와 민족감정의 잠재적 역할, 중국인과 일본인이 서로에 대해 지닌 문화적 이미지, 전체적인 사고와 이항대립 모델이 민족감정의 문제를 처리할 때 안기는 영향력, 감정과 이해를 두고 중국과 일본 사회 사이에 가로놓인 균열. 그런 모든 것들이 이 낙차에 담겨 있다. 이로써 '아즈마 시로 현상'

은 중국과 일본의 사상계가 깊이 있는 대화를 나누기에 유익한 재료를 제공했다.

여기서 앞서 대화를 나눴던 상호인식의 문제를 다시 '맥락의 전환'이라는 문제와 포개어 질문을 드리고 싶습니다. 아즈마 시로 사건에서는 맥락의 전환 과정에서 이쪽의 선한 동기가 저쪽에서 좋은 결과를 보장해주지 않는다는 사실, 또한 개인의 의도와 그것이 사회에서 낳는 효과는 일치하지 않을 수도 있다는 사실이 드러났습니다. 매우 까다로운 문제 지점입니다. 상식으로야 여러 중국, 여러 일본, 여러 중국인, 여러 일본인이 있겠지만, 이처럼 민족감정과 얽힌 문제에 직면하면 상대를 바라보는 시각이 단순화되고, 나아가 국가와 국민을 구별하기도 힘들어집니다.

여기서 한 가지 사건을 둘러싸고 드러나는 양측 사회의 낙차는 사상의 소재가 되지 못한 채, 오히려 민족감정을 더욱 폐쇄적으로 만드는 계기로 작용합니다. 선생님께서는 이렇듯 미묘한 상황 안에서 "중국"과 "일본"을 자주 거론할 수밖에 없는 작업을 수행하고 계신데, 이렇듯 '감각의 균열' '맥락의 전환'이라는 사고 과제 내지 거기서 발생하기 쉬운 단순화의 위험성을 어떻게 다루고 계신지 궁금합니다.

쑨거　분명 개인과 국가의 관계, 개인과 민족의 관계와 같은 추상적 문제 설정에는 중간 매개가 필요합니다. 아즈마 시로 사건을 둘러싼 일련의 분석과 이후 현실 상황에서 내놓은 발언은 대체로 매개가 될 수 있는 중간적 이음매를 만들기 위한 시도였습니다.

우리가 섣불리 국민=국가라고 생각한다면, 현실을 단순화하고 중요한 대목을 간과하기 십상입니다. 가령 국가가 강해진다고 당신의 삶이 반드시 윤택해지지는 않습니다. 나라 안의 다양한 정치 구조와 정치 과정 속에서 당신이 어디에 위치하는지, 당신과 사회는 어떻게 이어져 있는지, 이런 문제가 국가 단위의 사고에서는 생략되고 맙니다. 따라서 국가 단위로 사물을 사고하면 우리는 현실과 마주할 에너지를 얻을 수 없습니다. 이것이 당신이 말한 '맥락의 전환'에서 단순화가 발생하는 이유입니다. 자신의 논리와 국가의 논리 사이에 어디가 어긋나고 어디가 일치하는지, 그리고 어긋남 혹은 일치의 원인은 무엇인지, 그런 문제를 사려 깊게 검토하지 않고 주어진 전제를 곱씹지 않고 삼켜버립니다. 어느 나라에서나 보이는 일반적 현상입니다.

따라서 나라와 완전히 대립하는 것은 현실적 입장이라 말할 수 없습니다. 국제 관계에서 당신은 자국과의 관계성을 요구받습니다. 국가라는 큰 정치의 전제 위에서 아무것도 매개로 삼지 않은 채 자신의 언동을 결정하기란 한 개인으로서 거의 불가능한 노릇입니다. 오히려 우리는 어떤 이데올로기에 의해 틀지어진 사고 양식을 받아들여야 비로소 움직일 수 있습니다. 그 경우도 세분할 필요가 있습니다. 어떤 때는 자국의 이익을 옹호하지만, 다른 때는 굳이 자국의 이익을 거스릅니다.

이런 차이는 국민의 개인적 책임감에서 기인하는 것이지 일관성 없음을 뜻하지 않습니다. 즉 우리는 자신의 나라에 애정을 기칠 때 스스로 사고하게 됩니다. 따라서 애국이라고 해서 어떤 경우든 나라의 정책에 동조한다는 의미는 아닙니다. 그런 사례는 사상사 속에 많이 축적되어 있습니다. 가장 강렬한 애국심을 가진 사상가가 가장 국제주의적이며, 인류를 위해 자국을 개선하려고 가장 헌신적으로 노력합니다. 이처럼 언뜻 봐서는 대립하지만 실상은 그렇지 않은 모습을 현실과 역사에서 많이 찾아볼 수 있습니다.

맥락 단순화의 위험성을 어떻게 돌파해야 하는가라는 문제입니다만, 이것은 방금 앞의 전제에서 한 걸음 더 나아가면 반드시 부딪치는 문제일 것입니다. 우리는 자국을 사랑할 때 인류를 사랑하며 타국을 사랑할 수 있습니다. 그때 자국의 입장을 절대시하지 않는 일이 중요합니다. 어느 나라, 어느 사회 안에서 한 가지 문제를 두고 올바른 선택과 그렇지 않은 선택이 있을 것입니다. 그 나라, 그 사회의 판단 기준으로 재는 한에서 그렇습니다. 그러나 그 기준을 절대시해서는 안 됩니다. 이것은 맥락의 전환이라는 문제와 닿아 있습니다. 한 사회에서 발생한 문제는 그 사회의 콘텍스트와 결부되어 있기 때문에 콘텍스트의 성질이 바뀌면 문제도 바뀝니다. 그러한 문제의 변용에서 콘텍스트의 변용을 유추하려 할 때 맥락의 전환이라는 문제가 생깁니다. 자주 등장합니다만, "우리나라에서는 맞는 말인데 어째서 당신 나라에서는 틀린 얘기가 되는가"라는 물음이 있죠. 사실 그 물음 자체가 잘못되었습니다. 그러나 물음을 그런 식으로 꺼내는 당사자는 그 점을 성찰하지 않습니다.

단순화의 위험을 피하려면 먼저 일국 내의 판단 기준을 절대시해서는 안 됩니다. 다음의 절차는 다소 까다로운 것인데, 자국의 판단 기준을 상대화한 후, 이건 지난 시간에도 말했지만 타자를 타재에서 이해해야 합니다. 다시 말해 타국의 이질적인 콘텍스트에 근거해 상황을 이해하고, 타국의 콘텍스트 안에서 차이를 이해하는 것입니다. 사상적으로 몹시 어려운 과정입니다. 관념적으로 이해해서는 안 됩니다. 타국의 상황이라 해서 그 사회 구성원에게 판단을 맡기는 게 좋다는 의미도 아닙니다.

가령 제 경우에는 일본을 이해하고자 할 때 일본인이 이렇게 말했다며, 거기에 근거해 일본의 콘텍스트를 만들 수는 없습니다. 물론 일본인의 체험을 존중해야 합니다. 그러나 중국의 콘텍스트를 상대화했듯이 일본의 콘텍스트도 상대화하지 않으면 안 됩니다. 그런 의식을 지닌 일본의 연구자라면 신뢰할 수 있습니다. 자신은 일본인이니 일본에 관한 일이라면 응당 외국인보다 잘 알고 있다고 자신하는 사람은 믿음이 가지 않습니다. 타국인의 경험을 소중한 자료로 다루면서도 비판할 필요가 있습니다. 상대를 비난한다는 말이 아니라, 상대가 지닌 자료성을 콘텍스트에 근거해 평가하는 작업을 거쳐야 합니다. 그럴 때 타자를 타재에서 이해할 수 있습니다.

동시대사의 상황을 어떻게 다룰 것인가

윤여일　이 대목에서 질문을 보태고 싶습니다. 동시대의 상황을 연구 대상으로 삼는 문제입니다. 선생님 글의 또 다른 특징이라 생각하는데요, 선생님은 사상사 연구자시만 '시의 공동체' 활동이나 '이즈마시로 현상'처럼 동시대의 문제를 분석하는 경우도 많습니다. 저는 그런 글에서 특별한 긴장감을 느낍니다. 왜냐하면 자료를 가지고 과거 일을 다룰 때는 역사의 뒤에 온 자로서 오늘의 시각에 근거한 평가를 내리기 쉽지만, 동시대의 상황을 다루려면 사후적인 시각이 허락되지 않으니까요. 또한 유동적일 뿐 아니라 자신조차 관련되어 있는 지금의 상황 속에서 장래를 위한 생산적 요소를 건져내려는 의지가 필요하겠죠. 그러한 작업에 나서려면 동시대 상황에 개입하려는 용기뿐 아니라 어떤 민감함이나 사상적 촉수가 필요하리라 생각합니다. 국경을 넘어 어지럽게 뒤얽히는 동시대사 문제는 첨예하면서도 제대로 담론화되지 않는데, 그런 문제를 다룰 때 특히 주의하시는 점은 무엇인가요? 살아있는 현상을 상대할 경우 특히 어떤 점에 유의하고 계신가요?

쑨거　매우 어려운 문제입니다. 동시대의 상황은 여전히 살아있습니다. 일본의 유명한 사회학자인 히다카 로쿠로*는 1960년대에 흥미로운 글을 여러 편 썼습니다. 그 중 한 편에서 그는 학생들에게 지금 것을 읽지 말고 옛것을 읽으라고 권했습니다. 일리가 있는 말입니다. 동시대 담론은 아직 역사의 선택을 받지 못한 것입니다. 오늘은 떠들썩하게 회자되지만 내일이 되면 역사에 의해 버림받을지 모릅니다. 반면 옛것은 역사에 의해 선택된 것입니다. 사료로서도 고전으로서도 가치가 있습니다. 히다카는 그 점을 주장하려 했던 것이죠.

---

*　日高六郎(1917~). 사회학자. 전시 중에는 해군기술연구소의 촉탁으로 염전 사상厭戰思想 연구에 힘썼다. 전후에는『사상의 과학』의 유력 동인으로 활동하며, 비공산당계 마르크스주의 진영의 리더 중 한 사람으로서 1960년 안보운동을 지도하고 부락해방동맹의 운동을 지지했다. 저서로는『현대 이데올로기』,『인간의 복권과 해방』,『전후사상과 역사의 체험』등이 있다.

그러나 다른 측면도 있습니다. 현재의 살아있는 정세를 읽어내려면 사상적 통찰력이 필요합니다. 사상적 통찰력은 상황의 한복판에서만 길러집니다. 따라서 저는 히다카보다 좀 더 복잡한 제안을 내놓고 싶습니다. 과거의 문헌을 고전으로서 읽는 동시에 동시대 상황 속의 문헌은 자신을 시험하기 위한 살아있는 자료로서 읽자는 것입니다. 그것은 사료 비판의 능력이 있는가 없는가의 시험입니다.

여기서 우에하라 센로쿠가 제기한 사료 비판을 떠올릴 필요가 있습니다. 우리는 관련 자료를 수업에서 함께 읽었죠. 사료 비판이란 상대를 비난하는 속된 비판이 아닙니다. 상대를 부정하려는 것이 아니라 상대를 드러내기 위해 비판합니다. 이것은 확실히 칸트적 의미의 비판입니다. 사료 비판이란 텍스트를 당대 속에 위치 짓고, 텍스트가 지니는 잠재성을 읽어낸다는 뜻입니다.

텍스트의 잠재성을 읽어내려면 어떤 거리감이 요청됩니다. 그 거리감의 중요한 규준이 페어fair 정신입니다. 페어 정신이란 자국도 타국도 같은 원칙으로 대한다는 뜻입니다. 현실적으로 결코 쉬운 일이 아니죠. 인간은 존재에 구속되는 동물이기에 자국에 대한 이해는 필연적으로 타국에 대한 이해보다 깊습니다. 따라서 외국의 사정을 깊이 이해하지 못한 경우에는 그저 겉모습만 보고 판단해버립니다. 자국의 복잡한 상황을 대할 때도 마찬가지입니다. 현상의 안쪽까지 볼 수도 있으며, 현상에 머무를 수도 있습니다. 그처럼 이해의 정도는 다양하니 같은 규준으로 자국과 타국을 보라는 것은 거의 불가능한 요구일지 모릅니다. 그러나 원칙으로서는 그런 관점을 만들어내야 합니다. 얼마간은 가능하리라 생각합니다.

이야기가 다소 벗어났군요. 사료 비판에 관한 이야기로 돌아오자면, 상황성 속에서 사상적 요소를 가다듬으려면 거리감과 이해력이 요구됩니다. 그 거리감과 이해력으로부터 통찰력을 길러내 상황 판단 능력의 기초로 삼아야 합니다. 방금 저는 '공정의 원칙'을 강조했습니다. 상황으로부터 문제를 가다듬고자 할 때 페어 정신이 없다면, 제대로 해낼 수 없습니다. 국제 관계뿐만 아니라 자국 내부의 문제도 마찬가지입니다. 제게는 현실 문제를 다룰 때 페어 정신을 단련해나간다는 실감이 있습니다.

인식하는 측의 모순

윤여일　타국도 자국과 같은 원칙으로 대한다는 페어 정신을 오늘의 주제인 상호인식의 문제로 옮겨서 풀이하자면, 타국을 이해하는 공평한 기준을 마련할 뿐만 아니라 타국에 대한 이해를 자기 인식의 문제로 되돌릴 수 있어야 한다는 데로 심화시킬 수 있지 않을까 생각합니다.

지난 시간에도 인용한 다케우치 요시미의 글을 다시 참조하고 싶은데요, 그는 전전에 「현대지나 문학정신에 대하여」라는 글에서 지나를 고전지나가 아니라 현대지나로 보아야 한다고 했습니다. "'천'天이나 '유교', '중화사상'을 비롯하여 시대를 내려와서는 '현실적 생활 태도'나 '생존 본능' 등 지나인 특유의 성격처럼 회자되는 것은 물론이고, '종법사회'宗法社會나 '동양적 정체성', '아시아적 생산양식'까지 모두가 한결같이 고전지나라는 추상에서 도입된 원리들"을 통해 지나를 이해하고 지나의 모순을 보려고 하는 일본의 당시 사상계에 맞서 "모순은 대상의 모순이 아니라 인식하는 측의 모순이다"라고 지적한 바 있습니다.

또한 전후에는 "결국 일본 지식인은 유물론과 관념론, 공산주의와 자유주의라는 식으로만 사고하니 자기 분열을 상대방에게 투사하여 중국에서 분열의 계기만 보려는 것이다. 중국인의 실제 정치의식은 그런 도식에 따르지 않는다"(「중국문학의 정치성」)고 비판했습니다. 아마도 이때의 중점은 일본 지식인이 중국을 정확히 이해하지 못한다는 것보다는 중국에 대한 인식 속에는 일본 지식인의 자기 인식이 반영되어 있음을 직시해야 한다는 대목에 있지 않은가 생각합니다. 저는 선생님께서 일본에서 하고 계신 작업도 다케우치 요시미와 비슷한 성질을 지닌다고 봅니다. 즉 일본 지식계를 향해 중국을 대하는 그들의 감도를 추궁하고 계시는 것이지요.

다만 일본 지식계 안에서 선생님은 다케우치 요시미와는 다른 위치에 놓이리라고 짐작하며, 따라서 선생님의 작업이 빚어내는 효과도 다케우치 요시미의 경우와는 다소 다르지 않을까 합니다. 단적으로 말해 선생님은 중국인이십니다. 가령 저는 선생님께서 일본 지식계를 향해 신랄한 비판을 내놓으실 때면 때때로 아슬아슬하게 느껴집니다. 저 역시 이곳에서는 외국인이지만, 다른 국적을 가진 자로서 어떻게 그토록 강하게 비판하실 수 있는지요. 너구나 선생님께서는 비판의 과정에서 중국에 관해 그다지 언급하지 않으십니다. 흔히 타국의 지식계를 추궁할 때는 자국에도 그런 문제가 있다며 윤리적 등가물을 내비치는 경우가 많습니다. 그것은 일종의 보험일 수도 있고, 모어사회를 향한 진정한 비판일 수도 있겠지요. 그런데 선생님께서는 일본 지식계를 비판하면서 그런 등가물을 그다지 내보이지 않으십니다.

아마도 그것은 자신이 비판하는 대상 바깥에서 내놓는 편한 비판이 아니라 일본 사회에 대한 애정과 일종의 책임감 때문이 아닌가 하는 인상을 받았습니다. 그러나 아직 타국에 관해 그런 감각이 자라나지 않은 제게는 그런 비판의 의미를 헤아리는 일이 다소 버겁습니다. 그리하여 일본 사회 안에서의 '위치'와 '효과'에 관해 선생님 스스로는 어떻게 의식하고 계신지 알고 싶습니다.

쑨거   일본 사회에 애정을 갖고 있다는 말은 어떤 의미에서 맞습니다. 그것은 일본 사회라기보다 일본 사회에서 고민하는 사람들을 향한 애정입니다. 다만 일본이라고 한정한다면 그다지 동의할 수 없습니다. 올바로 말하자면, 저는 국적을 불문하고 인류 가운데 고민하는 사람들에게 애정을 느낍니다. 저 역시 고민하고 있기 때문입니다.

우연히도 제가 활용하게 된 자료가 일본어 자료이며, 일본인의 논의를 일본의 콘텍스트 안에서 비판하기 때문에 학문의 절차상 일본론을 내놓는 것처럼 보이겠죠. 그러나 그런 검토와 분석에 담긴 문제의식은 일본에 국한된 것이 아니었습니다. 그 때문인지, 중국에서 저의 일본론을 읽는 독자는 일본 연구자가 아니라 대부분 중국 연구자입니다. 그들은 이미 익숙해진 피상적 일본론을 접하면서 그것을 자신의 문제로 여기고 있습니다. 그러나 저는 일본을 일본에 한정된 문제로 다루지 않습니다. 그런 실천을 거치면서 다른 세계상을 만들어낼 수 있지 않을까를 모색하고 있습니다.

어떤 사회 상황 속에서 사상 자원을 발굴할 때 표층 수준에 머문다면, 그 나라의 조건에만 한정되겠죠. 그러나 표층 아래로 파고들어 간다면 반드시 인류 공통의 과제와 만납니다. 그런데 사상사의 과제로서 그 문제를 다루는 경우에는 역시 사상의 흐름과 사회의 맥락이라는 요소를 간과할 수 없습니다. 따라서 제 경우에는 아무래도 일본 연구라는 형태를 취하게 됩니다. 그러나 그게 중요치는 않습니다. 그 틀을 돌파하여 한 사회에서 발굴해낸 사상 자원을 인류 공통의 자산으로서 타국 사람과 공유하는 일은 가능하다고 생각합니다.

윤여일　앞서 여쭤본 물음에 관한 대답을 다시 청하고 싶습니다. 오늘 앞선 대화에서도 알리바이에 관한 이야기가 나왔는데요, 저는 일본 사회를 향한 선생님의 글과 강연 활동에서 그런 알리바이의 흔적을 거의 찾아볼 수 없었습니다. 저는 방금 그것을 '윤리적 등가물'이라 표현했죠. 즉 타국 사람과 만나 이야기할 경우, 자국에서도 그것에 상응하는 문제가 있다는 식으로 알리바이를 꺼내면서 타국의 상황을 꼬집되 대화 상대와 우호적 관계를 유지하려는 것입니다. 어쩌면 지식인 교류에서 흔한 장면이기도 합니다. 저 자신의 경험을 비추어보건대 자주 있는 일이고요. 그러나 선생님의 경우에는 그처럼 알리바이를 꺼내시는 모습을 거의 접하지 못했습니다. 제가 추측하건대 선생님께서는 국적을 경계로 삼아 교환하는 윤리적 등가물이 중국과 일본을 구분된 실체로 만든다는 점을 경계하시는 것이 아닐까 싶었습니다. 선생님께서는 오히려 나라와 나라 사이에서 빚어지는 문제에서

"어떤 사회 상황 속에서 사상 자원을 발굴할 때
표층 수준에 머문다면, 그 나라의 조건에만 한정되겠죠.
그러나 표층 아래로 파고들어간다면
반드시 인류 공통의 과제와 만나게 됩니다."

사고의 소재를 찾아 인류의 고뇌로 다가가려 하십니다.

쑨거　감사합니다. 사실 저는 별로 그런 생각을 한 적이 없습니다. 중국인으로서 일본을 연구한다는 의식이 없는 것입니다. 지적 입장으로서는 국적을 가지면서 그것을 넘어서는 일이 가능합니다. 저는 실제의 연구 상황 속으로 들어갈 때 중국인임을 전혀 의식하지 않습니다. 따라서 '윤리적 등가물'은 제게 문제로서 존재하지 않습니다.

물론 거기에는 역의 위험성도 있습니다. 국제인이 된다는 위험성입니다. 공리공론을 일삼는 국제인이 될지 모른다는 위험성을 저는 더욱 경계합니다. 그 경우도 중국의 문제로 진입하는 일이 중요해집니다.

예를 들어 사스나 반일 시위, 나아가 올해 독만두 사건* 등은 모두 중국 국내의 문제이자 국제적 문제였습니다. 저는 그런 현실의 문제에 대해 발언하려고 노력하고 있습니다. 발언함으로써 중국 사회에 참여하려는 것입니다. 그럴 때 오히려 진실로 국제적인 발언이 가능해집니다. 이것은 작업의 위상을 설정하는 문제와도 관련되는데, 이에 대해서는 그다지 추상적으로 논의해서는 안 되겠죠.

---

* 2008년 1월 일본 치바 현과 효고 현에서 거주하는 세 가족이 중국산 냉동만두를 먹은 뒤 중독 증세를 보였다. 일본 당국은 생산과정에서 농약이 혼입된 것으로 발표했으며, 이로 인해 일본 사회에서 중국 식품 전반에 대한 불매 움직임이 확산되며 양국 간 감정싸움이 격화되었다. 이 사건은 2년 뒤 일본의 유통과정에서 누군가 만두에 농약을 넣은 것으로 드러났다.

중국 인식에 관하여

윤여일　　그렇다면 이제 미뤄두었던 문제를 꺼내고 싶습니다. 중국 인식의 문제입니다. 선생님께서는 4월에 일본의 히토츠바시 대학에서 '독만두에서 티베트까지'라는 주제로 강연을 하셨습니다. 올해 있었던 만두 사건의 파문과 티베트를 둘러싼 사태를 두고 일본 사회, 특히 일본의 미디어가 중국 사회를 어떤 이미지로 그려냈는지 분석하셨고, 일본 미디어의 보도 행태에 역사시점·정치시점·민주시점·인권시점이 결여되어 있다고 지적하셨습니다.

　　이번만이 아니었습니다. 사스 사태나 2005년 불거진 반일 시위 때처럼 일본 사회 안에서 '중국'이 화두로 부상할 때면 현실 사건을 모티브로 삼아 일본의 미디어가 어떤 프레임 속에서 중국 사회를 보도하는지를 분석하며 비판을 내놓으셨습니다. 그 프레임에서 양산되는 이미지란 "중국은 전체주의 사회다", "중국에는 민주주의와 언론의 자유가 없다"는 식인데, 대개가 어떤 이념형에 비추어 중국 사회의 결여를 들추는 데 특징이 있는 것 같습니다. 하지만 언젠가 선생님은 "중국은 서양 이론으로는 가장 담아내기 어려운 나라일지도 모른다"고 말씀하신 적이 있습니다. 특히 미디어가 양산하는 중국의 이미지를 비판하실 적에는 적어도 제가 접하기로는 중국의 규모, 유동성, 틈새 등을 중시해야 한다고 강조하셨습니다.

　　저는 선생님의 이야기를 들으면서 다케우치 요시미가 잡지 『중국』의 편집 방향으로서 고려한 세 가지 항목 가운데 첫 번째 것을 떠올렸습니다.

첫째는 중국을 광대한 또는 복잡한 사회로 본다는 것이다. 달리 말하면 일본처럼 자그마하고, 위로부터의 명령이 곧장 아래까지 미치는 단순한 사회와 구별해서 본다는 것이다. 다민족·다계층·다단계 또는 자치의 영역이 넓다는 것이 중국 사회의 특징이며, 이 점에서 일본과 전혀 다르다. 도쿄의 거리를 한눈으로 훑으면 일본은 감이 오지만, 중국은 그렇지 않다. 그렇기에 변경을 중시한다는 편집 방침을 세웠다. 그렇지 않으면 과거 일본인이 지니던 중국 인식의 오류와 편견을 바로잡을 수 없다고 생각했기 때문이다.

선생님께서도 중국이 지닌 규모, 유동성, 틈새라는 특성은 따로 떨어져 있는 것이 아니라 중국의 거대한 규모에서 유동성과 틈새라는 역사의 논리가 나온다고 말씀하고 계시죠. 그리하여 상투화된 중국 이미지가 만연할 때마다 이런 요소를 '중국의 원리'라며 강조하고 계십니다.

쑨거   올해는 특히 이 문제가 부각되었죠. 동아시아를 사고할 때 국민국가 내지 민족국가를 단위로 삼아야 하는가에 관한 논의가 티베트 사태를 거치면서 비등하기도 했습니다. 한국과 일본의 경우에는 나라의 규모가 크든 작든 서유럽 식의 민족국가라는 형태로 국가 만들기에 얼마간 성공했습니다. 물론 일본의 경우에는 오키나와 문제와 아이누 문제가 있지만, 대부분의 일본인에게는 민족국가로서 사립했다는 실감이 정착해 있습니다. 한국도 그러하리라고 생각합니다. 일본과 한국의 미디어는 그런 피부감각에 기대어 중국의 이미지를 만들어내고 있습니다.

　그러나 민족국가의 형태로 중국의 역사와 현실을 분석하기는 어렵습니다. 지금과 같은 중국 비판은 중국의 난제를 직시하는 데 도움이 되지 않을 것입니다. 왜냐하면 단순히 소수민족의 지역이 각각 독립하는 방식으로는 중국의 현실 상황에 정치적으로 대처할 수 없기 때문입니다. 다민족이 혼재하는 모습은 미디어의 이미지 속에서 사장되어버렸습니다. 티베트 민족은 티베트 자치구에만 거주하는 게 아닙니다. 주변 몇 개의 성에도 흩어져 살아갑니다. 그 경우 티베트 자치구만 독립시킨다면 주변의 성은 어떻게 될까요. 상상 이상으로 복잡한 문제입니다. 거기에 미국의 아시아 정책도 고려할 필요가 있습니다. 티베트 문제는 중국의 국내 문제만이 아니라 국제 정치의 문제이기도 한 것입니다.

　우리는 중국이라는 나라의 구성과 시스템을 어떻게 이해해야 하는가를 논의하지 않으면 안 됩니다. 안타깝게도 외국인뿐 아니라 중국인조차 대체로 국민국가라는 틀에서 중국의 상황을 판단하려 듭니다. 그런 틀로는 중국 내의 다민족 공생이라는 현실을 이해하거나 홍콩과 마카오의 오늘날 모습을 이해하기 어렵습니다. 이런 갖가지 상황을 인권 문제로 환원해서는 안 될 것입니다. 물론 인권의 차원에서 중국 문제를 검토하는 의의를 부정하지는 않습니다. 다만 그것은 문제의 본질이 아니라고 생각합니다. 그런 의미에서 중국을 역사적으로 이해하려면 한국과 일본에는 존재하지 않는 정치공동체의 모습을 탐구해야 합니다. 그것은 한국인과 일본인에게 참신한 과제가 될 수 있다고 생각합니다. 또한 중국인에게도 도전적인 과제가 될 것입니다.

유동성과 틈새

윤여일　　조금 전에 선생님께서는 섣부르게 국제인이 될지 모른다는 위험성을 경계하고자 중국의 문제에 개입하려 하신다고 말씀하셨고, 실제로 사스 사태나 반일 시위 등이 발발했을 때 활발하게 발언에 나서셨습니다. 그런데 그러한 글에서 선생님께서는 중국을 국민국가라는 잣대로 평가하거나 중국에 바깥의 틀을 들이밀어서는 안 된다고 말씀하시며, '유동성'이나 '틈새'를 중국의 특성으로서 강조하셨습니다. 그 뜻을 보다 자세히 여쭙고 싶은데요.

쑨거　　저는 '유동성'과 '틈새'를 중국 정치체계의 특징으로 주목해야 한다고 봅니다. 현재의 중국 정치체계는 1949년 이후에 형성된 몹시 새로운 것입니다. 중국은 어떤 의미에서 1949년에야 비로소 국민국가로 통일되었습니다. 동시에 여러 곤란한 과제를 끌어안게 되었죠. 쉽게 해결할 수 없는 과제였습니다.

　　기본적으로는 어떻게 근대화를 자력으로 실현할 것인가라는 큰 과제가 있었습니다. 외국의 원조나 힘에 의지하지 않고 자력으로 해나가려면 자국 내부의 자원을 최대한 활용해 무리를 감행하게 됩니다. 문화대혁명이 끝나갈 무렵, 그러한 시도는 초보적 단계에 이르렀습니다. 국제적 냉전구조 속에서 불리한 상황에 놓인 중국에게 그것은 강제된 과정이었으며, 더구나 난기간에 싱사시켜야 했으니 정치적 비용을 치르지 않을 수 없었습니다. 국제적으로 지탄받아온 중국의 정치적 독재체제는 여기서 기인하는 면이 있습니다.

그러나 중국의 독재체제는 소련의 공산당 독재나 전시 중 일본의 군사독재와는 다릅니다. 유동적이며 틈새로 가득한 사회 구성이기 때문입니다. 중국에서 정책과 체제의 편성은 빠르게 바뀝니다. 현실에 걸맞은 체제를 구축하고자 중국 정부와 사회는 끊임없이 시스템을 수정해야 합니다. 그런 수정 과정에는 격렬한 사회 변동이 따릅니다. 1978년부터 지금까지 중국의 국가 정책은 시행착오를 거듭해왔습니다. 그것은 위에서 아래를 향할 뿐 아니라 아래에서 위로 향하는 과정이기도 했습니다. 이것이 유동성의 정세입니다. 독재라는 고정된 이미지로는 결코 파악할 수 없는 격렬한 움직임입니다.

또한 중국에서는 중앙정부의 지시가 하층부로 순조롭게 전달되는 경우가 드뭅니다. 지시는 각층에서 변형되거나 증발됩니다. 말하자면 "위에는 정책이 있고 아래에는 대책이 있다"는 것이죠. 각층에는 자기 나름의 자유로운 공간이 있습니다. 사회체계라는 관점에서 보자면 허점투성이고 비능률적이죠.

여기서는 다케우치 요시미보다 미조구치 유조* 선생의 신해혁명 연구를 끌어오고 싶군요. 저보다는 그의 설명이 더욱 설득력이 있으리라 생각합니다. 중앙정부는 분명 강력하게 지도하지만, 하층부로 내려갈수록 다양한 모습의 자치가 잔존합니다. 그런 자치 형태가 현재 음과 양의 양면에서 활용되어 '틈새'를 만들고 있습니다.

---

* 溝口雄三(1932~2010). 중국연구자. 유럽의 시각에 기대지 않고 중국의 역사를 통찰하여 중국 사상사를 연구했다. 역사적 다원주의에 근거해 중국을 내재적으로 이해하는 역사관을 만들어냈다고 평가받는다. 저작으로 『중국 전근대사상의 굴절과 전개』, 『방법으로서의 중국』, 『중국의 사상』, 『중국의 공과 사』 등이 있다.

따라서 중국인이 이해하는 자유는 유럽의 시민사회에서 법률로 보장되는 자유와 성질이 다릅니다. 그 점에 관한 전문적 연구가 필요하겠죠. 여기서는 여력이 없으니 량수밍*의 논의를 끌어와보죠. 그는 중국인에게 권리란 스스로 주장하는 것이 아니라 주어지는 것이라고 말했습니다. 서양 근대의 자유주의적 관점에서 본다면 전형적인 노예제로 비쳐지겠죠.

그러나 실상은 그렇지 않습니다. 량수밍은 중국의 사회 상황에 근거해 이런 분석을 내놓았습니다. 권리를 주는 상대는 상부 권력이 아닌 인간관계 안의 타자라는 것입니다. 자유는 함께 공유하지 않으면 안 됩니다. 공유되는 자유의 공간이 중국인에게는 가장 진실된 생활의 장입니다. 저는 방금 그 자유의 공간을 '틈새'라고 표현했습니다만, 어디까지나 이해를 위한 비유에 불과합니다. 국가가 보기에는 '틈새'일지 모르나 시민에게는 '틈새'야말로 자유로운 자치의 공간입니다. 그런 의미에서 중국의 역사와 현실에 어울리는 사회체계는 아직도 형성되지 않았습니다. 모델이 될 나라가 세계 어디에도 존재하지 않습니다. 현재 중국은 여러 압력과 마찰 속에서 자신의 체계를 모색해가고 있습니다.

---

* 梁漱溟(1893~1988). 성리학자이자 계몽가. 20세기 중국이 안고 있는 문제들을 유교로써 극복할 수 있다는 것을 입증하려 했다. 사상과 행동은 일치해야 한다는 신념을 가졌으며, 향촌건설운동을 주도해 농민들을 조직화하는 데 힘썼다. 아울러 중국 공산당과 장제스가 이끄는 국민당 사이에서 중간노선을 걸으려고 노력한 정치조직인 민주동맹파의 활동에도 참여했다.

"자유는 함께 공유해야 합니다. 공유되는 자유의 공간이
중국인에게는 가장 진실된 생활의 장입니다.
국가가 보기에 그곳은 '틈새'일지 모르나
시민에게는 '틈새'야말로 자유로운 자치의 공간입니다.
현재 중국은 여러 압력과 마찰 속에서 자신의 사회질서를
모색해가고 있습니다."

한국과 중국의 상호인식

윤여일　선생님께서는 한국의 미디어가 중국에 내재하는 원리를 포착하지 못한 채 한국의 조건과 서구 이론으로 형성된 기성 이미지에 기대어 중국의 상황을 피상적으로 바라보지 않을까라고 추측하셨습니다. 확실히 그런 구석이 없지 않습니다. 한국에서 유통되는 중국 이미지는 체계적으로 조사한 적이 없어서 인상평에 지나지 않지만, 신문, 텔레비전, 인터넷을 포함한 미디어에서 접한 내용을 가지고 말씀드린다면, 중국의 낯선 풍습과 사건 사고를 소개하는 것, 중국 사회의 비민주성이나 언론의 부자유, 도시 농촌의 격차 등에서 '낙후성'을 짚어내는 것, 경제 영역에서의 중국 위협론 등 이렇게 세 가지 양상으로 패턴화되어 있는 것 같습니다.

　확실히 한국인은 중국이 큰 나라라고 느낍니다. 하지만 '크다'는 감각은 선생님께서 지적하신 중국의 유동성을 이해하는 쪽으로 나아가지 않고, 중국의 이국적 풍속에 대한 관심, 특히 중국 위협론과 곧잘 결합합니다. 특히 한국에서 중국 위협론은 한미 FTA의 체결을 진행하는 과정에서 정부가 나서서 적극 활용하기도 했습니다.

　저는 거꾸로 중국의 미디어에서 한국을 보도하는 패턴이 무엇인지 여쭙고 싶습니다. 물론 중국과 한국의 관계는 불균형하죠. 고구려사 문제를 둘러싼 반응은 이러한 비대칭성을 보여주는 사례라고 생각합니다. 한국에는 중국이 때로 위협이라고 느껴질 만큼 중요하지만, 중국에는 한국이 그만큼 중요한 상대국이 아니겠죠. 그래서 중국의 미디어가 한국을 보도하는 특정 패턴이 없을지도 모르지만, 중국의

'한국' 인식에 관해 여쭙고 싶습니다.

쑨거　　중국의 미디어는 한국에 관해 그다지 열심히 보도하지 않습니다. 그리고 중국의 미디어가 내놓는 한국 이미지와 중국의 민간인이 지닌 한국의 이미지 사이에는 미묘한 차이가 있습니다. 특히 일본 사회에 대한 한국의 반응, 즉 한국의 강렬한 반일 태도에 중국인은 관심을 갖고 공감합니다. 한국인은 제대로 하고 있다, 훌륭하다는 사회적 심리가 한동안 있었습니다. 그러나 미디어는 그 지점을 포착하지 않았죠.

안타깝게도 중국의 미디어는 한국 사회를 매우 단순하게 보도합니다. 그러나 몇 가지 지점은 얼마간 전달해내고 있습니다. 한 가지는 한국 사회에서 반일의 움직임이 대두하는 양상에 관해, 다른 한 가지는 한국 사회가 보여준 성숙한 민주주의의 모습에 관해서입니다. 두 가지 모두 제대로 전달했다고 말할 수는 없지만, 얼마간 긍정적인 이미지가 전해졌다고 봅니다.

동시에 부정적인 이미지도 있습니다. 한국 사회는 분명 일본을 향해 매우 강경한 자세를 내보이지만, 중국에 대해서도 강한 적의를 드러내곤 합니다. 올해 티베트 문제와 쓰촨 대지진이 잇따르는 동안 한국 사회에서 나타난 반응은 결코 우호적이라 할 수 없었습니다. 그런 장면 때문에 중국 사회에서는 얼마간 반발이 생겨났습니다.

윤여일　　저는 인터넷을 자주 이용하는 세대입니다. 일본에 있으면서 한국의 사이트를 접속해보니 최근에는 중국 관련 기사가 부쩍 늘었습니다. 지금은 베이징 올림픽에 관한 기사가 압도적이며, 성화 릴레이 사태의 여파도 아직 가시지 않았습니다. 그런데 인터넷에서 중국 이미지는 대체로 상투적입니다. 사안이 다른데도 '중국 위협론'과 '중국 낙후론' 사이를 오가는 식입니다. 언론사가 기사를 선정하는 패턴이 그럴 뿐 아니라, 그 기사를 읽고 네티즌이 올리는 덧글도 위험 수위입니다. 최근에는 어떤 중국 관련 기사에 대해 한국의 네티즌이 비난조의 덧글을 올리면, 한국어를 할 줄 아는 중국의 네티즌이 그것을 욕하고, 그러면 다시 한국의 인터넷 미디어가 중국 네티즌의 반응을 기사로 삼고, 중국의 인터넷 미디어 역시 그런 일이 있었다면서 기사로 만들어 유통시키는 악순환이 연출됩니다.

쓰촨 지진 때 일본 사회는 애도하는 분위기였습니다. 아마 일본이 지진 사회다보니, 지진의 참상을 실감하는 까닭도 있었겠죠. 그와는 달리 한국의 미디어를 보면 중국의 지진 피해를 두고 고소해하고 희화화하는 경우마저 있었습니다. 매우 안타까운 일입니다. 중국의 규모와 복잡함, 선생님의 표현이라면 중국의 원리를 이해하지 못하는 데서 발생하는 소소한 분쟁이 저희 세대에서는 점차 만연해가는 것 같습니다. 이웃 나라 혹은 한 사회가 겪고 있는 문제의 무게를 이해하거나 나누려 하지 않은 채, 아주 손쉽게 비판도 못되는 피상적 비판을 내놓고는 그것을 즐기는 모습을 보노라면 몹시 우려스럽습니다.

쑨거　소중한 고민입니다. 중국 사회에서도 그런 고민이 늘어나야 중국과 한국의 관계가 나아질 수 있겠죠. 분명 세계화 속에서 중국 경제는 한국 경제에 일종의 압력으로 작용한다는 사실이 한국에서 반발을 낳으리라는 점은 예상할 수 있습니다. 정치적으로 말해 중국은 역시 대국이니 위협이 되지 않으려면 국제적 협조가 필요합니다. 단순한 대립으로는 사태를 악화시킬 뿐입니다. 이러한 정치감각을 함께 길러가야 합니다.

저도 한국 사회를 향해, 특히 당신과 같은 젊은 세대에게 호소하고 싶습니다. 대립이 아니라 "타자를 서로 타재에서 이해합시다"라고요. 그때 우리는 정치적인 국민이 되고, 정치적인 동아시아인이 될 수 있습니다.

탈식민과 탈마이너리티

윤여일 이제 여기에 '일본 인식'을 포함시켜 논의를 진전시키고 싶습니다. 선생님의 몇몇 글에는 이런 내용이 있었습니다. 동아시아 관련 회의에 참석하면 한국인과 일본인은 비슷한 감각을 공유하기 때문에 그들 사이에는 논의가 성립하지만, 중국인은 좀처럼 그런 논의의 장에 끼어들기 어렵다고 말입니다. 이와 관련해 「근대천황제 터부의 구도」에서 두 곳을 인용하고자 합니다.

중국인은 미국이라는 이미지 속에 자신을 투영하지만, 일본이라는 이미지 속에는 자신을 담지 않습니다. 단순한 내셔널리즘이 발산의 파이프를 필요로 할 때, 일본은 가장 편리한 대상인지 모릅니다. 전쟁의 기억이 단순화되면 될수록, 단순한 내셔널리즘을 발산하기가 쉬워집니다. 일본 정부가 사죄하지 않으면 전쟁의 기억이 강화되어 단순한 내셔널리즘이 재생산될 여지가 커집니다.

중국인의 일본 이미지는 모래 위의 누각을 만드는 듯합니다. 일본인의 중국 이미지에도 같은 문제가 있습니다. 특히 근대 이래로 상대를 멸시해온 까닭입니다. 보통 사람의 의식으로 가령 중미, 일한 관계를 말한다면 각각 대등하다는 감각이 있겠죠. 마찰이 있고 대립도 하고, 심정적으로는 상대를 대등한 라이벌로 대하고 있습니다. 그러나 중국과 일본의 사이에는 그렇듯 대등한 관계가 형성되지 않습니다. 중국에서는 먼저 '대국 대 소국'을 사고하는 일이 문제가 됩니다. 중국은 나라가 약할 때면 소국에 콤플렉스를 느끼고, 나라가 강해지면 소국을 멸시합니다. 중국인이 일본을 대등하게 대하려면 어떻게 해야 하는지는 실로 곤란한 과제며, 이는 중국인의 세계의식을 바꾸는 작업과도 얼마간 연관된다고 생각합니다.

동아시아의 이웃 나라 사이에 이런 감각의 불균형은 확실히 존재합니다. 이 또한 상대국이 서로에게 갖는 중요도와 규모의 차이에서 빚어진·것이겠죠. 그러나 한국과 일본은 비교적 비슷한 감각을 갖고 있지만, 중국은 두 나라와 호환 가능한 감각을 갖기가 어렵다고 말씀하신 대목은 좀 더 곱씹어보고 싶습니다. 제게는 한국과 일본 사이에도 감각의 비대칭성이 감지되기 때문입니다. 이것은 중국과 일본 사이의 비대칭성과는 다른 맥락에서 기인합니다. 여기서는 한국과 일본의 지리적 규모의 격차도 작용하겠지만, 역사적 경위가 더욱 중요한 요소라고 생각합니다.

단적으로 말해서 중국과 달리 조선은 일본과 전면전을 해본 경험이 없습니다. 일본의 식민지였습니다. 그런 의미에서 한국은 특히 식민지 시대를 대면할 때 일본이 가졌던 세계보다 작은 세계를 경험합니다. 선생님께서 "단순한 내셔널리즘이 발산의 파이프를 필요로 할 때 일본은 가장 편리한 대상일지도 모른다"고 말씀하셨듯이, 한국에서는 다른 역사적 사정으로 인해 민족주의적 감정이 일본을 향해 비슷한 양상으로 표출됩니다.

그런 조건에서 발생하는 문제 가운데 하나로 가령 선생님께서 다루신 민족주의 문제를 거론한다면, 국경을 넘어선 지식인 교류에서 이따금 일본의 지식인이 자국의 민족주의를 비판하는 것이 한국 측에는 민족주의 강화로 귀결되는 경우가 있습니다. 역의 방향으로 작용하는 경우는 드물 것입니다. 다시 말해 한국의 지식인이 자국의 민족주의를 비판한다 하여 일본 측에서 민족주의적 감정이 고조되지는 않을 것입니다. 이런 상황은 섣불리 판단해서는 안 될 역사적 경위를 갖고 있지만, 아무튼 그런 구도가 있다는 사실만큼은 한국의 지식인이 자각해야 합니다.

민족감정의 측면에서 한국이 일본과 마주할 때 생기는 안전하다는 감각은 선생님의 말씀처럼 대등해서가 아니라 작아서일 수 있습니다. 그런 감각 역시 섣불리 비판할 수 없다고 생각하지만, 적어도 일본과의 관계를 확대 재생산하면서 그 틀 속에 머물러 있고사 하는 한국 민족주의의 심리가 한국에서 세계감각과 타자감각에 제약을 안기고 있다는 사실만큼은 자각해야 한다고 봅니다. 그것은 바로 또 하나의 '탈식민'의 과제입니다. 진정한 '탈식민'은 제국의 잘못을 비판하는 것뿐 아니라 제국의 위치에서는 보이지 않는 가능성을 자신의 조건 속에서 발굴해내는 것이기 때문입니다.

쑨거　'탈식민'에 관한 당신의 사고는 무척 소중합니다. 당신은 한 국의 지식계에 요구되는 자각이 무엇인지를 살피며 '탈식민'이라는 행위의 내용을 되묻고 있습니다. 여기에는 어떤 방향 전환의 가능성 이 잠재해 있습니다.

저는 아직 한국을 향해 이런 발신을 한 적이 없지만, 오키나와를 향해서는 몇 번인가 비슷한 발신을 한 적이 있습니다. 그때는 '탈식 민'이 아니라 '탈마이너리티'였죠. 물론 그런 발신은 결코 수월하지 않습니다. 현실적으로 오키나와는 마이너리티이며 피해자입니다. 그 러나 저는 그 피해의 경험으로부터 귀중한 사상 자원을 추출해내야 한다고 생각합니다.

우리는 현재 막연하고도 추상적인 이미지를 만들어내고 있습니 다. "대국의 국민은 안전하고 행복하게 살아가며 주위를 위협하는 존 재기도 하다. 반면 소국의 국민과 마이너리티는 열악한 조건에 처해 고투하고 있다." 이런 이미지가 나라 단위로 개인을 추상화하는 형태 로 만들어지지만, 현실에는 들어맞지 않습니다. 대국 속에도 마이너 리티가 존재하며, 소국 안에도 헤게모니를 쥔 패권주의자가 있습니 다. 따라서 모든 것을 대국과 소국이라는 구도로 회수해 논의해서는 안 됩니다. 우리의 과제는 고민하는 존재 사이에서 어떻게 연대를 도 모할 수 있느냐가 될 것입니다. 그 과제를 실현하기 위한 한 가지 시도로서 국민국가를 돌파해내는 사회의 모습이 무엇인지를 탐구해가야 합니다.

지금껏 국민국가 비판, 내셔널리즘 비판의 담론은 상당히 축적되었습니다. 그것은 귀중한 사상 자원일 것입니다. 그러나 국민국가를 비판할 뿐이라면 국민국가를 대신할 사회체계를 만들어낼 수 없습니다. 누구도 국민국가가 영원히 존재하리라고 생각하지는 않겠죠. 국민국가의 다음 단계에서 "인간은 어떤 사회를 조직해야 하는가"라는 문제를 국민국가의 변경에 있는 존재들은 마주하고 있지 않을까요. 중국의 경우에는 홍콩이나 마카오에서 그런 자원이 축적되고 있습니다. 타이완의 상황은 조금 다르지만, 다른 의미에서 역시 국민국가를 넘어서는 경험을 축적해왔습니다. 오키나와 역시 다른 형태로 자기 나름의 모색을 거듭하고 있습니다. 그런 사례를 모두 마이너리티 문제로 일괄해서는 안 됩니다. 그 자원을 사장해서는 안 됩니다. 그것은 매우 값진 모색입니다.

한국 사회에 관해 아는 바가 적은 저로서는 한국 사회가 어떤 모색을 해나갈 것인지 말하기 어렵지만, 한국 사회도 나름의 자원을 만들어왔을 것입니다. 그것을 어떻게 인류 공통의 유산으로 가져갈 것인가요? 저는 중국과 한국이 대립하는 모습이 안타깝고, 그런 대립이 생기지 않기를 바랍니다. 중국 사회와 한국 사회가 보다 좋은 관계를 형성하도록 노력하려고 합니다. 그러나 저도 당신도 그저 한 개인에 불과하며, 정권과 직접적 관계를 갖고 있지도 않습니다. 따라서 우리의 현실에서 말하자면, 우리는 다른 사회 속에서 살아가면서도 어떻게 진정한 연대를 구축할지를 사고함으로써 그것을 실행하는 수밖에

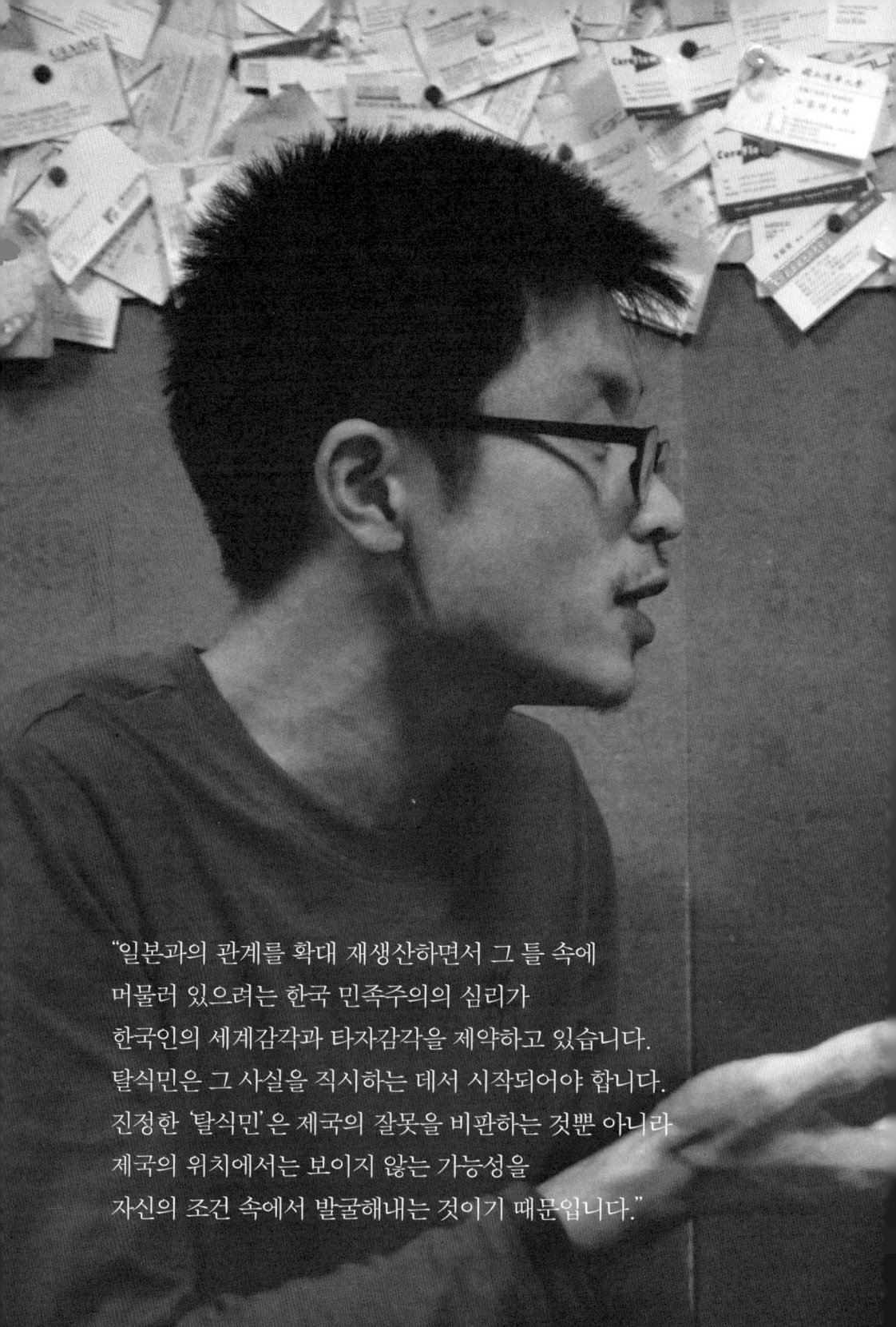

"일본과의 관계를 확대 재생산하면서 그 틀 속에
머물러 있으려는 한국 민족주의의 심리가
한국인의 세계감각과 타자감각을 제약하고 있습니다.
탈식민은 그 사실을 직시하는 데서 시작되어야 합니다.
진정한 '탈식민'은 제국의 잘못을 비판하는 것뿐 아니라
제국의 위치에서는 보이지 않는 가능성을
자신의 조건 속에서 발굴해내는 것이기 때문입니다."

없습니다. 그 경우 국민국가를 전제로 삼아서는 안 되겠죠. 이것이 당신이 꺼낸 진정한 '탈식민'이란 무엇인가에 관한 저 나름의 응답입니다.

조선(한국)이라는 시점

윤여일 　그 대목을 오늘 대화의 마지막 주제로 삼겠습니다. 바로 사상적 연대를 위해 타국을 어떻게 사고의 참조축으로 삼아야 하는가라는 문제입니다. 여기서 다소 우회하고 싶은데요, 다케우치 요시미에게는 조선이라는 시점이 결여되었다는 지적에 대해 선생님은 어떻게 생각하고 계신지 여쭙고 싶습니다. 그런 지적을 검토해본다면 무엇이 진정한 상호인식이며, 타국을 어떻게 사고의 참조축으로 삼을 수 있는가를 구체적으로 살펴볼 수 있으리라 생각하기 때문입니다.

　저의 생각을 먼저 말씀드린다면, 한국에서도 이따금 제기되는 다케우치 요시미 비판, 즉 그가 한반도를 간과했다는 비판에는 동의하기 어렵습니다. 물론 다케우치 요시미가 남긴 흔적 안에서 조선이나 한국과 관련된 발언을 찾아내서 반증할 수도 있겠지만, 정말이지 중요한 대목은 다케우치 요시미가 조선이나 한국을 직접 언급했는지 아닌지의 여부가 아니라고 봅니다.

　다케우치 요시미에게 중국은 조선이나 한국이 대신할 수 없는 어떤 절실한 대상이었다고 저는 생각합니다. 그의 중국 연구는 중국에 관한 확실한 지식을 움켜쥐는 것이 목표가 아니었습니다. 「지나와 중국」이나 『루쉰』을 본다면, 젊은 시절 그에게 중국은 그저 자기 바깥의 외국이 아니라 자신과 대면하기 위한 매개였으며, 중국 연구는 자신의 고통과 슬픔에 표현을 입히는 길이기도 했습니다. 또한 「방법으로서의 아시아」나 「근대란 무엇인가」를 읽어보면, 중국은 그에게 일본 사회의 비틀린 근대 인식을 바로잡기 위한 참조축이기도 했습니다. 한편 그가 국민문학논쟁이나 안보투쟁에 참가하여 중국을 화제로 꺼내는 방식을 본다면, 중국의 실상을 이해하는 일은 곧 일본의 주체성을 기르고 일본인의 평등감각을 연마하는 시험으로 기능했습니다.

이처럼 뭉뚱그려 말씀드리고 있지만, 저는 다케우치 요시미가 조선이나 한국을 상대했더라면 '중국'을 매개하여 이끌어낸 저런 효과가 나오지 않았거나, 적어도 일부만 나왔으리라 생각합니다. 무엇보다 조선과 대면할 때와 중국과 대면할 때는 힘의 강약 구도가 바뀝니다. 즉 그에게는 일본인의 주체성을 되묻기 위해 일본보다 크고 강하고 질척질척한 대상, 그래서 일본에서 통용되는 감각으로는 이해할 수 없는 대상과의 만남이 절실했다고 생각합니다.

물론 어떤 사상가는 일본인의 윤리적 책임을 묻고자 조선을 주목하는데, 그런 시도는 반드시 필요합니다. 서로가 서로에게 참조축이 되어 자신의 사고를 반성하는 계기를 마련하는 일은 몹시 소중합니다. 그러나 다케우치 요시미가 조선에 관심이 부족했다는 지적은 그가 품고 있던 절박함에 이르지 못하는 추궁이며, 그렇다면 그의 중국 연구가 지닌 가치를 놓치고 말 것입니다. 특히 동아시아론이 활성화되는 상황에서 다케우치 요시미를 향한 저런 평가를 접하게 되는데, 만약 중국을 향한 다케우치 요시미의 절실함을 이해하지 못한다면,

동아시아론이라는 '넓은 시야'도 그저 여러 나라에 관한 지식을 모아 놓는 데 그치고 말 위험성이 있다고 생각합니다.

다케우치 요시미에게 '조선이라는 시점'이 결여되어 있었다는 지적을 선생님께서도 접하신 바 있으리라 생각합니다. 제 생각을 먼저 섣불리 밝혔는데, 선생님께서는 그런 평가에 대해 어떻게 생각하시는지 여쭙고 싶습니다.

쑨거　분명 저도 그런 비판을 이따금 들었습니다. 당신처럼 저 역시 그러한 비판에는 동의하지 않습니다. 사실 다케우치 요시미는 조선에 관해 언급한 적이 있습니다. 대표작 가운데 하나인 「방법으로서의 아시아」에서도 확인할 수 있습니다.

분명 그는 조선이나 한국을 연구하지는 않았습니다. 여기에는 적어도 두 가지 문제가 있겠군요. 무엇보다 먼저 인간은 누구나 한계를 갖습니다. 한정된 범위에서 작업하는 수밖에 없죠. 다케우치 요시미는 한국어를 할 줄 몰랐으니 한국 연구를 할 수 없었습니다. 만약 했다고 하더라도 중국 연구의 경우와 같은 방법론을 추출해내지 못했을지 모릅니다. 그것은 차치하고, 인간은 피할 수 없는 숙명처럼 한계를 갖고 있습니다. 만약 그가 조선과 한국에 관해 제대로 연구했다고 하더라도, 그렇다면 "왜 베트남에 관해서는 아무것도 언급하지 않았는가?"라는 물음이 나올 수 있겠죠. 베트남을 다뤘다고 해도 "그렇다면 태국은?"이라는 추궁이 기다리고 있겠죠. 과연 그가 다 할 수 있었을까요? 그런 의미에서 그 비판은 성립하지 않을 것입니다.

둘째로 다케우치 요시미의 인식론 속에 조선과 한국이 포함되는

지가 더 중요합니다. 이런 위상에서라면 저는 그가 한반도를 염두에 두고 있었다고 생각합니다. 가령 「방법으로서의 아시아」에서 그는 "일본에 대학이 저리도 많은데 조선어를 가르치는 곳이 두 곳밖에 없다니 이상한 상황이다"라고 지적합니다. 또한 "한반도만큼 가까운 이웃나라가 없는데도 왜 이토록 경시하는가"라며 현상의 면에서 언급했습니다. 그러나 저는 현상의 위상이 아니라 인식론의 위상을 중시하고 싶습니다.

다케우치 요시미에게는 줄곧 간직했던 모티프가 있습니다. 일본에는 강자와 손잡아 약자를 괴롭힌다는 부정적 유산이 있는데, 그 유산을 어떻게 솎아낼 것인가, 혹은 그와 반대로 강자에 맞서 약자를 돕는다는 긍정적 유산도 있는데 그 유산을 어떻게 계승할 것인가? 그것이 그의 일생을 관통하는 사상적 모티프였습니다. 이 모티프에 근거해 그의 인식론을 사고한다면, 그의 시야 속에는 당연히 한반도가 들어왔을 것이며, 조선과의 연대도 사고했으리라 봅니다. 물론 구체적으로 무슨 생각을 했는지를 묻는다면 답이 나오지 않을지도 모르며, 저도 그 지점을 굳이 캐물으려고 하지는 않았습니다.

한 사람의 사상가를 자국에 소개할 때 무엇을 잣대로 삼을 것인가를 생각하는 경우, 그 사상가가 자기 나라를 다루고 있으니 소개할 가치가 있다는 사고방식이 있을 수 있겠죠. 다른 한편에서 그 사상가는 우리에 관해 말하지는 않았지만, 사상을 생산하고자 할 때 소중한 시좌를 제공해주니 소개할 가치가 있다는 사고방식도 성립할 수 있겠죠. 그것은 선택의 문제입니다. 물론 양쪽 조건을 모두 갖춘 사상가라면 이상적이겠죠. 그러나 첫째 조건을 결여했다고 정말 소개할 가치가 없는 사상가일까요. 그것은 사상 혹은 사상가를 들여오는 자의 판단과 관련된 문제이지 다케우치 요시미의 사상과는 관계가 없습니다.

윤여일　선생님께서 언급하신 「방법으로서의 아시아」에서 다케우치 요시미는 말하기를, 자신의 중국 연구의 원점은 지나문학과에 입학한 것이 아니라 베이징 여행이라고 말합니다. 베이징에서 실제로 살아가는 사람을 보았고, 자신과 같은 고민을 하는 사람을 만났다는 것입니다. 하지만 일본 대학에서는 중국에서 사람들이 실제로 살아가는 이야기를 해주지 않았다고 꼬집습니다.

　　그가 베이징에서 유학하던 시기의 감상을 담은 「지나와 중국」에는 이런 구절이 있습니다. "나는 지나인을 사랑해야 한다고 믿지 않는다. 그러나 나는 어떤 지나인을 사랑한다. 그들이 지나인이어서가 아니라 그들이 나와 같은 슬픔을 늘 몸에 간직하고 있어서다." 즉 그 시절, 그에게 중국은 그저 타국이 아니라 자신의 깊은 고독을 응시하고, 자신이 살아가야 할 바를 좀 더 뚜렷한 형태로 건져내기 위한 매개였던 것입니다. 또한 중국 연구도 외국에 관한 올바른 지식을 구축하기 위한 것이라기보다 중국 사회가 끌어안은 현실의 무게와 역사적 동요 속에서 일본 사회의 방향을 모색하는 작업이었습니다. 그에게 중국은 일본을 비추는 매개이자 방법이었으며, 그래서 그의 중국론은 곧 일본론일 수 있었습니다.

　　그런 문제의식 속에서 그가 내놓은 중국론은 "중국이 정말 그렇느냐"고 추궁할 수만은 없는 함량을 지닙니다. 그의 감각은 현재 지역연구의 풍토 속에서는 좀처럼 찾아보기 힘듭니다. 동아시아론의 주요한 연구 흐름으로서 지역연구가 존재하지만, 거기서 타국은 타국으로서 거리가 유지된 타국이며, 멀찌감치 떨어져서 바라볼 대상이거나 자신의 분석틀에 근거해 내려다볼 대상입니다. 하지만 다케우치 요시미에게 중국은 그렇지 않았습니다. 저는 그의 중국론에서 상호인식의 임계점을 봅니다.

마지막으로 방향을 돌려 선생님께 여쭙습니다. 선생님께서는 한국 사회를 선생님의 사유공간 안에서 어떻게 위치 짓고 계신지요?

쑨거　저는 중국인과 한국인에게 종종 비판을 받습니다. 한국 사회에 대한 사고방식이 너무 안이하다고 말입니다. 그건 제 역량이 부족한 탓입니다. 저는 한글을 읽지도 못하고 알아듣지도 못합니다. 말도 못하면서 그 사회를 이해할 수 있다는 말은 그다지 신용하기가 어렵습니다. 저 스스로가 자신의 한국 이해를 그다지 중시하지 않습니다. 그다지 믿을 만한 이해가 아니라고 생각합니다.

지금 제가 보기에 한국 사회는 동아시아 지역에서 가장 건실한 민주주의의 전통을 가졌습니다. 한국인은 자신의 의지로 대통령을 선택할 수 있습니다. 자신의 의지로 대통령을 끌어내릴 수도 있습니다. 그러한 사회입니다. 저는 물론 민주주의를 무르게 볼 생각이 없습니다. 하지만 정치학 훈련을 통해 얻은 감각에서 말하자면, 민주주의가 존재하더라도 반드시 좋은 결과가 나오리라는 보장은 없습니다. 그러나 민주주의의 습관이 얼마나 스며 있는가는 사회의 동향을 관찰할 때 한 가지 척도가 됩니다. 그런 의미에서 저는 민주주의의 절차가 아니라 민주주의의 성숙도라는 면에서 한국 사회를 봐왔습니다.

가령 저는 한국을 방문할 때 한국인이 간직한 위기감 같은 것을 느껴보려고 노력합니다. 어떤 의미에서는 타이완에 갈 때 체감하는 위기감과 비슷한 구석도 있지 않을까 상상해봅니다. 저는 그것을 중시하며 존중하고 싶습니다. 중국 대륙의 거주자는 나라가 크다는 이유로 근거 없이 안심하고 있습니다. 한국은 그렇지 않을 테니 중국 위협론이라는 형태로 위기의식이 드러나더라도 저로서는 이해할 수 있는 감각입니다.

　　사상사 연구자로서 저는 한국의 사상적 전통 가운데 무엇을 인류의 자산으로서 공유할 수 있을지 알고 싶습니다. 저는 그 대목에 가장 관심을 기울입니다. 하지만 지금의 제게는 감당하기 버거운 일이기 때문에 당신 같은 사람들에게 기대하고 싶습니다. 한국인으로서 한국의 자원을 발굴하는 것이 아니라 인류의 일원으로서 한국의 사상 자원을 발굴해 인류의 유산으로 만드는 일을 말입니다. 그렇다면 저희도 당신들의 노력으로 그 자원을 공유할 수 있겠죠. 이것이 저의 메시지입니다.

세 번째 대화

현재 속의 역사

다케우치 요시미와의 만남

윤여일　　오늘은 역사와 현재의 관계 혹은 "역사로 진입한다"는 선생님의 테제에 관해 말씀을 듣고자 합니다. 이를 위해 먼저 선생님께 '다케우치 요시미와의 만남'이 어떤 의미였는지를 여쭙고 싶습니다. 선생님께서는 『다케우치 요시미라는 물음』을 '다케우치 요시미와의 만남'에 관한 기록이라고 표현하신 바 있습니다. 저는 그 만남의 의미를 밝히시는 장면에서 "역사로 진입한다"는 테제에 관한 선명한 이미지를 얻을 수 있었습니다.

　　선생님께서는 과거의 사상가와 만나려면 상대의 전체상을 그려내야 하고, 상대가 시대 상황 속에서 내린 구체적 선택을 지금의 판단 기준에서 평가해서는 안 되며, 즉 진정한 만남이라면 상대를 비판하거나 상대를 위해 변명하기에 앞서 자신은 동시대의 상황을 얼마만큼 깊이 느껴내고 있는지를 자문해야 하며, 또한 상대를 주체적이며 유동적인, 즉 "살아있는" 존재로 대해 그 만남의 과정에서 자신을 타자화해야 한다고 말씀하셨습니다.

　　이렇듯 과거 사상가와의 만남을 위해 제시하신 지침이 제게는 역사 자료를 읽거나 과거사로 진입하고자 할 때 요구되는 태도를 시사해줍니다. 그래서 먼저 선생님께 다케우치 요시미와의 만남의 경위를 여쭤보며 오늘의 대화를 시작하고자 합니다.

쑨거   다케우치 요시미를 처음 접한 건 1988년이었습니다. 이미 20년이 지났군요. 7, 8년 전에는 『다케우치 요시미라는 물음』이라는 책을 썼습니다. 물론 『다케우치 요시미라는 물음』을 쓰고 난 후에도 다케우치 요시미를 읽고 있습니다. 당신은 제가 다케우치를 언제 처음 접했느냐가 아니라 20년간 다케우치 요시미와 교류하며 어떻게 성장해왔는지 혹은 바뀌어왔는지를 묻는 거겠죠. 제겐 무척 중요한 물음입니다.

분명 다케우치 요시미를 읽었기에 성장을 위한 하나의 매개를 얻을 수 있었습니다. 다케우치 요시미를 처음 접했을 때는 어떻게 해야 이 사상가 속으로 들어갈 수 있는지 감을 잡을 수 없었습니다. 그저 읽을 뿐이었습니다. 그러나 이후 사회가 변화하고 그에 따라 저의 연구도 변화하면서 어떻게 역사와 사회를 인식해야 하는가라는 문제에 직면했습니다. 그때 혼자 힘으로는 풀어낼 수 없는 인식론의 기본적 문제를 품게 되었죠. 그 단계에서 다케우치 요시미와의 만남을 위한 준비가 갖춰졌습니다. 1990년대 후반 무렵이었습니다. 그때 다케우치 요시미를 다시 읽으며 그에 관한 논문을 쓰기 시작했습니다. 그렇게 7, 8년 정도를 보내고 나서야 가까스로 다케우치 요시미와의 '만남'이 발생했습니다.

당시 제가 다케우치 요시미에 관해 쓰던 내용이 그에 관한 저의 사고방식 혹은 역사와 사상에 관한 저의 사고방식으로서 훗날 『다케우치 요시미라는 물음』에 그대로 정착한 것은 아닙니다. 그 책은 사상적 모색의 한 단계로서, 말하자면 동적인 형태로 작성되었습니다. 그 책을 써낸 시점에는 다케우치 요시미에 관한 이해도, 일본 사회에 대한 이해도 미진했습니다. 솔직히 말해 지금도 사정이 크게 달라지지는 않았습니다. 인식이란 끝나지 않는 과정입니다. 따라서 현재의 시점에서 『다케우치 요시미라는 물음』을 되돌아보면 역시 불만족스러운 부분이 눈에 많이 밟힙니다.

윤여일 저는 『다케우치 요시미라는 물음』을 그저 다케우치 요시미에 관한 연구서로 읽지 않았습니다. 그 책은 다케우치 요시미를 설명하기만 하지 않았습니다. 다케우치 요시미에 관한 사실의 기록이라기보다 다케우치 요시미를 통해 선생님의 어떤 일부를 표현한 글로 보입니다. 혹은 선생님께서 다케우치 요시미의 『루쉰』을 두고서 내놓은 표현을 빌린다면, 다케우치 요시미와 "공동 생산"을 이룬 기록이라고 생각합니다.

그 공동 생산의 과정에서 생겼을 일에 관해 여쭙고 싶습니다. 「아시아라는 사유공간」을 보면 이런 구절이 나옵니다. 거기서 선생님은 『다케우치 요시미라는 물음』의 상편을 쓴 다음, 자신이 다케우치 요시미의 논리 속에 너무 깊이 빠져들어 자신의 목소리가 아닌 '다케우치 요시미의 어조'로 말을 하게 될까봐 두려웠다고 토로하십니다. 그래서 다케우치 요시미에 대한 이상화와 절대화를 피하고 그의 그늘에서 벗어나고자 하편을 쓰는 작업을 중단하고 일본의 아시아주의 연구로 옮겨갔다고 기록하셨습니다.

저는 자신의 사유를 형성하는 데 지지대가 된 사상가와 거리를 유지하는 일이 결코 그 사상가를 외면하거나 단순히 비판하는 것을 의미하지는 않는다고 생각합니다. 무엇보다도 그 사상가에게서 자신의 고뇌를 표현할 길을 얻었기 때문에 거리를 유지하려면 스스로 자신의 길을 개척해야 하는 고통이 따르겠죠. 그래서 그 점에 관해 여쭙고 싶습니다.

『다케우치 요시미라는 물음』에서 선생님은 "진실된 영향이란 흉내가 아니라 오히려 '무엇을 버림'으로써 계승되거나 혹은 거절되거나 하는 것이다"라고 말씀하셨죠. 저는 선생님께서 무엇을 버림으로써 다케우치 요시미를 계승하셨는지 알고 싶습니다. 비록 엉성하지만, 지금 제게는 중요한 물음입니다.

버림으로써 계승하다

쑨거 다케우치 요시미에게서 '무엇을 버림'으로써 계승한다……. 당신은 제가 구체적으로 무엇을 버렸는지 묻고 있군요.

이 표현 자체는 다케우치 요시미가 『루쉰』에서 사용한 것입니다. 루쉰은 윗세대로부터 많은 것을 계승해 자신의 사상을 형성했습니다. 루쉰이 윗세대, 예를 들어 장빙린*이나 량치차오**와 같은 청조 말기

---

* 章炳麟(1868~1936). 유학자이자 혁명지도자. 청에 반대하는 논조로 글을 쓰다가 1903년 투옥되어 3년 후 석방된다. 이후 일본으로 건너가 동맹회同盟會를 대변하는 논객이 되었다. 동맹회는 1905년 중국혁명의 지도자 쑨원이 도쿄에서 결성한 혁명조직이었다. 1911년 신해혁명 이후에는 동맹회와 관계를 끊었으나, 1917년 쑨원이 광저우에 새로 수립한 혁명정부에 가담했다. 아울러 중국의 윤리적·문화적 유산을 고집했고, 2,000년 이상 사용되어온 문어체 대신 구어체에 가까운 백화문

의 사상가로부터 어떤 영향을 받았는지 논할 때, 다케우치 요시미는 굳이 역의 방향에서 따져갔습니다. 상식적으로 누군가에게 영향을 받는다는 것은 상대가 지닌 것을 계승해 자기 것으로 삼는다는 의미죠. 물론 그 사실도 부정할 수 없지만, 다케우치 요시미는 역의 방식이 있다고 여겼습니다. 바로 무언가를 버림으로써 영향을 받는다는 것입니다. 이것이 『루쉰』에 담긴 분석의 방법론입니다. 그 방법론에 따르면 루쉰은 량치차오를 버림으로써 계승했습니다. 량치차오가 지녔던 '소설의 정치성'이라는 사고방식을 계승했지만, 동시에 소설의 정치성을 실용주의의 면에서 이해하는 량치차오의 생각을 버렸습니다.

무언가를 버린다 함은 부정하는 것과 다소 다릅니다. 충실한 모방과는 다른 의미에서 상대로부터 영향을 받는 방법이 있는 것입니다. 저는 『루쉰』을 읽으며 저 자신이 다케우치 요시미에게서 영향을 받고자 할 때, 『루쉰』의 방법론에 따라야 한다는 걸 배웠습니다. 대개 누군가에게 영향을 받으면 상대를 흉내 내고, 상대의 시야에서 사물을 생각하고, 상대의 관심과 가치관에서 출발해 자신도 비슷한 선택을 합니다. 극단적인 경우에는 상대의 말투마저 흉내 냅니다. 그처럼 겉멋이 든 모방이 아니라 본질적인 계승이야말로 "무언가를 버린다"는 표현의 진정한 의미입니다. 오히려 다케우치 요시미의 사상을 다케우치 요시미의 방식으로는 계승하지 않는다, 다케우치 요시미와는 다른 방

白話文을 사용하자는 운동에 격렬히 반대했다.
** 梁啓超(1873~1929). 사상가이자 문학가. 신문과 잡지를 발행해 계몽활동에 힘썼고 정치학교를 개설하는 등 혁신운동을 지도했으며 변법자강운동에도 참가했다. 저서로 『음빙실전집』飮冰室全集, 『중국 근삼백년 학술사』, 『선진정치사상사』先秦政治思想史 등이 있다.

식으로 다케우치 요시미를 계승한다는 것이 "무언가를 버린다"는 행위의 진정한 의미입니다.

　그렇다면 저는 어떻게 버렸는지, 당신은 그 점이 알고 싶겠죠. 간결하게 답하자면, 다케우치 요시미의 구체적 분석은 대부분 버렸습니다. 가치가 없어서 버린 게 아닙니다. 몹시 가치가 있습니다. 그러나 제게는 그가 분석한 내용과 결론은 중요치 않았습니다. 즉 저는 그의 담론이 지닌 표면적 의미를 버렸습니다. 그러나 그 담론을 내놓았을 때의 감각, 방향성, 정신의 모습을 온 힘으로 계승하고자 했습니다. 그것을 얼마만큼 몸에 익혔는지 묻는다면, 『다케우치 요시미라는 물음』을 쓴 시점에는 미진했습니다. 지금도 다케우치 요시미를 계승할 수 있다고 자신 있게 말하지는 못하겠습니다. 수행이 여전히 부족합니다. 따라서 매개로서 다케우치 요시미는 제게 여전히 중요한 존재입니다.

윤여일　선생님의 사상적 행방과 관련된다고 생각하기에 덧붙여 여쭙겠습니다. 다케우치 요시미에게서 거리를 두고자 그에 관한 글을 중단하고 '일본의 아시아주의' 문제로 옮겨가신 이유는 무엇인가요?

쑨거　그건 분명 저의 사상이 미숙하다는 증거입니다. 다케우치 요시미의 사고에 매료되어 어느 샌가 그의 말투를 흉내 내고 있음을 알아차렸습니다. 상편을 쓰고 나자 머릿속은 온통 다케우치 요시미로 가득 차서 저도 모르게 다케우치 요시미가 된 것처럼 세상을 보고 있었습니다. 그것은 버리지 않는 방식의 계승이라고 느꼈습니다. 그래서 일본의 아시아주의를 택했습니다.

일본의 아시아주의는 매우 복잡한 현상입니다. 사상사의 위상만 으로는 감당할 수 없는 사회적 흐름으로 정치구조와도 얽혀 있습니다. 따라서 그것을 이념으로만 대한다면 해명해낼 수 없는 지점이 남습니다. 더욱이 일본의 아시아 연구는 아시아주의에서 더 나아가 아시아에 대한 가치관, 사고방식, 시좌 등을 축적해놓았습니다. 그런 의미에서 다케우치 요시미의 아시아주의론은 일본의 아시아론 속에서 매우 제한적인 것이었습니다. 다케우치 요시미의 아시아주의를 다루려면 아무래도 저의 시선을 다케우치 요시미로부터 옮겨놓아야 했습니다. 그래서 다른 사람들은 다른 위상에서 어떻게 아시아주의를 다루는지 조사해보니 방대한 자료가 나왔습니다. 거기서 다케우치 요시미가 수비하는 범위의 한계가 보였습니다. 여기까지 오면 단순히 다케우치 요시미에게 기대서 아시아주의를 바라볼 수 없게 됩니다.

그런 의미에서 「아시아란 무엇인가」라는 논문은 다케우치 요시미를 상대화하는 작업이었습니다. 물론 그 논문은 일본의 아시아주의와 아시아론에 관한 연구로서는 미진합니다. 서론에 불과하니까요. 그러나 제게 그 논문의 진정한 가치는 다케우치 요시미를 상대화하는 데 있었습니다.

윤여일　제가 스승으로 여기는 선생님과 애정을 갖고 있는 다케우치 요시미와의 만남은 제게 중요한 관심사입니다. 한 가지만 더 여쭙겠습니다. 다음 구절은 『다케우치 요시미라는 물음』의 「중국어판 서문」에서 취한 것입니다.

"선생님은 과거의 사상가와 만나려면 상대의 전체상을
그려내야 하고, 상대가 과거에 내린 구체적 판단을
지금의 기준에서 평가해서는 안 되며, 상대를 살아있는
존재로 대해 자신을 타자화해야 한다고 말씀하셨습니다.
이렇듯 과거 사상가와의 만남을 위해 제시하신 지침은
바로 과거사로 진입하고자 할 때 요구되는 태도를 시사합니다."

"대개 과거의 사상가에게 영향을 받으면 상대를 흉내 내고,
상대의 시야에서 사물을 생각하고, 상대의 관심과 가치관에서
출발해 자신도 비슷한 선택을 하려 듭니다. 하지만
진정한 계승은 그처럼 겉멋이 든 모방이 아니라 상대에게서
"무언가를 버려야" 이뤄질 수 있습니다. 다케우치 요시미의
사상을 계승하려거는 그와는 다른 방식을 취해야 합니다."

다케우치 요시미는 내가 세계를 인식하는 방법을 바꿔놓았으며, 이미 알고 있던 바를 역사에서 찾으려는 내 습관을 고쳐놓았다. 나는 영구불변의 의미를 다시 사유하게 되었고, 현실과 역사, 앞 세대와 이후 세대의 관계를 새롭게 사유하기 시작했다. 또한 '진보사관'이 사유의 방향을 규정할 때 드러내는 배타성과 편협함을 새롭게 주시하게 되었으며, 나아가 당위성으로서의 정치와 가능성으로서의 정치의 의미를 새롭게 사유하게 되었다.

선생님께 다케우치 요시미와의 만남은 결정적인 사건이었던 것 같습니다. 그 과정에서 발생한 일이라며 기록하신 내용에 관해 여기서 전부 여쭤보고 싶지만, 다른 기회가 있을 테니 당장은 "영구불변의 의미를 다시 사유하게 되었다"라고 밝히신 대목의 의미만을 여쭙겠습니다. 어쩌면 그 대목에서 오늘의 주제기도 한 역사에 관한 어떤 감수성을 취해낼 수 있지 않을까 생각하기 때문입니다.

쑨거 "영구불변"이란 일종의 형용이죠. 여기서는 이념에 관한 감수방식을 표현하고 싶었습니다. 우리 아시아의 지식인은 종종 부동의 이미지를 가지고 보편성을 대합니다. 보편성은 특수성과 대립하고 상위에 있는 것처럼 여겨지곤 합니다. 이념이란 보편적이라서 그다지 변하지 않습니다. 특히 올바른 이념은 추상적으로 존재하기에 어느 시대, 어느 사회에나 적용될 수 있다고 상정됩니다. 이것이 '영구불변'이라는 표현으로 드러내고자 했던 내용입니다.

구체적으로 그것은 우리의 이론감각을 가리킵니다. 동양인은 왜 이론을 공부하는가 하면, 어떤 보편적 가치관을 익히기 위해서 합니다. 이런 식으로 말하지 않더라도, 이렇게들 느끼고 있죠. 보편적이라면 이론적이어야 한다는 것입니다. 그렇다면 보편적 가치관은 어디서 오는가 하면, 역시 서양에서 옵니다. 서양에서 들어온 관념과 가치관이라면 보편적이라고 여깁니다. 그러나 현재 그런 사고방식을 그대로 따를 사람은 거의 없을 겁니다. 서양의 사고방식이라도 보편적이지는 않다는 점에 진정 공감한다면, 그 다음 문제를 따져 물어야 합니다. 우리가 말하는 보편성이란 대체 무엇인가? 서양 이론이 아니라면 대체 무엇이 보편성을 띨 수 있는가?

먼저 서양 이론을 추상화하여 보편적인 것으로 받아들이는 일을 그만두어야 비로소 보편성의 존재 양태를 탐구할 수 있을 것입니다. 거기서 보편성이란 역사의 단계와 사회의 상황에 따라 다양한 모습으로 드러나면서도 공유할 수 있는 것이 됩니다. 이를테면 자유는 보편적 가치죠. 그러나 '자유'라는 추상적 개념 자체는 그다지 의미를 갖지 못합니다. 역사와 사회의 맥락에 따라 '자유'라는 개념의 함의가 크게 달라지기 때문입니다. 프랑스 사회에서 '자유'의 의미와 한국 사회에서 '자유'의 의미는 같지 않을 것입니다. 역사적·사회적 조건을 간과하면, '자유'가 무엇인가를 올바로 인식할 수 없습니다.

이 문제는 구체적 사례를 통해 논의를 전개해야겠지만, 여기서는 한 가지만 강조해두기로 하죠. 만약 보편성을 불변의 것으로 여기지 않는다면, 우리는 자기 사상의 거처를 역사 속에서 만들어내야 합니다. 따라서 서문에 쓴 내용은 추상적 이론에서 자신을 해방시키고, 역사 속에서 진정한 의미의 보편적 요소를 탐구하자는 메시지였습니다.

서양 이론도 역사의 산물이니 그 형태 그대로 보편적일 수 없습니다. 서양 이론도 역사 속에서 상대화하지 않으면, 인류의 사상적 자산이 될 수 없고 우리가 공유할 수도 없습니다. 마찬가지로 우리의 역사 속에서도 보편적 요소가 생산되고 있으니, 그것을 어떤 형태로 가다듬느냐는 우리만이 아니라 인류의 과제가 됩니다. 저는 이 점을 강조하고 싶었습니다.

아포리아를 아포리아로서 인식한다

윤여일   "역사로 진입한다"는 오늘의 중심 주제로 들어가기 전에 한 가지만 더 여쭙겠습니다. 저는 이번에 선생님과의 대화를 구상할 때 전체를 4부로 구성했습니다. 그러나 막상 대화에 나서자 구성 방식에 미숙한 대목이 많다는 것을 통감하고 있습니다. 저는 선생님과 대화하기 전에 저 나름대로 경우의 수를 생각해두었지만, 역시 예상대로 진행되지는 않습니다. 그러나 애초에 제가 기대했던 체계성보다는 깊이감을 띤 공간성이 마련되는 것 같아, 이것이 진정한 성과일 수 있겠구나 생각하는 중입니다.

그런데 선생님께서 다케우치 요시미에게 접근하는 방법은 저와 달랐습니다. 『다케우치 요시미라는 물음』에서 선생님은 저처럼 요소별로 분해하여 다케우치 요시미에게 다가가는 것이 아니라 결정적 사건을 매개 삼아 그의 사고와 행동의 복잡성을 섬세하게 들여다보셨습니다. 그래서 저는 한 개체가 지닌 복잡함을 읽어내는 방식에 관해 여쫍고 배우고 싶습니다. 『다케우치 요시미라는 물음』은 중국어판에서 『다케우치 요시미의 역설』竹內好的悖論이라는 제목으로 출간되었습니다. 본문에서도 모순, 역설, 아포리아라는 표현이 종종 등장합니다.

　선생님께서는 모순, 역설, 아포리아 등을 말씀하실 때, 그것을 해결해야 할 문제 양상으로 포착하기보다 먼저 뒤얽힘, 쉽게 풀어낼 수 없는 어려움을 제대로 직시하라는 요구로서 제시하시는 것 같습니다. 또한 인식론의 한 가지 방법으로도 보입니다. 이와 관련해 『다케우치 요시미라는 물음』의 한 구절을 인용하겠습니다.

　　다케우치 요시미의 역설은 결코 단순한 스타일이나 수단이 아니라 하나의 입장이며, 세계를 인식하는 하나의 출발점이었다. 우리는 앞서 다케우치 요시미가 지나 학자와 충돌한 장면에서 객체와 주체의 대립을 고찰하면서 강렬한 비실체적 특징을 마련했음을 확인한 바 있다. 객체와 주체는 그에게 다만 기능적 의미를 지닐 뿐이다. 사고를 기능성 위에 세운다면 역설은 방법 이상의 가치를 얻게 된다.

　저는 선생님께서 지니신 복잡한 면모를 이해하고자 요소별로 나눠 접근하는 방법을 택했지만, 이런 방식으로는 다가가기 어려운 측면이 있습니다. 그래서 한 대상이 지닌 복잡함, 혹은 모순의 무게 같은 것을 훼손하지 않으면서 다가가는 방법에 관해 여쭙고자 합니다.

　한 가지 단서로서 저는 선생님께서 이따금 사용하시는 "~를 ~인 채로"라는 표현을 주목합니다. 예를 들어 "아포리아를 아포리아로서 인식해야 한다"는 표현에는 저처럼 요소별로 분해하지 않으면서 대상의 복잡함으로 파고든다는 인식법이 담겨 있는 것처럼 보이는데요.

쑨거　아포리아를 아포리아로 다룬다는 사고방식 역시 다케우치 요시미의 것입니다. 인류사에 관한 인식과도 연관되는 문제인데요, 오늘날의 인식론은 하나의 사물을 몇 가지 측면으로 분해하여 고립시키는 경향이 있습니다. 특히 매스컴이 그런 사고양식을 재생산하고 있죠. 그 결과 인간의 사고 자체가 단순해져 물음에는 답이 있기 마련이라는 사고의 습속이 현대 사회에 번져갑니다. 현대인은 물음이 물음인 채로 존재한다는 진실에 점차 둔감해지고 있습니다. 답이 없는 현상은 의미마저 없다고 단정합니다. 답이 없다면 점수를 매길 수 없으니까요. 따라서 물음 자체가 답을 위해 존재합니다. 그러나 인류사는 시험 문제가 아닙니다. 우리는 우리의 생활과 사회 속에서 근본적인 문제는 아포리아로서 존재한다는 사실을 받아들여야 합니다.

　한 가지 예를 들죠. 우리는 근대라는 아포리아를 아포리아로서 직시하지 않는지도 모릅니다. 근대를 분해해 몇 가지 부분으로 나눠 인식합니다. 그러나 근대라는 역사적 단계는 필연적으로 식민화와 전쟁을 수반합니다. 서구의 근대화는 식민화와 전쟁 없이 실현될 수 없었습니다. 뒤처진 아시아의 일부 국가들은 바깥으로 식민지를 넓힐 수 없으니 내부를 식민화하여 근대화를 실현했습니다. 그것은 마르크스가 지적했듯이 자본주의 세계 체제가 세계를 제패해나가는 과정이었습니다. 그런데 근대 기술이 발달하자 생활이 편리해지고 비교적 윤택해졌습니다. 보통 사람에게 근대화란 풍요롭고 편리한 생활양식을 뜻하기도 합니다. 거기에 반발하는 자들이 소수지만 존재합니다. 그러나 그들이 자신의 주장을 사회적으로 관철시키기는 힘들 것입니다. 근대를 비판하면서 스스로 근대적 생활을 구가하고 있으니까요.

이것은 무얼 뜻할까요? 바로 아포리아가 아닐까요. 어떤 의미에서는 일종의 역설입니다. 이 문제는 답을 낼 수 없을 겁니다. 만약 근대를 전면 부정하려 한다면, 대신 어떻게 이상 사회를 현실적으로 그려낼 수 있는지 보여줘야 합니다. 전근대 사회가 이상 사회는 아니죠. 사회주의 실험이 좌절된 이후, 지금 이 문제는 봉인된 것처럼 보입니다. 만약 상황이 그렇다면 근대를 부정하는 것만으로는 불충분합니다. 이것은 한 가지 사례입니다. 역사상의 문제는 근대의 문제처럼 대체로 아포리아로서 존재합니다. 가령 식민화를 비판할 수는 있지만, 그렇다고 아포리아를 넘어설 수 있는 건 아닙니다.

역사에 진입하다

윤여일　이제 "역사에 진입한다"는 오늘의 본 주제로 옮겨가겠습니다. "역사로 진입한다"는 것은 선생님께서 내놓으신 테제기도 하죠. 이 테제는 첫날 논의했던 인식론의 기본적인 딜레마를 다시 떠올리게 합니다. 선생님께서는 지금의 인식 주체가 역사로부터 멀찌감치 떨어져 역사 바깥에서 역사를 사물처럼 대하고 통째로 파악하려는 태도를 비판하시고자 "역사에 진입한다"는 테제를 꺼내셨다고 생각합니다. 역사가 지식을 사용해 움켜쥘 수 있는 객관적 혹은 죽어버린 실체로서 주체 바깥에서 굳어버린다면, 오히려 주체는 역사와의 관계를 움켜질 수 없다고 말입니다.

　이때 선생님께서 말씀하시는 역사는 통상적 의미와는 다른 듯합니다. 선생님께서는 『다케우치 요시미라는 물음』에서 이렇게 말씀하셨습니다. "역사는 지금 여기 있는 주체의 힘을 통해서야 비로소 존재하며, 또한 지금 이곳의 주체가 고도로 긴장된 위기의식을 지녀야만 비로소 순간 속에서 전개되어 주체가 역사 속으로 진입할 수 있다." 즉 역사란 주체 바깥에 사물로서 존재하는 게 아니라 주체가 기울이는 힘으로써만 가능해지며, 또한 그 노력에 의해서만 순간적이나마 역사와의 관련성을 획득할 수 있다는 것입니다. 아마도 그 힘이 그저 지적 능력을 가리키지는 않겠죠.

　또한 「다케우치 요시미와 세계사의 과제」에서는 이렇게 말씀하셨죠. "역사는 늘 움직이고 있습니다. 움직이는 그 역사의 시간은 균질한 시간, 즉 자연적 시간이 아닙니다. 역사의 시간이라는 특수한 시간이 있습니다. 그 시간 속에는 긴장이 서려 있습니다. 그 긴장이 시간들을 이어 맵니다. 거기서 역사감각이 생겨납니다." 역사를 그저 주어진 날것의 환경이 아니라 선생님의 표현을 빌리자면 "분해 가능한 구축물"로 여기고, 그것을 주체가 어느 방향으로 재구축할 때야 비로소 역사는 발생한다고 강조하신 것입니다.

　하지만 "역사를 고쳐 쓴다", 즉 "역사의 어떤 단계가 지나고 나서 역사에 관한 인식을 새로 짜고 그로써 역사의 의미를 다시 발견하는" 시도는 말의 위상에서라면 어렵지 않게 받아들여질지도 모르겠습니다. 최근 미시사 연구나 민중사 연구 혹은 국가주의적 역사관을 탈피하려는 영역에서도 비슷한 발상이 채택되고 있습니다. 한편 역사수정주의와도 혼동될지 모르겠습니다. "역사를 고쳐 쓰는" 다케우치 요시미의 시도가 샀던 오해도 얼마간 여기서 연유하겠죠. 그래서 저는 선생님이 꺼내신 '마음의 기력'이라는 표현을 주목합니다.

선생님은 주체가 자기를 형성하려는 긴장감을 갖지 않으면 역사가 발생하지 않는다고 주장하셨지만, 동시에 주체는 역사를 소유할 수 없다고도 말씀하셨습니다. 선생님은 다케우치 요시미를 이렇게 읽으셨습니다. "인간은 전력을 다해 싸우고 스스로 새로운 세계를 창조하려 하나 만사는 자신의 뜻대로 되지 않으며, 차라리 주체의 의도와 객관적 결과가 불일치하는 쪽이 현실적이지 않은가라는 인식. 이러한 진리는 젊은 다케우치 요시미가 역사 자체의 힘을 인식하는 선열한 계기가 되었다."(『다케우치 요시미라는 물음』)

아마도 앞서 "역사는 지금 여기 있는 주체의 힘을 통해서야 비로소 존재한다"던 말씀을 "주체는 역사를 소유할 수 없다"는 또 다른 진술과 포개서 읽을 때, 역사에 대한 선생님의 진의를 제대로 이해할 수 있다고 생각합니다. 선생님께서는 "역사에 들어가려면 마음의 기력이 필요하다"고 종종 말씀하시는데, 아마도 이 대목이 역설처럼 보이는 주체와 역사의 관계에서 핵심이 아닌가 싶어 그 의미를 여쭙고 싶습니다. 이를 위해 한 소절을 인용하겠습니다.

마음의 기력, 그것은 추상적이지도 직관적이지도 않다. 역사를 일순 번쩍이게 하여 순간적으로 번쩍인 역사를 단단히 움켜쥐려는 마음의 힘이다. 이러한 힘을 갖고 있지 못하면, 역사는 굳어버린 자료나 직관적 서술에 머물고 만다. 현재와 미래의 살아있는 일부가 되지 못하는 것이다.(「사상으로서의 '아즈마 시로 현상'」)

쑨거　질문이 다소 애매하니 정리해보죠. 현재 우리가 역사를 사고할 때는 두 가지 방식이 있습니다. 첫째, 역사란 객관적으로 존재하기에 함부로 손을 대서는 안 되며 실증을 통해 신중하게 재현한다는 것입니다. 즉 객관주의 역사관입니다. 둘째, 주관주의 역사관입니다. 모든 역사는 우리의 가설로써 재구축할 수 있다는 것입니다. "역사를 주체적으로 구축한다면, 그것도 역사인 셈이다." 그때는 객관성이 아닌 주관성이 근저에 놓입니다. 이처럼 두 가지 역사관의 유형이 정착해 있습니다.

저는 다케우치 요시미를 통해 이 두 가지 유형의 대립구도를 무너뜨리고 제3의 길을 낼 수는 없는지를 탐구해왔습니다. 당신은 제3의 길이 무엇인지에 관해 묻고 있다고 제 나름으로 정리해도 되겠죠.

두 가지 역사관 사이에는 사실 정치적 대립도 잠재해 있습니다. 일본의 경우에는 역사를 개찬하려는 '새로운 역사교과서를 만드는 모임'이 역사수정주의를 따르는데, 거기에 맞서는 지식인은 역사를 멋대로 고쳐서는 안 된다며 실증주의적 비판을 제기합니다. 이런 대립 외에 과연 제3의 길이 있을 수 있는지, 그 점이 당신 물음의 진의라고 생각합니다.

이런 정리 위에서 답해보겠습니다. 추상적 방식으로 답해서는 안 될 문제지만, 우선 추상적이나마 결론부터 말하자면 제3의 길은 존재합니다. 일본뿐 아니라 세계적으로 횡행하는 역사 개찬론은 실증주의적 역사관과 같은 전제를 공유합니다. 사물을 인식하는 경우, 사물의 현상으로부터 직접 답을 추출한다는 것이죠. 즉 역사를 어디까지나 눈에 보이는 가시적 현상으로 다룹니다. 물론 분석 자체는 추상적이며 불가시하겠지만, 현상 자체를 현상인 채로 다룹니다. 이 점에서 주관주의와 객관주의는 닮았습니다.

제3의 길은 그런 직관적 역사 시각을 거부하는 곳에 인식의 출발점을 설정합니다. 저는 이렇게 생각하고자 합니다. 역사는 언제나 불가시한 것입니다. 사료가 곧 역사는 아닙니다. 사료는 홀로 존재하지 않기 때문입니다. 언제나 관계 속에 있죠. 관계 자체는 고정된 것이 아니라 항상 유동합니다. 나날이 결정적 계기를 임계점으로 삼아 관계성은 변합니다. 그처럼 늘 변동하는 관계 속에서 사료는 살아있습니다. 그렇다면 그것을 어떻게 파악할 수 있을까요?

거기서 저는 '마음의 기력'이라는 표현을 사용했습니다. 어떤 의미에서는 벤야민으로부터 차용한 것이죠. 그것은 불가시한 역사의 관계성 속에서 역사의 기본적 운동의 패턴을 추출해내는 힘입니다. 움직임을 움직임으로서 파악하는 힘입니다. 자기 사정에 맞춰 대상의 움직임을 멈춰 세우지 않습니다. 대상의 운동을 존중하고 자신도 되도록 같은 템포로 운동하며 대상을 파악해 거기서 역사의 기본 원리를 발견합니다. 다만 같은 템포라고 하더라도 자신이 대상과 동화될 수 없음을 항상 인식해야 합니다. 그런 긴장감을 유지하며 대상의 동적 과정으로부터 원리를 가다듬습니다. 그것이야말로 역사학의 작업인 것입니다. 구축이라고 하면 최고의 구축이며, 객관성이라 해도 매우 깊은 의미의 객관성입니다. 그런 태도는 사물을 정적으로 파악하고, 그 결과를 객관적 역사라고 단정하거나 혹은 자신의 장식물로 삼으려고 역사를 주관적으로 만들어내는 행위와는 본질적으로 다릅니다. 저는 그런 제3의 길을 생각하고 있습니다.

윤여일　움직이는 대상을 자신도 움직이며 파악한다는 말씀이시군요. 그러나 움직이는 대상에 내재화하면서도 전체상을 보는 것은 논리적으로 불가능하지 않나요? 따라서 선생님이 제시하신 구도에서는 움직이는 대상과 함께 움직이지만 일종의 거리를 유지할 필요가 생기는 것 같습니다. 거리를 어떻게 유지할 것인가는 이미 논의하기도 했는데, 만약 대상과 동화되어버리면 자신의 힘으로 움직이기보다 환경의 변화에 따라 움직이게 됩니다. 스스로 움직이면서 움직이는 대상과 마주하되 동화되지 않고 거리를 유지한다는 이미지를 조금 더 구체화해주시면 좋겠습니다.

쑨거　몹시 중요한 물음입니다. 움직이는 대상을 파악하기 위해 자신도 움직여야 한다는 것이 곧 대상에 내재화하는 것을 뜻하는가라는 물음이군요. 반드시 논의해야 할 문제입니다.

　제 대답은 내재화를 뜻하지 않는다는 것입니다. 마루야마 마사오의 표현을 빌리자면, 타자를 타재에서 이해한다는 것입니다. 타재에서 이해할 때 자신의 위치는 타자 바깥이 됩니다. 바깥에 있으면서 될 수 있는 대로 타자의 내부로 비집고 들어가 타자를 이해한다는 것입니다. 그러려면 동시에 두 가지 장場을 가져야 합니다. 그런 두 입장立場 사이에 대립이 존재한다면 더욱 중요한 의미를 지닐 것입니다.

　이 지점에서 "어떻게 역사로 들어갈 것인가"를 다시 문제로 꺼낼 수 있겠군요. 역사로 들어가는 일이 현재에서 벗어난다는 뜻은 아닙니다. 역사란 우리가 살아가는 시대와는 다른 시대입니다. 여기에 유럽의 역사주의가 범하는 오류가 있습니다. 역사주의자는 현재를 잊고 주체를 버려야 온전히 과거의 인간이 된다고 주장합니다. 거의 불가능한 일이죠. 그런 견해는 이론적 가설일 뿐이며 오류입니다. 물론 역사주의 안에도 그런 오류를 시정하려는 논의가 있지만, 그 이야기는 접어두죠. 다만 현재를 살아가면서 역사로 진입하는 것은 우리에게 결코 외면할 수 없는 일입니다. 그렇다면 당연히 현재와 역사의 관계가 문제로 등장합니다. 거기서 "타자를 타재에서 이해한다"는 표현이 실로 적확하다고 생각합니다. 역사에 진입한다 함은 자신이라는 주체를 버리는 것이 아닙니다. 타자는 자신과 다르다고 의식하면서도 타자의 논리를 파고들어 타자를 이해하는 작업입니다.

감정과 기억의 뒤얽힘

윤여일　　화제를 옮겨서 '감정기억'에 관한 이야기로 넘어가겠습니다.
　　첫날에도 잠시 나온 이야기입니다만, 선생님께서는 이론적 올바름이 간과하는 감정이라는 요소를 주목하고 계십니다. 선생님의 지적에 따르면, 좌파와 우파의 대립 구도에서는 좌파가 이론적 비판 방식을 택하는 반면, 우파는 내적 동질성을 지향하며 심정에 호소하는 경향이 짙습니다. 이런 구도에서 상호 충격이나 접촉의 가능성은 희박합니다. 그렇다면 좌파가 이론적으로 올바른 비판을 하더라도 우파의 영향력을 감퇴하지 못하는 사태가 발생할 수도 있습니다. 아마도 선생님께서 '감정기억'이라는 화두를 꺼내신 데는 이렇듯 불모한 대립 구도를 해소하려는 모색도 깔려 있다고 생각합니다.

물론 선생님께서는 한 사회 내부의 정치적 대립만큼이나 한 사회와 다른 사회 사이에 가로놓여 있는 감정의 골을 생산적으로 조명하기 위해 '감정기억' 문제를 제기하셨다고 보입니다. 자칫 감정, 심경에 관한 비이론적 서사가 범할지도 모를 폐쇄성, 국수성, 배타성을 경계하여 감정을 그대로 한 집단의 것으로 추인하지 않고, 감정이 지닌 비논리성을 부정적이라고 치부하지도 않으면서 거기서 사상의 소재를 이끌어내려는 시도라고 여겨집니다. 하지만 여전히 감정기억의 의미가 선명하게 이해되지 않아 선생님의 글을 통해 추적해보았습니다. 『다케우치 요시미라는 물음』의 각주입니다.

여기서 말하는 '감정기억'은 엄밀한 심리학적 용어가 아니다. 일반론적 개념이라기보다 특히 전쟁기억의 성질을 가리킨다. 다케우치 요시미는 이 개념을 사용한 적이 없지만, 그는 전쟁에 관한 기억을 논할 때 분명히 그 안에 잠재되어 있는 감정의 문제를 중시했다. 다케우치 요시미는 이러한 감정기억을 직접 다루는 게 아니라 그것을 개인의 차원에서 떼어내 사상사의 대상으로, 그리고 사상의 에너지로서 신중히 다루는 데 힘을 쏟았다.

여기서 다케우치 요시미를 언급하고 계시기에 저는 '감정기억'을 이해하는 실마리를 구하고자 다케우치 요시미가 전쟁에 대해 자신의 소회를 꺼낸 대목을 들춰보았습니다. 우선 중국에서 패전을 맞이한 경험을 8년 후에 되돌아보며 그때의 심경을 기록한 「굴욕의 사건」에서 그는 8월 15일에 "희열, 비애, 분노, 실망이 뒤섞인 기분"을 맛보았다고 말하며, "당시 심경은 오늘의 내게 아직 발로 밟아본 일 없는 황야처럼 끝없이 펼쳐진다"고 토로합니다. 한편 「근대의 초극」에서는 요시모토 다카아키의 글을 두고 이렇게 말한 대목도 있었습니다. "전후에 일어난 전쟁책임론을 원한·증오·분노·경멸로 그 발상의 형태를 분류한다면 이것은 분노의 형태를 대표한다." 즉 전쟁책임론의 유형을 원한·증오·분노·경멸이라는 감정의 성분으로 분류한 것입니다.

오독일지 모르겠습니다만, 선생님께서 말씀하시는 감정기억의 성찰이란 이처럼 한 덩어리로 뭉뚱그려지기 쉬운, 그리하여 즉흥적인 충동의 대상이 되기 십상인 사건에서 감정의 결을 속속들이 살피고 그것을 역사의 복잡한 구도와 접목시켜 간과하고 있던 사상의 계기를 움켜쥐려는 시도인 듯합니다.

여전히 엉성한 이해라고 생각합니다만, 좀처럼 새로운 조어를 내놓지 않는 선생님께서 감정기억이라는 표현을 꺼내 어떤 의미를 담으려고 하셨는지 이 자리를 빌려 좀 더 구체적으로 들어보고 싶습니다.

쑨거 저는 감정기억이라는 표현을 특정 시기, 특정 사건과 마주하였을 때 사용했습니다. 저 자신은 '감정기억'이라는 표현을 그다지 일반화하고 싶지 않습니다.

윤여일 선생님 책에 관한 서평을 조사하면, 특히 『아시아를 말한다는 딜레마』의 경우가 그러한데요, 여러 서평자들은 '감정기억'이라는 표현을 중시했습니다. 그 까닭은 아마도 외견상의 정치적 대립 가운데 공백으로 남아있던 영역을 선생님께서 감정기억을 화두로 꺼내 문제로서 부각시켰기 때문일 것입니다.

저는 일본에 체류하면서 '감정기억'이라는 표현이 논의의 중심을 이루는 장면을 종종 목격했습니다. 그 표현은 제게도 울림을 갖습니다. 하지만 역시 감정과 기억이 겹쳐진 표현이기에 이해하기가 어려우며 또 그만큼 중요한 문제 설정을 담고 있으리라는 생각이 듭니다.

쑨거　'감정기억'이라는 말에 대한 일본 사회의 반응은 일본사상의 특수한 맥락과 관련되어 있습니다. 특히 일본의 양심적 지식인은 중일전쟁을 외면하지 않고 중국인의 '감정기억'과 어떻게 대면해야 하는지를 줄곧 고민해왔습니다. '감정기억'이 한 시기 화제가 된 것은 그런 맥락에서 비롯된 일입니다. 그 상황을 두고 제가 쓴 글도 한국어로 번역되었으니 설명을 보탤 필요는 없겠죠.

다만 감정과 기억이 왜 묶였는가는 흥미로운 문제제기입니다. 여기에는 기억은 무엇인가라는 물음이 깔려 있습니다. 기억은 감정적일까요, 이성적일까요? 그 점에 관해서는 심리학적 분석이 필요할 텐데, 제게는 그럴 만한 능력이 없습니다. 다만 여기서는 지금 우리가 당면한 곤란한 과제에 초점을 맞춰보죠.

사회학과 역사학에는 구술사 영역이 있습니다. 당사자가 증언하는 기억을 기록하는 작업입니다. 이때 증언을 그대로 역사의 사실이라고 받아들일 수 있을까요? 현재 중국과 일본, 한국과 일본 사이처

"타자를 타재에서 이해해야 합니다. 타재에서 이해할 때
자신의 위치는 타자 바깥이 됩니다. 바깥에 있으면서
될 수 있는 대로 타자의 내부로 비집고 들어가 타자를
이해합니다. 그러려면 동시에 두 가지 장場을 가져야 합니다.
그런 두 입장立場 사이에 대립이 존재한다면
타자 이해는 더욱 중요한 의미를 지닐 것입니다."

럼 전쟁기억을 둘러싸고 투쟁이 벌어지는 상황에서 결코 추상적으로 다뤄서는 안 될 문제입니다. 즉 기억 자체의 신빙성이 문제로 놓입니다. 일본의 수정주의자들은 위안부 증언의 신빙성을 깎아내리려고 합니다. 그런 움직임은 한국과 일본의 양심적인 사람들의 분노를 샀습니다. 신빙성을 제대로 입증하려면 우리는 기억의 성질을 탐구해야 합니다. 그때 감정이 기억에서 어떻게 기능하는지를 객관적으로 사고해봐야 합니다.

가령 중국인이 난징대학살의 희생자가 30만 명이라고 주장할 때, 그 수치에는 감정이 짙게 배어 있습니다. 사람마다 다를 수 있겠지만, 보통의 중국인이 30만 명이라는 수치를 고수하는 까닭은 거기에 분노가 서려 있기 때문입니다. 분노하고 있으니 수치가 크면 클수록 분노를 담기에 적합하겠죠.

그런 감정을 어떻게 받아들여야 할까요? 비슷한 감정은 한국 사회에도 다른 형태로 존재하리라 생각합니다. 그 경우 감정의 강도에 따라 상징의 크기가 정해집니다. 하나의 기억 속에는 여러 감정이 잠복해 있는데, 그 감정을 어떻게 기억의 요소로서 다룰 수 있을까요? 위안부 등 피해자의 감정을 어떻게 대해야 할까요? 정치적 문제일 뿐 아니라 인간의 양심에 관한 몹시 중요한 문제라고 생각합니다.

감정 자체는 하나의 역사적 사실로서 인정해야 합니다. 그때 감정의 사실성을 표현하려면 역사학의 힘이 필요합니다. 즉 직관적인 '사실성'에 머무르지 않고 감정이 지닌 '사회성'에 근거하여 그것을 불가시한 사실로서 확인해야 합니다. 당연한 말이지만, 이런 확인 작업은 지극히 이성적으로 진행되어야겠죠. 그러나 이성적 작업도 감정을 경시하는 것이 아니라 존중한다는 전제 위에서 실시되어야 합니다. 감정과 기억의 관계성은 역사학을 대할 때 제게 한 가지 기본적인 사고 거리입니다.

감정기억을 계승한다는 것

윤여일　　선생님의 「사상으로서의 '아즈마 시로 현상'」, 「중일전쟁」, 「다문화 공생의 '문화－정치'」, 「세계화와 문화적 차이」 등의 글을 보면 난징대학살 '30만' 희생자를 두고 중국인과 일본 사회가 반응하는 양상의 차이가 기술되어 있습니다. 단적으로 말해 '30만'이라는 수치는 중국인에게는 난징대학살이라는 감정기억의 상징이지만, 일본 사회에서는 '마보로시파'まぼろし派*뿐만 아니라 난징대학살을 부인하지 않는 보통의 일본인조차 '30만'이라는 수치는 과장되었다며 수치의 정확함을 따져든다는 것입니다. 지금도 잠시 말씀해주셨지만, 이 장면에서 선생님께서는 '수치'가 얼마나 타당한지를 따지기보다 '30만'이라는 수치를 둘러싼 논의의 배후에 자리 잡은 '감정기억'의 문제를 주목하셨습니다.

　　이런 자세를 떠받치고 있는 기본적 학문 원리는 역사의 '객관진리성'이다. 그 반대편에 살아있는 인간의 감정이 있나. 이린 역사괸온 심가

---

*　난징대학살은 꾸며낸 이야기에 불과하다고 주장하는 일파를 일컫는다.

한 결과를 초래한다. 먼저 감정기억이 상실된다. 감정기억의 상실은 역사의 긴장감과 복잡성을 거세하고 역사 전체를 통계학으로 대체할 수 있는 죽은 지식으로 변질시켜버렸다. 이런 죽은 지식의 역사야말로 현재의 정치와 이데올로기에 아주 쉽게 이용당하기 마련이다.(「중일전쟁」)

선생님께서는 일본 사회가 '30만'이라는 '상징적' 숫자를 받아들여야 한다고 말씀하십니다. 물론 사실로서가 아니라 중국인의 고통에 접근하겠다는 태도로서 말이죠. 만약 난징대학살은 지어낸 이야기라거나 "30만은 정확하지 않다"는 주장이 일본 측에서 나온다면, 그럴 때마다 "상징을 지킨다"는 중국인의 감정은 증폭되기 마련이고, 이렇듯 대항구도가 지속되면 중국인의 '상징' 지키기와 일본인의 '사실' 추궁은 점차 악순환에 빠지기 때문입니다.

여기서 질문을 드리고 싶은 것이 있습니다. 선생님께서는 "중국인은 피해자 30만 명이라는 하나의 숫자에 근거해 일본인 중에서 친구와 적을 가른다"고 말씀하셨는데, 그런 상황 속에서 "그런데 이런 대항구도가 지속되면 상징은 점차 내용을 잃어간다. 죽은 자들의 비참한 운명에 대한 관심과 동정, 살아남은 자의 애도는 점차 세간의 관심에서 밀려나 상징을 지킬 것인가 말 것인가 하는 문제만이 남는다. 그런 의미에서 망각은 이미 사회 속으로 번지고 있다"(「다문화 공생의 '문화-정치'」)고도 지적하셨습니다. 선생님의 말씀대로라면 중국인이 '30만'이라는 상징을 어떻게 대해야 하는가는 중국 사회에서 까다로운 문제로 남아 있으리라 생각합니다. 즉 일본인을 비롯한 외국인에게

'30만'이란 숫자는 중국인의 마음을 헤아릴 수 있는 감도를 시험하는 기제가 되겠지만, 그 상징이 중국인에게는 난징대학살에 대한 기억을 형해화하는 쪽으로 작용하지는 않을까 우려하기 때문입니다.

식민시기를 기억하는 한국인에게도 다른 양상이기는 하지만 비슷한 징후가 있지 않은가 합니다. 가령 저는 식민시기와 한국전쟁에 관해 어떤 감정을 갖고 있지만, 직접적인 체험은 물론 없습니다. 따라서 자신의 체험을 기억함으로써 감정이 생기는 것이 아니라, 어떤 의미에서는 한국인이라는 집단에게 주어진 기억과 감정을 전해 받는 것입니다. 물론 감정이 배인 기억이라면 사람들에게 균질할 리 없고, 진정 그 감정을 느끼려면 특히 체험의 당사자가 아닌 사람에게는 노력이 필요하겠지만요.

쑨거 그것은 '감정기억'을 계승하는 것입니다. 혹은 사회적 감정을 계승하는 것이죠. 계승되지 않는 기억은 기억일 수 없습니다. 역사란 사실 인류의 기억입니다. 역사 속에서 살아가는 인간도 자기 나름의 기억을 갖고 있지만, 자신의 기억을 역사화하려면 어떤 절차를 거쳐야 합니다. 아무개의 감정이나 기억이 간단히 역사가 되는 것은 아닙니다. 지금 당신이 말하는 한국인의 감정, 한국인의 기억도 정리하지 않으면 안 됩니다. 한국의 역사, 인류의 역사를 이루는 '감정기억'도 있고 그렇지 않은 것도 있습니다.

윤여일 사건을 체험하지 않았거나 체험했더라도 당사자라고 말하기 어려운 사람이 사건에 대해 지니는 감정도 '감정기억'으로서 동등하게 대해야 한다고 생각하시는 것인가요? 체험자가 아니라 저처럼 젊은 세대가 가진, 때로는 미디어가 제공한 기억과 감정까지 포함해 선생님은 '감정기억'을 사고하고 계신 건가요?

쑨거   이 질문은 혼란스럽군요. 당신은 무엇을 묻고자 하는 것이죠? 이를테면 광주항쟁의 체험자는 아니지만 사건에 관한 기억을 갖고 있고 감정도 품고 있는 경우, 그 '감정기억'에 정당성이 있느냐는 물음인가요, 아니면 당사자가 아닌 사람의 감정기억과 당사자의 감정기억을 동등하게 대해야 하느냐는 물음인가요?

윤여일   후자입니다.

체험의 일반화

쑨거   그렇군요. 동등하게 대해야 할 것인지 말 것인지, 추상적으로 답한다면 거의 의미가 없습니다. 물론 동등하죠. 그러나 그 안에는 방금 제가 말한 문제가 잠복해 있습니다. 당사자든 방관자든 기억의 성질에 따라 기억은 역사가 될 수도 있고 그렇지 않을 수도 있습니다. 당사자인지 여부가 관건은 아닙니다. 기억의 성질이 중요합니다.
　다케우치 요시미는 「전쟁 체험의 일반화」라는 글을 쓴 적이 있는데, 거기서 이런 논점을 제시했죠. 만약 체험이 그저 한 개인의 체험으로 매몰된다면 그 체험은 체험으로서 가치를 지니지 못하며 일반화될 수 없다고 말입니다. 여기서 '일반화'란 '역사가 된다', 혹은 '역사로 이어진다'고 풀이해볼 수 있습니다. 개체의 체험은 개체의 체험인 상태로는 역사의 기억이 될 수 없습니다. 반대로 말하자면, 당사자의 기억이 당사자가 아닌 사람 혹은 후세대에 힘입어 되살아나는 일도 충분히 가능합니다. 그것이 기억의 역사화에 절대적인 필요조건이라고 말할 생각은 없지만, 체험자가 아닌 사람들이 당사자들과 협력해 기억을 일반화하는 작업은 중요합니다. 그것이 이른바 구술사의 작업이라고 생각합니다.

윤여일　거기서 '체험의 일반화'란 단일서사로 개별적 차이를 뭉뚱그리거나 굴곡을 고르게 만들어, 가령 집단의 성원이 비슷한 감정을 갖는다는 의미는 아닌 것이죠?

쑨거　그렇습니다. 그런 의미가 아닙니다.

윤여일　선생님께서 언급하신 광주항쟁의 증언록을 전에 읽은 적이 있습니다. 그 증언록은 같은 사람을 몇 년마다 인터뷰하는 형식이었습니다. 읽어가던 중 흥미로운 사실이 눈에 들어왔습니다. 시간이 지날수록 증언자들의 증언이 점차 닮아갔다는 것입니다. 초기에는 증언자마다 구술하는 사건도 달랐고, 사건의 내러티브도 달랐습니다. 현장에 있었더라도 어디에 있었는지, 어떤 입장을 가지고 있었는지, 어떤 소식을 누구에게서 들었는지, 지인이 어떻게 되었는지에 따라 사건을 회상하는 내러티브가 달랐습니다. 그러나 시간이 지나자 회상하는 방식이 점차 닮아갔습니다. 더구나 사건의 의미를 기술하기 위해 사용하는 용어도 비슷해졌습니다. 특히 훗날의 구술에서는 '민주주의'라는 말이 광주항쟁의 의미를 정리하는 주된 개념으로 정착합니다. 그러나 광주항쟁 직후의 발언에서는 그런 개념어가 그다지 등장하지 않았습니다. 훨씬 날것의 진술이었습니다. 어떤 의미에서는 광주항쟁이라는 표현 자체가 사건에 대한 여러 명명법 가운데 우위를 점해 정착된 결과물이며, 이미 기억이 사회화된 흔적을 보여주고 있습니다.

이때 중요한 역할을 한 것이 미디어였습니다. 미디어가 만든 내러티브를 체험자들이 자신의 기억 위에 덧씌우는 것입니다. 반복적으로 미디어에 노출된 체험자들은 미디어의 내러티브에 따라 자신의 이야기를 정리하여 정제된 언어를 사용하기 시작합니다. 저는 증언록을 보면서 체험자의 말이 점차 헐거워진다는 느낌을 받았습니다. 체험을 꽉 감싸는 말이 아닌 것입니다. 체험담을 꺼내는 경우에도 자신이 직접 체험한 것만이 아니라 거기에 미디어를 통해 전해들은 타인의 것도 뒤섞입니다. 사건 당시에는 체험자마다 이질적이고 복잡한 감각을 지녔을 테지만, 시간이 지나자 일종의 내러티브에 기억이 점차 회수되어가는 것입니다. 한쪽에서 보자면 기억의 변질이며, 다른 한쪽에서 보면 기억의 사회화입니다. 하지만 선생님께서 말씀하시는 일반화란 이 경우와는 의미가 다르지 않을까 생각하는데요.

쑨거　그렇습니다. 균질화가 아닙니다. 일반화란 공유할 수 있다는 의미죠. 당신은 무척 중요한 문제를 꺼냈습니다. 말하자면 기억이 형성되는 과정에 관한 분석입니다. 이 문제에 관해서는 얼마간 이론적 축적이 이루어졌지만, 저는 다른 방향에서 접근하고 싶습니다.

역사의 기억은 만들어집니다. 감정기억도 그렇습니다. 그렇다면 어떻게 해야 할까요? 이 문제는 당신의 분석 이후에도 여전히 남겨지겠죠. 사회적으로 생각한다면 만들어지지 않는 역사의 기억은 없습니다. 주류 이데올로기가 통제해 만들어지는 기억도 있고, 그렇지 않은 기억도 있습니다만, 엄밀히 말해 '사실 그대로'의 기억은 있을 수 없습니다. 그러나 여기까지 왔다고 탐구가 멈춰서는 안 되겠죠. 절대적인 객관성이 존재하지 않는다는 사실과 되도록 기억을 정확히 기록하려는 노력은 모순되지 않습니다. 거기서 여러 발굴이 필요합니다. 적어도 두 가지가 중요합니다.

먼저 감정은 언제나 기억과 망각을 좌우합니다. 감정의 요소에 따라 기억과 망각의 관계도 항상 변합니다. 오늘은 기억하고 있지만 내일이 되면 싫은 감정에 밀려나 잊게 될지 모릅니다. 혹은 오늘 생긴 감정에 의해 원래 기억에는 없던 요소를 자신도 의식하지 못한 채 덧붙여 그런 것이었다고 믿어버릴지 모릅니다. 그렇다고 기억의 신빙성을 의심할 뿐이라면 불충분합니다. 오히려 기억과 감정의 관계를 분명히 따져 물어야 합니다. 즉 기억이 '거짓'임을 폭로하는 데 그치지 않고 기억이 변화하는 흐름을 분석해 거기서 진정한 가능성을 찾아내는 것입니다.

인간은 자기 감정을 그대로 표출하는 능력이 그다지 발달해 있지 않습니다. 감정을 표현하려고 기성의 표현을 빌려오곤 합니다. 더욱이 사건의 당사자더라도 회고할 때는 유행하는 이데올로기를 '원용'

하는 것이 일반적입니다. 그러면 안 된다고 해보았자 문제가 해결되지는 않겠죠. 이데올로기의 유용流用에는 여러 방식이 있으니 일괄적으로 '이용'이라고 말해서는 안 될 것입니다. 그렇다면 관건은 자기 혼자서 기억을 완성할 수 없음을 인정하여 기억의 진위 문제를 따지기보다 기억의 구성 과정을 탐색하는 것이겠죠. 이런 관점에서 보자면, 가령 '난징대학살의 피해자 수'는 문제의 초점이 되더라도 유일한 초점이 되어서는 안 될 것입니다.

일본 사상계의 내셔널리즘 비판에 대하여

윤여일　　오늘도 대화가 예정한 시간을 훌쩍 넘길 것 같습니다. 이제 '내셔널리즘' 문제로 옮겨가겠습니다. 지금껏 몇 차례 대화의 소재로 등장하기는 했지만 이제야 본격적으로 다뤄보렵니다. "역사에 진입한다"는 시도는 서양 이론에 기대어 민족감정을 쉽사리 재단하는 것을 경계하고 내셔널리즘에 복잡한 입체감을 입히려는 시도라고도 보입니다. 『다케우치 요시미라는 물음』의 「한국어판 서문」에서 선생님은 이렇게 말씀하셨습니다.

> 역사를 부동하는 '사물'로 다루는 실체적인 사고방식을 경계해야 한다. 내셔널리즘을 한 덩어리로 파악하는 그러한 이론감각은 내셔널리즘을 분해하고 전화시켜, 거기서 역전된 요소를 길어 올리는 노력을 방해할 뿐 아니라 역사의 복잡한 입체감을 소거해 역사를 균질 평면으

로 만들어버리고 만다. 내셔널리즘을 긍정해야 하는가, 부정해야 하는가라는 논의도 모두 이처럼 깊이를 갖지 못한 감각에 기초해 있다.

저는 일본의 내셔널리즘론을 거론할 만큼 일본 사상계의 사정을 알거나 자료를 접하지는 못했습니다. 다만 얼마 전에 일본의 역사주체 논쟁과 관련된 자료를 읽은 적이 있는데, 거기서 일본 내셔널리즘을 비판한 글을 보며 몇 가지 의문을 갖게 되었습니다. 먼저 든 생각은 이것입니다. 애초 일본의 근대화와 제국주의 경험이 서구산産 가치를 따라가다 빚어진 문제라면, 그 역사를 반성하고 사상적으로 검토하려 할 때 서구 이론을 활용하는 방식에 관해 좀 더 숙고해야 하지 않을까라는 것입니다. 하지만 '역사주체 논쟁'에서는 서구의 내셔널리즘 비판 이론이 운용 방식에 관한 고려 없이 그대로 일본 사회로 투과된 흔적이 엿보였습니다.

한편 입론 방식에서도 그런 문제가 드러났습니다. 가령 "회개와 화해의 세계화"라는 진행 과정에 일본이 늦어지고 있다며 내셔널리즘에 대한 비판을 촉구하는 글이 있었습니다. 또한 일본 사회가 지체된 지점을 독일과 비교하여 부각시킨 글도 있었습니다. 물론 추축국 독일과의 비교를 통해 유럽 지역에서 독일이 기울인 노력을 일본은 아시아 지역에서 기울이지 않았다는 결여, 아니 결여라기보다는 뒷걸음 질치고 있다는 행태는 지적되어야 마땅합니다. 그럼에도 서구를 잣대로 판단해서는 몇 가지 문제의 소지가 남습니다.

첫째, 서구의 내셔널리즘 이론으로 비추지 못하는 감정의 구석자리가 남습니다. 둘째, 바깥의 시선, 특히 서구의 시선을 통해 문제를 해결하려 들면 비판의 논리는 내부에서 길러낸 것이 아니니 주체성의 문제가 생깁니다. 셋째, "일본은 독일에 비해서 늦다. 독일이 서구 사회에서 한 일을 일본은 하지 않았다"는 비판은 전쟁과 식민지 문제를 직시해야 할 이유를 다시 '지체'에서 찾도록 만듭니다. '지체 극복'은 일본이 제국주의에 이르는 근대화에서 가장 중요한 모토였습니다. 물론 내실은 다르겠지만 식민 지배, 전쟁 책임의 문제에서도 '지체 극복'은 여전히 일본인으로 하여금 아시아가 아닌 서구로 눈길을 돌리게 만들지 모릅니다. 넷째, 이런 비판의 효과로 서구라는 상황이 원전의 지위에 오릅니다. 적어도 사태를 파악하는 가장 권위 있는 참조축이 됩니다. '세계적 추세'를 명목으로 서구 상황을 탈맥락화하고 서구 이론을 정치적 올바름을 보증하는 지배 담론으로 격상시키는 것입니다.

그렇다면 바로 선생님께서 우려하시듯 외면당한 일본인의 감정적 영역으로 보수파가 비집고 들어와 일본인의 주체성을 구축하겠다며 '서양주의 비판'을 기치로 내걸어 손쉽게 득세할지도 모릅니다. 그래서 저는 역사주체 논쟁에 관한 자료를 읽으면서 이론적인 내셔널리즘 비판의 결과가 무엇일 수 있을지, 만약 그런 비판이 그다지 생산적이지 않다면 내셔널리즘 비판은 어떻게 이루어져야 하는지라는 고민을 얻었습니다.

내셔널리즘에는 배타성과 폭력성이 깃들기도 하지만, 한편으로는 사회구성원이 시대 상황과 사회 문제의 무게를 공유할 수 있는 계기가 그 안에 잠재해 있습니다. 그렇다면 내셔널리즘 비판만큼이나 중요한 작업은 비판을 목적으로 내셔널리즘을 뭉뚱그리는 것이 아니라 거기서 생산적 요소를 길어 올려 책임감 있는 주체성을 육성해내는 시도이지 않을까 생각했습니다.

쑨거　　내셔널리즘을 비판하는 동시에 거기서 생산적 요소를 이끌어내는 주체성이 중요하다, 당신 이야기의 초점은 이것인가요?

윤여일　　예 그렇습니다. 제가 지금 읽고 있는 자료에 빠져 있다보니 다소 맥락 없이 질문을 드린 것 같습니다. 혹시 제가 인용한 한국어판 서문은 중국어나 일본어로는 발표되지 않았나요?

쑨거　　그렇습니다.

윤여일　　그런가요. 제게는 무척 중요한 글이었습니다. 선생님께서 사색해온 여정이 담겨 있을 뿐 아니라 내셔널리즘에 관한 사고의 재료도 얻을 수 있었습니다. 하지만 다른 글을 읽으면서도 저는 내셔널리즘을 긍정할 것인가 비판할 것인가라는 것보다 내셔널리즘을 어떤 이유로 말해야 하는가 쪽이 더 중요한 지점이라고 생각하게 되었습니다.

　　그렇다면 질문을 다시 드리겠습니다. 가령 "내셔널리즘을 넘어서"는 근래 자주 접하는 표현인데, 저는 이따금 "~을 넘어서"는 목적어에 해당하는 말보다 가볍지 않은가라는 인상을 받습니다. "~을 넘어서"는 힘든 시도이고 필요한 시도이나, 넘어서려 할 때면 이미 목적어에 대한 가치 판단과 함께 단순화가 동반되곤 합니다. 하지만 선생님께서 지적하셨듯이 다케우치 요시미는 '내셔널리즘'처럼 실체적 색채로 물든 관념에서조차 역전의 요소를 발견하려 했습니다. 분명 하나의 말이 현실에서 무게를 갖는다면, 그 말에는 하나의 조명으로 비출 수 없는 복잡한 결이 있을 것입니다. 그렇다면 관건은 내셔널리즘을 현실의 한 가지 요소로 인정하되 그것을 이상화하지도 섣불리 비판하지도 않고, 어떠한 가치를 실현하기 위한 운동의 요소로 삼아 그 가치를 실현하기에 내셔널리즘이 득이 많은지 해가 많은지를 섬세하게 따져가는 일이 아닐까 싶습니다.

이를테면 다케우치 요시미는 「나라의 독립과 이상」에서 "학문으로는 글러먹은 이야기"일지라도 "개인에게 이상이 있듯 나라에도 이상이 있어야 한다. 이상이 없으면 독립된 인격이 아니듯 나라 또한 독립국이 아니다"라고 말합니다. 이 글에서 그가 민족을 중시한 까닭은 나라의 독립을 확립하는 동시에 일본인의 주체성을 세우고 일본인의 평등감각을 연마하기 위함이었습니다. 하지만 내셔널리즘을 사회 변동의 한 가지 기능적 요소로 대하지 않고 불변의 전제로 여겨 절대시하거나 거꾸로 억압한다면, 사상의 계기만이 아니라 사회 변혁의 중요한 계기를 잃고 마는 것은 아닌가라는 우려가 듭니다. 그리하여 민족에 어떤 가치를 담아나갈지, 그 경우 내셔널리즘에 얽혀 있는 부정적 요소를 어떻게 제어할 수 있을지를 문제로 꺼내고 싶었던 것입니다.

쑨거　맥락을 조금 정리해봅시다. 당신은 앞서의 초점과 결부시켜 지금 문제를 제출한 것이겠죠. 단순한 형태로 내셔널리즘을 긍정하거나 부정해서는 민족의 존재 방식이나 내셔널리즘의 기능을 제대로 사고할 수 없으며, 그 지점에서 다케우치 요시미로부터 시사를 받을 수 있지 않겠느냐고 묻는 것이군요.

전적으로 동감합니다. 일본에서 가장 먼저 명확한 형태로 내셔널리즘과 국민국가를 비판한 논자는 니시카와 나가오* 선생이라고 생각합니다. 그런데 니시카와 선생도 최근에는 민족 문제를 달리 생각하기 시작한 듯합니다. 일본의 사상계 내부에서도 새로운 움직임이 등장하고 있습니다. 니시카와 선생 이외에도 이미 새로운 모색에 나선 사람들이 있습니다. 그런 의미에서 단순한 내셔널리즘 비판 방식은 얼마간 상대화되었다고 생각합니다. 그러나 현재진행형인 또 다른 문제가 여전히 문제로서 윤곽을 뚜렷하게 드러내지 못하고 있습니다.

내셔널리즘이라는 카테고리를 사용할 때는 원래의 모델이 있습니다. 유럽의 민족국가입니다. 기본적으로 유럽의 근대국가는 민족을 통해 국가를 형성하는 방식으로 실현되었습니다. 물론 한 나라에 하나의 민족만 있는 것은 아니지만, 대체로 국가와 민족은 무척 긴밀히 연관되어 있습니다. 그리하여 내셔널리즘 비판이 곧장 민족국가 비판으로 이어집니다.

그러나 그런 비판을 동아시아로 들여올 때는, 아무래도 따져봐야 할 문제가 있습니다. 이를테면 일본에서 네이션과 스테이트는 어떤 관계인지를 물을 수 있겠죠. 전후, 특히 다케우치 요시미의 세대는 그 문제를 줄곧 추궁했습니다. 일본에서 네이션과 스테이트는 분리되어

---

* 西川長夫(1934~　). 비교문화론, 프랑스사를 전공하면서 국민국가 비판의 학문적 조류를 만들어내고 있다. 저서로 『프랑스의 근대와 보나파르티즘』, 『국경을 넘는 방법』, 『국민국가론의 사정』, 『'신' 식민지주의론』 등이 있다.

"내셔널리즘이 현실에서 무게를 갖는다면, 거기에는
하나의 조명으로 비출 수 없는 복잡한 결이 있을 것입니다.
그렇다면 관건은 내셔널리즘을 이상화하지도
섣불리 비판하지도 않고, 어떠한 가치를 실현하기 위한
운동의 요소로 삼아 그 가치를 실현하기에 내셔널리즘이
득이 많은지 해가 많은지를 섬세하게 따져가는 일일 것입니다."

"내셔널리즘을 비판하는 데서 그친다면 민족 안의 다양한
요소가 묻히고 맙니다. 내셔널리즘과 민족을 구별하고,
민족을 사고하는 경우에는 민족과 인종을 구별해야 합니다.
민족을 실체로 긴주해 그대로 긍정하거나 부정할 뿐이라면
거기서 생산적 요소를 건져낼 수 없습니다."

존재할 수 있는지를 탐구한 것입니다. 뒤집어 말하자면, 일본인은 국가가 아닌 민족의 형태로 주체성을 기를 수는 없는지가 일본 사상사에서는 탐구 과제 중 하나였습니다. 한국의 상황은 더욱 복잡하겠죠. 분단으로 하나의 민족이 두 개의 국가를 이루고 있습니다. 그 경우 내셔널리즘은 국가와 어떤 관계에 있을까요? 내셔널리즘은 분단 상황을 어떻게 받아들이고 있을까요? 또 미국과의 관계는 내셔널리즘에 어떻게 작용할까요? 한국의 내셔널리즘은 상당히 복잡한 요소를 품고 있으리라 생각합니다. 중국의 경우도 복잡합니다만, 구체적으로 다루는 일은 뒤로 미뤄둡시다.

요컨대 민족에서 어떤 가치를 어떻게 가다듬어갈 것인가는 다소 인텔리 냄새가 나는 물음입니다. 민족이란 "~해야 할"이라는 이상형을 가지고 요구할 수 있는 대상이 아닙니다. 역사처럼 말이죠. 역사가 이런 방향으로 흘러가야 한다는 이야기는 이야기로서야 가능하겠죠. 하지만 실제로는 그리될 리 없습니다. 마찬가지로 민족 안에 어떤 가치를 담아야 할 것인가라는 이야기도 그다지 리얼리티를 갖지 못합니다.

특히 아시아의 상황에 입각하건대, 제2차 세계대전 이후 아시아에는 '민족주의 발흥'의 시대가 도래했습니다. 1955년 반둥회의는 그 상징이었죠. 민족주의가 민족독립운동과 결합될 때 그 정당성은 부정하기 어렵지만, 독립이 실현된 이후에는 민족주의의 독도 나옵니다. 이 점은 아시아에서 공유된 인식이라고 생각합니다.

내셔널리즘 혹은 내셔널한 정동情動에는 늘 감정이 따릅니다. 이성만으로 다룰 수 없죠. 그런 대상을 향해 단순히 이리되어야 한다며 우리가 섣불리 요구할 수는 없습니다. 그러나 인식론의 위상에서 보건대 내셔널리즘에 담긴 정서는 정말 분해 불가능한 것일까요. 내셔널리즘이라 불리는 현상이더라도 그 안에 담긴 요소는 동질하지 않습니다. 한국에서도 지금의 내셔널리즘과 10년 전의 내셔널리즘은 다를 것입니다. 일본도 그렇습니다.

1950년대부터 1960년대 초에 걸친 아시아의 내셔널리즘론은 내셔널리즘을 구해내기 위한 인식론에 기초해 있었습니다. 그게 가능했던 까닭은 당시 아시아 국가에서 고양된 내셔널리즘의 힘은 건전한 것이라고 세계적으로 인정받았기 때문입니다. 일본만이 예외였습니다. 마루야마 식으로 말하자면, 일본의 내셔널리즘만이 '처녀성'을 상실하고 울트라내셔널리즘이 되어 군국주의를 낳고 말았습니다. 결국 일본의 내셔널리즘에서 건전한 요소를 구해내려는 시도는 그다지 성공을 거두지 못했습니다. 그리하여 이후에는 내셔널리즘 비판이라는 작업도 필요해졌습니다. 그러나 비판에만 그친다면 민족 안의 다양한 요소가 묻히고 맙니다.

따라서 내셔널리즘과 민족을 구별하고, 민족을 사고하는 경우에는 민족과 인종을 구별할 필요가 있습니다. 나아가 민족을 분해하여 사고한다면 당신의 물음에 답할 수 있겠죠. 민족을 실체로 간주해 그대로 긍정하거나 부정할 뿐이라면 이 작업을 진척해나갈 수 없습니다.

일본의 조건에서 사상의 계기를 찾다

윤여일   수업 시간에 선생님과 함께 읽었던 '국민문학 논쟁'에 관한
글에서 다케우치 요시미는 민족을 전제나 결론이 아닌 하나의 요소로
상정했습니다. 거기서 민족은 개인의 독립과 평등감각을 기르기 위한
요소였습니다. 가령 '계급'으로는 다케우치 요시미가 '민족'을 매개하
여 기대한 효과가 나오지 않을 수 있습니다. 민족은 한 시대와 사회가
지닌 문제의 무게를 구성원과 나눠 가질 수 있는 계기로 작용하는 것
입니다. 다케우치 요시미에게 그 문제 가운데 한 가지 요소는 일본인
의 주체성을 기르고 평등감각을 연마하는 것이었습니다. 다케우치 요
시미는 그런 의미에서 민족을 '사고의 요소'로서 중시했다고 봅니다.

　　　이건 오독일지도 모르겠습니다만, 선생님께서는 네이션과 스테
이트를 구분해야 한다고 말씀하셨는데, 다케우치 요시미는 천황제 국
체, 즉 스테이트가 민중을 구속할 때 민족, 즉 네이션을 활용하려 했
던 것이 아닐까 싶습니다. 다케우치는 스테이트와 다른 위상에서 네
이션을 사고하고 거기에 평등의 가치와 주체성의 감각을 주입하려 시
도했습니다. 민족을 '사고의 요소'로 들인다면, 가령 계급의 경우와
는 다른 효과가 발생하리라고 기대했던 것입니다. 따라서 선생님께서
말씀하시듯이 민족을 전제도 결론도 아닌 '사고의 요소'로 삼아야 하
는 것이겠죠. 버려서는 안 될 중요한 요소입니다. 민족은 운동성을 지
니기에 반역과 동시에 혁명의 계기가 될 수도 있으며, 그 효과는 사회
구성원에게 비교적 두루 미치기 때문입니다. 또한 현실적으로 버릴
수도 없고요.

자신을 갖고 꺼낼 논의는 아닙니다만, 일본에서 내셔널리즘과 내셔널리즘론을 둘러싼 오늘날의 복잡한 정황을 접하면서 이런 생각이 들었습니다. 마루야마 마사오의 표현처럼 일본의 내셔널리즘이 '처녀성'을 잃었다면, 거기에 바로 일본 사상의 가능성이 잠재해 있는 것은 아닐까 하고 말입니다. 앞서 말씀드린 역사주체 논쟁이 불거진 시기는 약 10년 전으로서, 그때 자유주의 사관도 등장했습니다. 저는 그 논쟁에 관한 자료를 읽으며 자유주의 사관이 양산해내는 거짓 대립, 즉 동서 대립, 일본적인 것과 서양적인 것 사이의 대립을 어떻게 불식시킬 수 있는지 고민하던 차에 이런 생각이 들었습니다.

서구의 식민지가 되지 않으려 나섰던 길에서 아시아의 식민자가 되고, 식민자에서 벗어나자마자 다시 미국의 (준)식민지가 되었다는 전전과 전후의 일본적 맥락. 패전으로 승자에게 종속되면서도 그것을 부정할 도덕적 정당성을 상실했다는 일본적 상황. 자신이 따라온 서구산 가치판단에 의해 자신이 고발당했다는(패전과 도쿄재판) 일본에서의 물음. 그것이 서구라는 망령과 꼼짝달싹할 수 없는 거리를 만들어냈다면, 오히려 그 조건을 일본만이 움켜쥘 수 있는 사유의 자원으로 삼을 수 있지 않을까라고 생각했던 것입니다.

쑨거　추상적 위상에서라면 그런 가능성도 충분히 인정할 수 있겠죠. 그러나 현실적으로 생각한다면 역사적으로 까다로운 문제가 있습니다. 일본은 분명 서양에 대항하려 했습니다. 그러나 홀로 맞선 것이 아니라 동양을 제패해 동양을 대표한다며 이웃 나라를 침략하는 형태로, 즉 서양 제국주의와 같은 방식으로 맞서려 했습니다. 그 경우 대

동아전쟁의 이념이라는 문제에 직면하게 됩니다. 당신의 발상을 역사적 맥락에서 사고한다면, 이 지점을 피해갈 수 없겠죠. 전시 중에 일본 군국주의와 내셔널리즘은 긴밀히 얽혔습니다. 그래서 전후에 네이션과 스테이트의 관계가 문제로 부상한 것이죠.

일본에서 민족주의가 국가로부터 자유롭지 못하다면, 서양에 맞선 저항도 진정한 저항이 될 수 없습니다. 스스로가 서양처럼 제국주의가 되어버립니다. 이것이 다케우치 요시미가 일관되게 비판한 일본의 우등생 문화입니다. 이 대목을 무시한 채 일본의 내셔널리즘을 긍정하거나 거기서 가능성을 발견하려 해서는 안 될 것입니다.

윤여일　아니요, 저는 일본의 내셔널리즘을 긍정하거나 역사적 죄과를 묻어두려는 것이 아닙니다. 비록 저는 외국인이고 일본 사상에 관해 무지하지만, 일본의 민족주의를 '사고의 요소'로 삼아 일본의 뒤틀린 근대화에서 사상의 계기를 발견할 수는 없는지 고민하는 것입니다.

제한된 자료를 읽었을 뿐이지만, 현재 일본의 진보 진영은 내셔널리즘을 비판하며 보편성과의 화해를 주장합니다. 이 장면에서는 선생님도 지적하셨듯이 그때의 보편성이 무엇인지를 따져 물어야 할 텐데, 제게는 이론적 보편성으로의 경사가 엿보입니다. 다른 한편에서는 일본도 군대를 가져 '보통국가'가 되어야 한다는 주장이 있습니다. 저는 이런 대립구도 사이에서 일본의 굴절된 역사적 조건에 근거해 타국에서는 불가능한 사상적 가능성을 길어 올릴 수 있지 않겠느냐는 가설을 세워본 것입니다. 그것은 보편성과의 섣부른 화해도, 요즘 회자되는 '보통화'의 길도 아니라고 생각합니다. 특히 일본의 그런 조건은 한국과 다르며, 한국에서는 그런 사상적 가능성을 구하기가 어렵습니다.

쑨거　하지만 한국에도 미군이 주둔하고 있으니, 그런 가능성을 상정할 수 없는 건 아니지 않은가요?

당신이 말하려는 것은 서양에 식민화되지 않으려고 아시아의 식민자가 되었으며, 식민자로부터 벗어나는 과정에서 미국의 준식민지가 되었다는 악순환이 있다는 이야기죠. 분명 대동아전쟁과 같은 경험이 한국에는 없습니다. 그렇다고 해도 여기서 당신이 말하려는 문제의식이 무엇인지 잘 모르겠습니다.

윤여일　일본은 제국주의 침략에 이은 패전으로 미국의 군사적 점령 아래 놓였을 때 거기에 반대할 도덕적 정당성을 상실하고 말았습니다. 그런 조건 속에서 나라의 독립을 회복하고 일본인의 주체성을 기르려면 내셔널리즘에 어떻게 손을 대야 하는지가 곤혹스러운 문제가 됩니다. 다케우치 요시미는 그런 조건에서 출현한 사상가라고 생각합니다. 그것은 일본처럼 제국주의의 과정을 거치지 않았던 한국에서도, 일본과는 다른 근대화의 길을 걸었던 중국에서도 가질 수 없는 조건이며, 따라서 가능성의 조건이지 않을까라고 생각하는 것입니다.

가령 그 특유의 조건 속에서 가능한 사상적 모색의 한 가지로서 유럽산 이론에 근거해 자국의 내셔널리즘을 비판하는 것이 아니라 유럽산 가치 판단이 일그러져갔던 자신의 역사적 경험에 근거해 유럽이라는 척도를 역사화할 수 있는 것은 아닌지 생각해보는 것입니다.

쑨거　이제 알겠습니다. 서양과의 대립을 강조하고 있어서 다소 혼란스러웠습니다. 당신은 국가라는 주체를 굴절된 형태로 만들어온 경험을 지니는 사회에서 생산되는 사상에는 타국에는 없는 특수한 요소가 담겨 있는 건 아닌지를 탐구하려는 것이군요. 그러나 이 문제설정은 동양과 서양의 구도로 회수할 수 없을 것입니다. 구서독도 비슷한 상황이었습니다. 특히 진보적 사상의 생산과 관련해 말하자면 일본과 유사점이 많습니다.

문제제기는 무척 흥미롭지만 제대로 정리한다면 이런 이야기가 되지 않을까 싶군요. 근대라는 과정에서 폭력을 휘두르고 폭력에 휘둘려 침략의 길을 걷고 또 좌절한 나라가 낳은 사상은 그런 경험이 없는 나라의 사상과는 성질이 미묘하게 다릅니다. 그 차이를 어떻게 공유할 수 있을지는 현재 우리의 과제가 되겠죠. 그 과제를 진정 우리의 것으로 삼으려면 먼저 그 사회의 양심적 인간들이 끌어안은 고뇌를 함께 공유하고, 그들이 내놓은 사상의 윤곽을 제대로 그려내 거기서 새로운 요소를 발견해야 합니다.

그 경우 내셔널리즘 문제가 전면으로 등장할지 모릅니다만, 내셔널리즘 논의가 모든 문제의 축이 될 필요는 없습니다. 내셔널리즘 비판도 마찬가지입니다. 일본이기에 가능한 사상성이란 오히려 직관의 위상에서는 아이덴티티가 성립되기 어려운 조건에서 구축되는 주체성, 그런 주체성에 관한 사상일 테죠. 그런 주체성은 분명 한국에도 중국에도 그다지 존재하지 않습니다. 다만 한 가지 지점에서는 공통성을 갖겠죠. 내셔널리즘이든 주체성이든 그것을 곧 국가와 포개놓는다면 반드시 배타적이 됩니다. 국가의 이익이 전제로 깔릴 때라면 그런 사고가 합리적인 것처럼 운운되니 더욱 경계해야 합니다.

중국의 내셔널리즘

윤여일　내셔널리즘 문제에 조금 더 천착하고 싶습니다. 다만 한국과 중국의 내셔널리즘으로 논의를 옮겨가고자 합니다. 다시 다케우치 요시미를 참조하겠습니다. 「국민문학의 문제점」을 보면 그는 내셔널리즘을 뭉뚱그리지 않고 '소박한 내셔널리즘'이라는 표현을 통해 '울트라 내셔널리즘'으로부터 민중의 생활 실감에 자리 잡은 민족주의적 요소를 끄집어내려 했습니다. 한편 아시아의 내셔널리즘에 대해서는 '올바른'이란 수식어를 달아 '올바른 내셔널리즘'이라고 부릅니다. 그리하여 일본의 소박한 내셔널리즘은 울트라 내셔널리즘이 아닌 아시아 민중의 올바른 내셔널리즘과 맺어져야 한다고 역설합니다.

　　「내셔널리즘과 사회혁명」에서도 이렇게 말합니다. "확실히 내셔널리즘에는 혁명과 결합하는 것과 반혁명과 결부되는 두 종류가 있고, 전자만을 올바른 내셔널리즘이라 해야 하겠다." 아마도 이런 구분은 내셔널리즘의 종류를 분류한 것이라기보다 내셔널리즘이 지닌 여러 면모 내지 기능을 섬세히 나눠본 것이라고 생각합니다.

　　다만 이 구절을 보면서 저는 생각했습니다. 식민지를 경험했고 어느덧 경제 강국으로 발돋움한 한국에서는 울트라 내셔널리즘, '울트라'라는 표현이 지나치다면 대외팽창적 내셔널리즘과 대중의 생활 실감에 어려 있는 '소박한 내셔널리즘', 그리고 독립운동과 민주화운동을 거치며 역사적 자산으로 길러온, 다케우치 요시미의 표현에 따르면 '올바른 내셔널리즘'을 구분하는 일이 무척 어렵지 않은가라고 말입니다. 그것들은 결에 따라 섬세히 구분되지 않아서 소박한 내셔널리즘이 팽창지향적 내셔널리즘으로 쉽사리 번져가거나, 아니면 팽창적이되 배타적인 내셔널리즘에 관한 비판 속에서 소박한 민족감정이 경시되거나 '올바른 내셔널리즘'이 함께 내버려지는 경우가 발생하는 것 같습니다. 거꾸로 한국인은 자신들의 내셔널리즘이라면 올바르다는 과신으로 인해 소박한 내셔널리즘이 팽창지향적 내셔널리즘으로 흘러가도 자각이 약한 것처럼 보입니다.

여기서 화제를 아까 미처 듣지 못한 중국의 내셔널리즘으로 옮기겠습니다. 초보적인 질문이 될 텐데, 제게는 중국의 내셔널리즘을 이해할 만한 자료와 경험이 별로 없기 때문입니다. 올해 티베트와 성화 릴레이와 관련된 사태가 발생했을 때 외신의 중국 보도 방식에 분개하는 중국인을 두고 한국의 언론들은 "관제 내셔널리즘"이라고 보도했습니다. 하지만 티베트 사태가 국제적 문제이자 중국이 안으로 품고 있는 문제임을 감안한다면, 그처럼 단순하게 접근해서는 안 되겠죠. 그 경우에 한국 언론은 내셔널리즘에 관한 자신의 얄팍한 이해를 고스란히 중국에 적용하고 있다고 생각합니다. "인식하는 측의 모순"인 셈입니다.

그러나 어떤 의미에서 한국의 내셔널리즘은 중국의 내셔널리즘과 마주서는 일을 피해왔다고도 보입니다. 단순화한다면 한국의 민족주의는 특히 일본(혹은 미국)과의 관계에서 내셔널리즘을 재생산해왔습니다. 적어도 최근의 미디어를 보면 일본은 북한을, 그리고 관계가 바뀔 기미가 보이기는 하지만 북한은 미국을 자국의 내셔널리즘을 추동하는 적대국으로 삼아왔기 때문에, 이 회로 안에서 한국이 중국의 내셔널리즘과 정면으로 마주하는 일은 냉전기 이후에 몇 가지 사건을 제외한다면 회피되어왔다고 생각합니다.

하지만 근래 경제적 측면에서 한국에게 중국은 미국만큼 중요한 교역국이 되고 교류가 빈번해지자 중국에 대한 관심이 늘고 있습니다. 이것은 시대가 변화한 결과인데 중국을 이해하는 시각은 그 변화에 대응하지 못한 채 냉전기의 흔적이 농후해 변화하는 시대와 낙차를 보이고 있습니다. 중국의 내셔널리즘을 대하는 한국 언론의 보도 방식도 이런 낙차의 산물이라고 생각합니다.

저 자신도 중국의 내셔널리즘을 이해하기 위한 초보적 지식조차 갖추고 있지 못합니다. 그래서 우선 단편적이나마 선생님의 글에서 중국의 내셔널리즘이 언급된 대목을 찾아보았습니다. 먼저 선생님은 「동아시아는 역사를 공유할 수 있는가」라는 인터뷰에서 이렇게 발언하셨습니다.

이렇듯 중국의 내셔널리즘은 중국의 주변 나라처럼 역사 발전의 원동력이 되었다고 보기가 힘들며, 동시에 진정한 의미에서 비판의 대상이 되기도 어렵습니다. 그리하여 일본이나 한국에서 지식인들이 내셔널리즘 비판을 내놓아도 중국인은 그들과의 접점을 찾아내기가 좀처럼 쉽지 않습니다.

그 이유를 「기억 속의 아시아」에서 찾아본다면 중국에서는 "'국민'과 '인종' 사이에 절단면이 존재하며, 역사적으로 말하면 '국민'과 '인종' 어느 쪽도 중국이라는 넓은 지역을 통합하는 힘이 될 수 없다"고 지적하신 곳에 있지 않을까 생각합니다. 선생님은 그 글에서 중국에서는 인종에 관한 상상이 대외적이고 배타적인 구심력이 되기는커녕, 내부 문제를 격화시키고 통치 질서를 뒤흔드는 요인으로 작용한다고 말씀하셨죠. 또한 중국에서의 내셔널리즘론, 특히 내셔널리즘 비판에 관해 이렇게 말씀하셨습니다.

> 일본에서 내셔널리즘 비판과 단일민족 신화의 해체 작업은 상당한 진전을 보였습니다. 하지만 중국인의 눈으로 보건대, 중국과의 커다란 차이는 일본에서는 국가 형태가 분해될 위험성이 없지만, 중국은 그런 위험성을 품고 있다는 점입니다. 일본에서는 국가가 분해되지 않으리라는 암묵적인 안전성의 전제 위에서 내셔널리즘 비판 등이 이루어집니다만, 중국의 경우는 내부의 다민족 관계가 있기에 거기서 일종의 딜레마 같은 입장이 형성됩니다.(「근대 천황제 터부의 구도」)

그러고 보면 인종과 민족이 각 사회에서 맡는 기능이 다르기 때문에 "한국에서 내셔널리즘은 이런데 중국에서는 어떻습니까"라는 질문 자체가 중국의 내셔널리즘을 이해하지 못하는 무지의 소산일지도 모릅니다. 그래도 중국에서 내셔널리즘이 현 상황에서 어떤 동향을 보이며, 사회 변화에서 어떤 기능을 맡고 있는지에 관해 역시 여쭙고 싶습니다.

쑨거　　이 문제에 관한 당신의 직감은 올바르다고 생각합니다. 한국인의 내셔널리즘 감각에 기댄다면 중국의 내셔널리즘 문제를 제대로 이해하기란 어려울 것입니다. 다만 당신은 중국의 내셔널리즘이 어떤 동향에 있으며 어떤 기능을 맡는지를 물었지만, 저는 그 문제를 그다지 연구한 적이 없어 기본적 이야기밖에 꺼낼 수 없겠네요.

일단 중국은 민족국가가 아닙니다. 굳이 말하자면 다민족국가입니다. 중국 안에서 가장 인구가 많은 한족조차 하나의 민족인가 아니면 무수한 민족의 연합체인가는 논의되어야 하며, 1920년대 이래 여러 학적 검토가 있었습니다. 그런 민족의 양상은 한반도나 일본 열도에는 존재하지 않습니다. 더욱이 까다로운 대목인데요, 50개가 넘는 민족이 뒤섞여 살아갑니다. 말끔한 형태로 공존하는 것이 아닙니다. 대략적으로야 구분할 수 있겠지만, 현실에서는 혼재해 있습니다. 그 토양에서 근대국가라는 정치 체제와 사회의 느슨한 연결망이 구축되었는데, 그것의 기능은 아직 제대로 연구되지 않았습니다. 이제껏 중국의 문제는 유럽 민족국가의 틀에 비추어 분석되어온 까닭에 아무래도 유럽에 못 미치는 곳이 강조되기 십상이었습니다. 내셔널리즘 문제 역시 '어디가 결여되어 있는가'라는 시선에서 포착된 문제이곤 했습니다.

우리는 먼저 중국의 내셔널리즘이 민족과 어떻게 관계하는지를 탐구해야 합니다. 누구도 중국에 내셔널리즘이 없다고는 말하지 않겠죠. 분명 내셔널리즘의 현상이 있습니다. 그 경우 내셔널리즘은 국가, 즉 중국으로 표상됩니다. 물론 소수민족 가운데는 민족의 형태로 주체성을 내세우려는 움직임이 있지만, 중국 내셔널리즘을 말할 때는

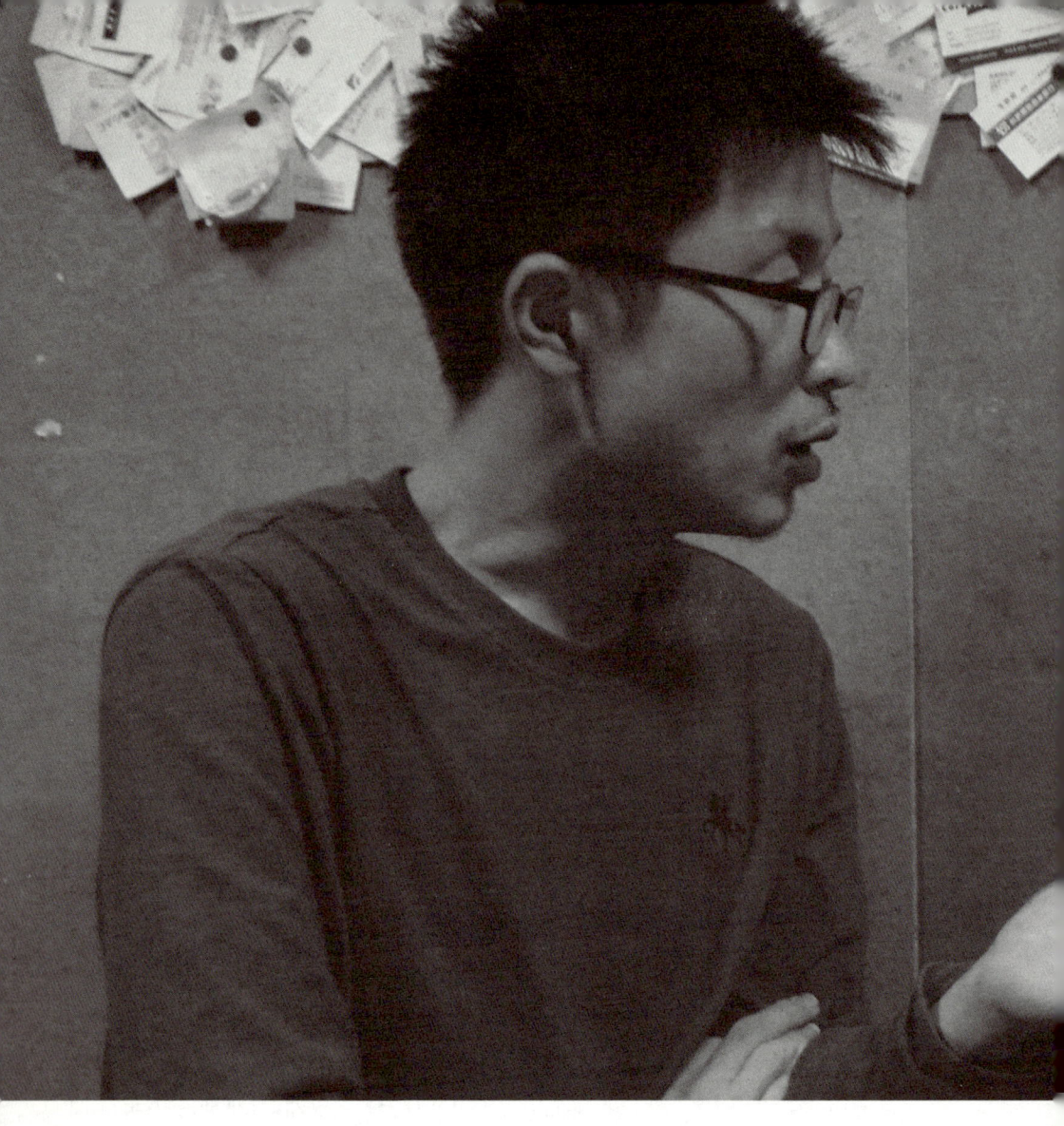

"식민지를 경험했고 어느덧 경제 강국으로 발돋움한
한국에서는 대외팽창적 내셔널리즘과 대중의 생활 실감에
어려 있는 '소박한 내셔널리즘', 그리고 독립운동과
민주화운동을 거치며 역사적 자산으로 길러온,
다케우치 요시미의 표현에 따르면
'올바른 내셔널리즘'을 구분해내기가 무척이나 어렵습니다."

"중국에서 내셔널리즘이 얼마나 뿌리 깊은지에 관해서라면
신중해야 합니다. 물론 중국에는 반일 내셔널리즘이 있으며,
때때로 표면으로 분출합니다. 그러나 그 기운이
바깥으로만 발산되지는 않습니다. 안을 향해 사회 개혁을
초래하기도 합니다. 따라서 내셔널리즘이 곧
국가주의라고 여겨서는 안 됩니다."

대체로 국가와 겹치는 지점이 부각됩니다. 그때 내셔널리즘은 대체 어떻게 기능할까요? 한 가지는 국가주의 흐름 속에서 편성되는 내셔널리즘이 있습니다. 다른 나라에서도 보이는 현상입니다. 그런 내셔널리즘 현상이 있다는 건 부정할 수 없는 사실이죠.

　　다만 중국에서 내셔널리즘이 얼마나 뿌리 깊은지에 관해서라면 신중해야 합니다. 적어도 일본의 내셔널리즘만큼 중국의 내셔널리즘이 뿌리 깊다고는 말하기 어렵습니다. 반일 내셔널리즘이 있으며, 올해 세계 곳곳의 언론이 중국을 비판하자 거기에 반발하며 중국 내셔널리즘이 표면으로 분출했습니다. 그러나 이런 기운이 바깥으로만 발산되지는 않습니다. 따라서 내셔널리즘을 국가주의로 일원화해서는 안 됩니다. 나아가 내부에는 민족 간 관계가 있으며, 민족에 따라 국가와 맺는 관계도 달라집니다. 따라서 분명히 말하건대 중국의 전체 상황을 파악하고자 할 때 중국 내셔널리즘이라는 카테고리는 그다지 기댈 만한 것이 못 됩니다.

윤여일　　방금 말씀 가운데 바깥으로만 발산하지는 않는다는 것은 어떤 의미인가요?

쑨거　　위를 향한 반발도 있다는 뜻입니다. 5·4운동은 그런 움직임의 전형이었습니다. 애초 일본에 대한 항의로 등장했지만, 곧 중국 군벌정치에 대한 반발로 번져나갔습니다. 어떤 의미에서 내셔널리즘 운동이었지만 국가주의는 아니었던 것이죠. 오늘날 반일 시위를 보더라도 거기서는 반드시 중국 정부를 비판하는 목소리가 나옵니다. 따라서 반일 시위가 발발하면 중국 정부는 그 동향에 편승하는 것이 아니라 민간의 소리에 귀를 기울여야 합니다. 그런 사회적 정치 구조가 만들어지고 있습니다. 이처럼 중국에서 국가와 내셔널리즘 사이의 긴장 관계와 공범 관계는 복잡하게 얽혀 있는지라 간단히 다뤄서는 안 됩니다. 올해는 티베트 사태가 발발하자 다민족 공생이 화두로 부상하기도 했습니다. 현재 다민족 사이의 관계를 염두에 두는 것은 중국을 인식하고자 할 때 핵심이라고 생각합니다.

세대라는 사고의 요소

윤여일   이제 화제를 옮기겠습니다. '역사에 진입한다'는 오늘의 주제와 관련해 여쭙고 싶은 또 하나의 문제는 '세대'에 관한 것입니다. 사회학적 범주인 동시에 사고의 한 가지 요소인 세대입니다. 이 질문을 드리는 까닭은 선생님의 연구에는 일종의 '세대 의식'이 깔려 있다고 보이기 때문입니다. 즉 앞 세대가 해결하지 못한 과제를 이후 세대가 자신의 조건 속에서 계승하고, 그것을 좀 더 생산적인 형태로 가다듬어 다음 세대에게 물려준다는 자각을 가지고서 작업하고 계신다는 인상을 받았습니다. 이렇듯 선생님과 대화를 나눌 기회가 제게 주어진 깃도 선생님의 그런 면모를 보여주는 사례가 아닐까 생각합니다.

세대는 감정기억에서도, 내셔널리즘을 다룰 때도 몹시 중요한 요소일 것입니다. 전쟁 체험자들이 돌아가시고 세대가 바뀌면 식민지 문제와 전쟁 체험을 다루기란, 더욱이 사상적으로 다루기란 더욱 어려워지는 듯합니다. 실감도 엷어질 테죠.

아니 그보다 이따금 동아시아 이웃 나라들 사이에 마찰이 발생하여 과거가 활용되는 방식을 보면 과거 자체가 점점 형해화되는 것 같습니다. 적어도 인터넷에서 과거사가 들먹여지는 방식을 살펴보면 그런 느낌이 강합니다. 이 대목에서 선생님께서는 세대에 따라 달라지는 실감의 양상, 그리고 엷어지는 기억의 문제를 어떻게 사고하고 계신지 여쭙고 싶습니다. 세대가 바뀌어 문제도 해결되지 않은 채 떠내려가는 것이 아니라 좀 더 생산적인 형태로 문제를 빚어내려면 어떤 사고의 절차가 요구되는지, 그리고 선생님의 사유에서 세대라는 요소는 어떤 의미를 지니는지 알고 싶습니다.

쑨거　　그러니까 세대를 어떻게 사고하는가 하는 질문이군요. 저는 세대를 인간의 교체와 사회의 변화라는 양 측면에서 이해하고 있습니다. 아이로 태어나 성인이 되고 나이가 들어 죽는다는 것은 인간으로서 피할 수 없는 숙명입니다. 따라서 세대의 교체도 피해갈 수 없습니다. 그러나 생물학적 의미에서만 생각한다면 충분치 않습니다. 세대교체를 사상사의 과제로 사고한다면, 그것이 사회의 변동임을 주목해야 합니다.

우리는 종종 '세대 사이의 도랑'이라는 표현을 사용하죠. 즉 윗세대와 아랫세대 사이에는 단절이 생깁니다. 그런데 단절은 왜 생길까요? 아랫세대는 "윗세대는 나이를 먹었다. 이미 낡았다"고 말할 테며, 윗세대라면 "아랫세대는 아직 어려서 뭘 모른다"고 말하겠죠. 그때 실은 중요한 한 가지 요소가 간과되고 있습니다.

세대는 사회와 함께하지 않는다면 세대일 수 없습니다. 사회는 세대에 의해 구성되며 항상 바뀌어갑니다. 바뀔 때마다 구조적으로 가치관도, 살아가는 방법도 변합니다. 세대가 다른 사람들은 삶의 방식도, 살아가는 수단도, 취미도 다르겠죠. 젊은 세대도 나이를 먹으면 다음 세대와 비슷한 관계에 들어섭니다.

어째서일까요? 거기에는 일종의 상호작용, 순환작용이 있습니다. 사회는 인간이 만들며, 사회의 가치관과 운영 방식도 인간이 떠받치고 있습니다. 어느 시기에는 상대적으로 안정을 유지하며 사회가 변하기도 하지만, 시간의 흐름에 따라 가치는 반드시 변경되어갑니다. 이 사실을 인간 집단으로 옮겨와서 풀이한다면, 세대의 교체를 의미합니다. 새로운 세대와 함께 새로운 가치가 등장합니다. 세대는 단순히 생물학적 연령의 차이가 아닌 것입니다.

이를 인식한 다음에야 우리는 버거운 도전에 나설 수 있습니다. '세대를 넘어선다, 세대 간의 도랑을 건넌다'는 도전입니다. 어디서 넘어설 수 있느냐면, 인식론의 위상에서 넘어설 수 있습니다. 아마 당신이 흥미를 갖는 오락에 저는 그다지 흥미를 느끼지 못할 것입니다. 그러나 당신 세대의 사회적 가치관과 살아가기 위한 고민, 혹은 사회 체계를 제어하는 방식에 관한 사고라면 저도 열심히 노력해 공유할 수 있겠죠. 그것은 세대에 관한 이해이자 사회 변화에 관한 이해입니다. 그러한 이해력을 갖추지 못한다면 역사로 진입할 수도 없습니다. 세대 간 관계는 어떤 의미에서 현재와 역사의 관계와 구조적으로 닮아 있습니다.

세대 간의 도랑을 넘어서려는 도전이 어느 날 갑자기 실현되지는 않겠죠. 나날이 축적해나가야 언젠가 축적의 결과가 형태를 얻으리라 생각합니다. 구체적으로 말하자면, 세대의 교체는 매일 진행되고 있으니 그 변화를 민감하게 성찰하고 나름의 판단을 내려야 합니다. 새로운 가치는 낡은 가치로부터 싹 트지만, 낡은 가치를 부정하는 모습으로 자라납니다. 자기부정을 하면서 자신이 지켜온 가치를 버리지 않고 재생시키는 것, 이것이 세대 간의 도랑을 넘어서야 할 가장 진실된 이유일 것입니다.

윤여일　선생님께서 글을 쓰실 때 세대에 관한 의식은 글에 어떻게 반영되나요?

쑨거　분명 당신이 말했듯이 다음 세대를 위해 정돈하는 역할이 제 작업의 위상이라고 이해하고 있습니다.

윤여일　그 경우 표현을 조절하시는 경우가 있나요? 가령 이 글은 좀 더 젊은 세대에게 읽히기를 바라는 마음에 그에 맞춰 표현을 고르시는 것처럼요.

쑨거　그렇게 생각한 적은 없습니다. 제 글이 젊은 사람을 향해 작성되었다고 해서 나이가 많은 사람에게는 읽을 마음이 생기지 않는 일은 없을 것입니다. 동세대 사람을 향해 쓸 작정이었는데 젊은 세대가 열심히 읽어주기도 했습니다. 독자에 따라 표현 방식을 고른 적은 없습니다.

"새로운 가치는 낡은 가치로부터 싹 트지만,
낡은 가치를 부정하는 모습으로 자라납니다.
자기부정을 하면서 자신이 지켜온 가치를 버리지 않고
재생시키는 것, 이것이 세대 간의 도랑을 넘어서야 할
가장 진실된 이유일 것입니다."

애초에 저는 "세대가 다르면 이해하기 어렵다"고 생각하지 않습니다. 인간이 서로 통하는가는 나이가 결정하지 않습니다. 고민의 깊이가 결정합니다. 나이는 부차적입니다. 저는 사고하고 고민하는 사람들을 위해 씁니다.

전통과 논쟁

윤여일　　오늘의 마지막 질문이지 싶습니다. 세대에 이어 '전통'에 관해 여쭙고자 합니다. 이 경우 전통은 지나간 과거라는 의미가 아닙니다. 오히려 현재를 어떻게 '전통'화할 수 있는가라는 문제의식에서 여쭈려고 합니다. 아울러 전통의 형성이라는 각도에서 논쟁과 비판이라는 지적 양식을 재검토해보고 싶습니다.

　　다케우치 요시미의 글을 읽으면서 받은 인상입니다만, 그는 전통에 관해 이중적 작업을 수행했다고 보입니다. 우선 "불 속에서 밤을 줍는" 시도를 통해 지나간 역사 속에서 실현되지 못한 가능성을 길어올리려 했습니다. 하지만 이때 전통은 그저 과거의 것이 아니라 현재의 문제의식 속에서 복잡한 전환을 거쳐야만 계승 가능한 무엇, 때로는 혁명의 에너지로 이어진다고 여긴 것 같습니다. 앞서 선생님의 글에서 인용한 대목인데 "역사는 지금 여기 있는 주체의 힘을 통해서야 비로소 존재하며, 또한 지금 이곳의 주체가 고도로 긴장된 위기의식을 지녀야만 비로소 순간 속에서 전개되어 주체가 역사 속으로 진입할 수 있다"라는 문장에서 '역사' 대신 '전통'을 집어넣어도 이 문장은 성립하지 않을까 생각합니다.

동시에 그는 현재를 전통화하고자 노력했습니다. 그가 국민문학론에 참가하며 취한 자세나 안보투쟁 시기에 '전쟁 체험의 일반화'를 시도한 것도 이런 이중적 작업의 산물이라 여겨집니다. 여기서 저는 후자, 즉 "현재를 전통화한다"는 문제의식을 비판이나 논쟁이라는 지적 실천과 결부해 사고해보고 싶습니다. 지금의 지적 실천이 생산성을 품고 훗날 되살릴 만한 요소를 지니려면 논쟁과 비판에서 어떤 자세가 필요한지를 탐구해보려는 것입니다.

다케우치 요시미의 글은 그 자신이 『루쉰』에서 표현했듯이 "태반이 논쟁의 글자"였습니다. 그는 논쟁이 갖는 역사적 '기능성'에 주목했던 것 같습니다. 논쟁의 복잡한 편성은 개별 저작에서는 나오기 힘든 문제를 토해내며, 거기서 사상은 성숙할 기회를 얻습니다. 또한 국민문학론에 개입하는 모습을 보건대 다케우치 요시미는 논쟁에서 어떤 기본적 자세를 유지했습니다. 논쟁이 전문화되지 않도록 경계하고, 대중과 어떻게 생산적 논점을 공유할 수 있는지를 고민하며, 기본적 논점을 움켜쥐고 논의가 지엽말단으로 흐르지 않도록 경계했습니다. 반면 이기고 지는 일에는 그다지 구애받지 않았습니다. 상대가 자신과 다른 입장을 피력하더라도 상대의 입장이 어디서 연원하는지, 상대의 고민을 헤아리려고 애썼습니다. 상대가 내놓은 비판을 무겁게 받아들이고 비판이 글렀더라도 비판을 꺼낸 동기의 가치를 무시하지 않았습니다.

그래서 논쟁 국면에서 다케우치 요시미가 내놓은 글을 보면 독특한 인상을 풍깁니다. 자신의 심경은 잘 드러나는 대신 상대를 가르친다는 느낌이 없습니다. 이 점은 중요하다고 생각합니다. 논쟁에 참여할 때 상대를 가르치려는 태도는 자칫하면 논쟁 상황을 위에서 내려다보는 식이 되어 논쟁이라는 담론 공간에 관한 의식은 옅어지고 자칫 이론과 개념 위주의 논의로 흐를 수 있기 때문입니다. 그리되면 논쟁은 대중과의 접점을 찾지 못한 채 지식으로 무장한 현학적인 전장이 되고 맙니다.

한편 선생님의 글은 비판적 성격이 강합니다. 제가 보기에 그런 작업에 나설 때 선생님은 비판의 주체가 그 비판 행위로 전혀 상처 입지 않는 비판을 경계하고 계신다고 생각합니다. 비판은 하되, 그 비판으로 자신은 다치지 않도록 안전한 곳으로 피신한 채 내놓는 비판입니다. 비판 행위로 비판의 주체 자신이 변화할 수 있는지 여부는 비판의 옳고 그름으로 따질 수 없습니다. 비판 대상 안에 비판의 주체가 내재하는지가 관건이며, 이때는 비판의 타당성이 아닌 비판의 윤리성이 문제로 부상할 것입니다. 그리하여 선생님의 '비판'은 상대를 부정하거나 상대의 잘못을 들춰내 자신의 정당성을 세우는 식이 아닙니다. 또한 사후적 지식이나 정치적 올바름에 기초한 비판도 거부하고 계십니다.

저의 짐작입니다만, 다케우치 요시미가 논쟁하는 태도나 선생님께서 비판을 내놓는 방식에는 오늘의 주제인 "역사로 진입한다"는 문제의식이 깔려 있지 않은가 합니다. 달리 표현하면, 지금 하고 있는 자신의 활동은 결코 결론이 될 수 없으며, 그것은 역사의 유구한 과정에 속해 있을 뿐이라는 자각 속에서 자신의 지적 실천을 전통의 생산적 요소로 새기려는 의지가 깃들어 있는 것입니다.

논쟁과 비판이란 여느 학술 연구 방식과 달리 물음을 조형해 시대에 남기는 작업입니다. 물론 논쟁과 비판에 원래 그런 기능성이 있다기보다는 거기에 임하는 자의 문제의식과 태도에 의해 그런 효과가 발생하는 것이겠죠. 제게 선생님과 다케우치 요시미의 흔적은 그 기능성을 실증하는 사례로 보이는데요.

쑨거 오독은 아니지만, 그러한 조합에는 다소 의문이 듭니다. 전통화에 관한 당신의 이해는 올바릅니다. 전통은 만들어내야 하는 것입니다. 과거 속에 놓인 것도 되살아나지 않으면 전통이 될 수 없습니다. 되살리는 것은 현대인의 몫입니다. 거기서 현재와 전통의 관계가 발생합니다. 그 점에 관한 당신의 이해에는 동의합니다.

다만 현재의 전통화를 위해 논쟁하거나 비판해야 한다, 혹은 자신의 안정성과 정당성을 두고 떠나지 않으면 안 된다는 이야기에는 비약이 있습니다. 역사로 진입하거나 역사를 만들어내는 수단으로서는 유효하겠지만, 이런 형태로는 논쟁과 비판의 필연성을 입증해낼 수 없습니다. 비약이 심합니다. 전혀 다른 두 가지 문제입니다.

윤여일 저는 가령 논문, 평론, 논쟁, 비판, 선언문 작성 등은 지적 생산에서 조금씩 다른 역할을 맡는다고 생각합니다. 논쟁은 한 가지 화두를 여러 논자가 공유하고 논쟁 과정을 거쳐 화두의 입체감을 살려내 사상계에 묵중한 물음을 제공할 수 있는 기능성을 갖습니다. 제가 이처럼 무리하게 물음을 지어낸 것은 역시 지금 저의 고민에서 비롯된 것이니 그 대목을 밝혀둬야 할 것 같습니다. 그것은 제가 아카데밀한 논문 작성법에서 느끼는 불편함에서 연원한 물음입니다.

논문은 문제를 던지고 증명하고 답에 이르는 과정을 보여줍니다. 하지만 실상 그 과정은 종종 거꾸로 진행됩니다. 자신이 예비해둔 답이 먼저 있고, 그 답에 맞춰 물음을 가공합니다. 그리하여 답이 물음을 구속합니다. 답할 수 있는 물음만을 꺼내게 되는 것입니다. 그래서 이것저것 자료를 가져와 힘들게 짜내는 본론의 증명 과정은 결국 이미 아는 내용을 확인하는 일이 되고 말며, 그러한 문답의 구도 속에서 연구 대상이 지닌 복잡함과 입체감은 가려지곤 합니다. 그 결과 이따금 답보다도 중요한, 답할 수 없는 물음을 논문에서는 피하게 됩니다.

하지만 논쟁은 때로 시대를 가로지르는 물음을 남기기도 하며, 그 물음이 답보다 역사에서 오래 살아남는 경우도 있습니다. 개별 연구처럼 홀로 치솟는 것이 아니라 널리 퍼져나갑니다. 논쟁의 그런 기능성을 살려낸다면 지금의 쟁점을 계승할 만한 사상적 형태로 연마해놓는다는 의미에서 전통감각과 관련되지 않을까 생각했던 것입니다.

쑨거   그렇다고 해도 문제를 이런 방식으로 꺼내는 것은 위험성이 있습니다. 당신은 논쟁을 중시하지만, 논쟁 주체에 관해서는 그다지 언급하지 않고 있습니다. 다케우치 요시미의 이름을 거론했지만, 초점은 논쟁에 맞춰져 있습니다. 아주 시시한 논쟁도 많죠. 따라서 논쟁에 초점을 둬서는 안 될 것입니다. 우리의 수업에서도 자료를 읽으며 느꼈겠지만 논쟁은 대개 불모합니다. 논쟁이 직접 사상을 낳지는 못합니다. 논쟁은 사상을 생산하는 한 가지 매개일 뿐 목적이 될 수 없습니다. 비판 역시 그렇습니다. 목적이 될 수 없습니다. 상대가 아닌 자신의 사상성을 되묻는 비판도 유의미한 사상을 생산하리라는 보장은 없습니다.

따라서 뒷부분에서 문제를 제기하는 방식은 성급니다. 특히 앞부분의 전통을 형성한다는 논점으로부터 비약이 심해 문제제기로서 산만합니다. 될 수 있다면, 논쟁으로 어떤 가능성이 만들어지는지를 다른 맥락에서 새롭게 논의하는 편이 좋을 듯싶습니다.

윤여일　그렇다면 끝으로 선생님 자신은 논쟁이라는 방식의 사상적 가능성을 어떻게 사고하고 계신지 여쭙고 싶습니다. 선생님과의 수업에서 '아즈마 시로 사건', '국민문학 논쟁', '쇼와사 논쟁' 등 과거의 논쟁을 함께 검토한 적이 있습니다. 그 시간에 제가 특히 흥미를 느꼈던 대목은 현재의 시점에서 논쟁을 사상의 자원으로 삼아 갈무리할 경우에는 논쟁에 참가했던 각 논자의 개별성보다 논점이 이행하는 양상이 부각된다는 사실이었습니다. 즉 논자가 아니라 논점을 단위로 관점을 만들어낼 수 있는 것입니다.

과거의 논쟁을 대할 때 역사의 뒤에 온 자는 그 논쟁에 참여할 수 없을 뿐더러 논쟁 국면의 긴장감을 느끼기도, 논쟁이 사회로 어떻게 파급되는지를 알아내기도 어렵습니다. 대신 그런 제약에도 불구하고 논쟁의 당사자와 달리 논쟁의 전체 과정을 조망하는 시점을 얻을 수 있습니다 그 경우 보다 사상적으로 값하는 것은 논쟁에서 누가 이기고 졌는지가 아니라, 얼마만큼 생산적으로 전개될 가능성이 있는 논점이 제출되고, 실제 논쟁 과정에서 그 가능성이 얼마나 실현되었는가입니다. 바로 논쟁의 기능화인 셈이죠.

그런데 그런 시점을 논쟁의 당사자가 가질 수 있을까요? 다시 말해 지금 논쟁에 참여하면서도 역사적 시점에서 자신의 위치와 자기 발언의 의미를 헤아리는 것이 가능할까요? 이것은 또 다른 의미에서 "역사로 진입한다"는 시도일 것입니다. 물론 그때의 역사란 지나간 역사가 아니라 도래할 역사입니다. 앞서 말씀드렸지만, 저는 다케우치 요시미에게서 그 가능성을 본 듯합니다. 다케우치가 보여준 논쟁감각은 논쟁에 실제로 임한 상황에서만 요청되는 것이 아니라 논쟁과는 다른 지적 양식으로 사색하고 글을 쓸 때도 긴요하지 않을까 생각했습니다.

여기서 질문입니다만, 선생님은 논쟁의 당사자였던 경험이 있습니다. 지금 벌어지는 논쟁을 훗날을 위한 자원으로 남기려면 논쟁 상황의 한복판에서 자신을 논쟁의 자원으로 삼으려는 시도에 나서야 하지 않을까요? 루쉰도 다케우치 요시미도 논쟁 속에서 자신을 자원으로 삼았습니다. 달리 표현하면 의식적으로 자신을 해체해갔습니다. 루쉰이나 다케우치 요시미에게는 논쟁에서 입지를 구축하거나 우위를 점하는 것보다 자신을 논쟁의 자원으로 삼아 그 논쟁을 사상사적 자원으로 남기는 일을 더욱 중시했습니다. 아울러 선생님도 그 과정을 의식하고 계시리라는 짐작에 말씀을 듣고 싶습니다.

쑨거   아주 값진 물음입니다.

먼저 논쟁과 논쟁을 다룬 연구는 당연히 다릅니다. 논쟁을 다루기 위해 논자가 논쟁 속으로 들어가다보면 한쪽으로 치우치기 십상입니다. 반면에 공정하게 대하려다보면 몸을 바깥에 두고 강 건너 불구경

하듯 논하며, 논쟁 당사자 개개인의 '한계'를 비판하기 쉽습니다. 양쪽의 편향을 모두 극복하려면 상당한 자각이 필요합니다. 논쟁의 당사자와 다른 각도에서 논쟁에 "휘말려야" 합니다. 한마디로 논쟁 안에서 논쟁을 역사화하는 것이죠.

당사자와 다른 각도라 함은 연구자가 논쟁의 당사자를 아무리 존경하든 꺼려하든, 상대가 논쟁에서 보여준 자세를 당시의 상황에 근거해서 이해해야 한다는 뜻입니다. 당시의 상황에서는 오늘날과 그 의미가 전혀 다를 수 있겠죠. 또한 상대가 논쟁에 가담하면서 주목했던 주제는 오늘날 우리에게 그다지 중요하지 않을지도 모릅니다. 따라서 논쟁 속의 인물을 다루려면 당연히 상대와는 다른 각도에서 접근해야 합니다. 논쟁은 어디까지나 하나의 구조며, 개인과 개인 사이의 대항 관계나 교착 관계야말로 반드시 짚어내야 할 대목입니다. 당사자에게는 거의 불가능한 작업이죠.

그리고 논쟁의 연구자가 아닌 당사자로 시선을 옮겨 말하자면, 제가 루쉰과 다케우치 요시미를 흉내 내기는 어렵습니다. 양질의 논쟁자는 확실히 승패보다 문제의 전개 양상을 중시합니다. 그런 사람은 몹시 드물죠. 논쟁에 이런 당사자만 모여 있기란 거의 불가능합니다. 승부에서는 무심결에 승패가 목적이 되며, 이것은 바로 논쟁의 질을 떨어뜨리는 근본 원인입니다.

당신은 중요한 발언을 했습니다. "논쟁 속에서 자신을 자원으로 삼는다"고 말이죠. 그 시도는 대체로 논쟁 상대의 협력을 얻지 못해 성사되기 힘듭니다. 그러나 그 시도가 바로 해당 논쟁이 유산이 될 수 있는지를 거의 결정한다고 말할 수 있습니다. 논쟁의 당사자 가운데

한 명이라도 '자원화' 해내는 소질을 가진 자가 있다면, 논쟁 자체를 구해낼 수 있습니다. 만약 훗날의 연구자가 논쟁을 구해내려면, 거기에는 상당히 버거운 절차가 따르겠죠.

윤여일 여기서 선생님의 논쟁 경험도 듣고 싶지만, 이미 많은 시간이 흘렀습니다. 오늘은 이만 정리할까 하는데 어떠신가요.

쑨거 그래야겠군요. 고생했어요.

윤여일 오늘도 귀한 시간을 내주시고 많은 가르침을 주셔서 감사드립니다. 저로서는 이번 대화가 수업의 연장처럼 느껴져서 행복합니다.

쑨거 이렇게 준비하느라 당신도 참 힘들었겠네요. 덕분에 저도 고생했어요. (웃음)

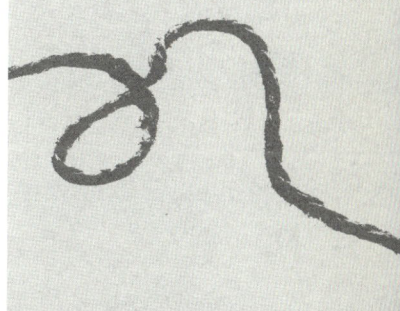

네 번째 대화

동아시아라는 사유공간

윤여일　이제 마지막 시간입니다. 오늘은 아시아 혹은 동아시아에 관한 문제의식을 대화의 주제로 삼고자 합니다. 선생님께서는 중국의 학자들 가운데 드물게 한국에서 동아시아 논자로 소개되었습니다. 선생님의 글은 동아시아를 지리적 실체가 아니라 문제의식의 지평으로 사고하려는 한국 사상계의 수요에 조응하여 주목을 모았습니다.

그러나 선생님의 사상 역정에 비추어 보건대 동아시아론 자체가 선생님께 가장 중요한 위치를 차지한다고 보이지는 않습니다. 차라리 선생님께서는 현실 분석과 역사연구의 장으로서 동아시아라는 지평을 필요로 하신다고 보입니다. 따라서 선생님의 동아시아 사유에서 진정한 의의를 읽어내려면 '(동)아시아라는 사유공간'이라는 발상 내지 결론을 그대로 취하기보다는 선생님의 어떤 고민과 고투 속에서 동아시아라는 문제의식이 움텄는지, 그런 사상 역정의 전체상에 육박하는 노력이 요구될 것입니다. 미흡한 대목도 있었지만 지금까지 대화를 통해 그 밑그림은 얼마간 그려냈다고 생각합니다.

그런 의미에서 오늘의 주제인 '동아시아 사유'는 이제까지 살펴보았던 인식론, 문화 간 교류 등의 주제가 적용될 수 있는 장으로서 특별한 가치를 갖습니다. 왜냐하면 이 지역을 살아가는 이들에게 '동아시아'를 이해한다 함은 자기가 포함된 타자 인식에서 출발하지 않을 수 없는 까닭입니다. 동아시아라는 사유공간에서는 인식 주체와 대상 혹은 타자가 매개 없이 동떨어져 있는 것이 아니라 유동적 상황 속에서 한데 얽혀 있습니다. 다른 지적 행위도 마찬가지겠지만 혹은 그래야 하겠지만, 대상에 대한 인식이 대상을 거쳐 자신에게로 되돌아옵니다. 따라서 1부에서 다뤘던 인식론의 문제가 좀 더 강한 현실감을 가지고 육박해오리라 생각합니다.

선생님께서는 「아시아라는 사유공간」에서 이렇게 말씀하셨습니다. "나는 시간이 흐를수록 아시아에 대한 일체화 역시 국족에 대한 일체화와 마찬가지로 실체화의 단계를 넘어선 다음에야 비로소 효과적으로 사람과 세계 사이의 관계를 변혁할 수 있음을 깨닫게 되었다. 실제로 내게 아시아는 결코 단순한 명칭에 불과하지 않다. 또한 서구에 대한 나의 태도만을 의미하지도 않는다. 그것의 매력은 '문화 간'에 대한 논의에 새로운 공간감각을 확보해준다는 데 있다."

선생님께서는 문화적 구획의 틀을 추궁하는 장소를 사유의 한 가지 거처로 삼고 계십니다. 그리하여 외래문화를 국내문화 바깥에 존재하는 실체로 여겨 복수의 문화적 대표자가 상호 공존하는 우호적인, 그러나 허구적인 문화 교류의 이미지를 문제 삼으셨습니다. 또한 (동)아시아라는 지역적 범주는 유럽이나 서양에 대한 대립쌍이라고도 간주되지만, 동아시아 내의 나라마다 규모도 다르고 근대화가 진행된 과정도 다르기에 지역을 바라보는 감각의 차이도 발생한다고 지적하셨습니다. 따라서 동아시아에 관한 논의는 2부에서 다뤘던 상호인식의 문제의식을 좀 더 구체화시킬 수 있는 매개가 되리라고 기대합니다.

아울러 선생님께 동아시아라는 사유공간은 이 지역 나라들 사이의 뒤얽힌 역사 속에서 복잡한 감정기억의 문제를 다루고, 동시대사를 포함한 역사로 진입하기 위해 지식의 감도를 되묻는 장이라고도 여겨집니다. 선생님께서는 역내 국가들 사이에서 섣불리 공동의 기획을 제시하는 것이 아니라 공동의 기획이 해결하지 못한 역사 문제와 얼룩진 민족감정에 발목 잡혀 있다면, 그런 역사적 균열과 감정의 틈을 직시하는 데서 동시대사의 문제를 비롯한 역사적 과제에 진입하려 하고 계십니다. 이처럼 역사적 상황의 복잡함을 복잡함으로서 드러내고 직시하는 것이 선생님께는 동아시아라는 지평이 필요한 또 하나의 이유라고 보입니다. 따라서 이 지점은 '역사로 진입한다'는 3부의 문제의식과도 맞닿아 있습니다.

한편, 동아시아를 지적 지평으로 삼을 경우 이론, 특히 서구 이론을 어떻게 운용해야 할지도 문제로 떠오르리라 생각합니다. 만약 특정한 역사적 맥락에서 도출되었을 서구 이론을 자명한 이론틀로 가져와 이곳의 상황에 적용하려 들면, 이론적 결론보다도 소중할지 모를 여러 요소가 걸러지고 말 것입니다. 선생님께서 세심하게 분석하시는 유동적 상황 속의 감각과 감정은 그 가운데 하나라고 여겨집니다. 바로 그런 요소를 어떻게 사유해야 하는가를 오늘의 논의를 통해 다시금 검토할 수도 있으리라 생각합니다. 그런 의미에서 지금껏 선생님과 나누었던 이야기를 갈무리하기에 (동)아시아는 좋은 '장'입니다.

쑨거 꽉 짜인 총괄이군요. 당신의 설명을 들으니 우리 둘의 대담이 4부로 나뉘면서도 어떻게 연결되어 있는지에 관해 "과연!"이라고 납득했습니다. 오늘의 화제는 동아시아군요. 확실히 제게 동아시아는 출발점도 목적지도 아닙니다. 그러나 몹시 소중합니다. 왜냐하면 연구 대상이 아니라 저 자신이 '살아가는 장'이기 때문입니다.

다만 이때의 '장'이란 눈으로 직접 확인할 수 있는 물리적 공간을 뜻하지 않습니다. 확실히 당신이 말한 '아시아 사유'의 공간입니다. 그것은 어딘가에 실체로 있는 것이 아니라, 우리의 정신 세계 안에서 존재합니다. 이런 사유공간 없이 물리적 공간만으로는 사상을 행할 공간을 마련할 수 없습니다.

동아시아 상상의 균열

윤여일　　그렇다면 이제 시작하겠습니다. 먼저 '동아시아 상상'의 균열에 관한 이야기로 본격적인 대화를 열어가죠.

동아시아란 말은 외래어였다는 흔적조차 희미해진 말 아시아Asia에 '동'東이라는 방위가 달린 개념인데요, 담론의 대상이자 통찰의 주제로서 빈번히 회자되고 있습니다. 그러나 동아시아라는 말은 담론 공간에서 무척 모호하게 사용된다는 인상입니다. 어떤 개념은 현실 대상을 지시하는 데 머물지 않고, 정의에 의해 의미의 외연이 정해지면서도 개념의 살아있는 부분 내지 잉여성이 유동하면서 사람들에게 복잡한 상상을 안깁니다. 그런 개념이 간혹 사회 현실의 여러 측면과 반응해 입체적인 담론 공간을 빚어낼 때 그것은 하나의 화두가 됩니다. 바로 동아시아라는 말은 그렇게 현재 하나의 화두로서 기능하고 있습니다. 기존의 학적 개념이 이 말과 반응하여 의미가 바뀌고 있습니다. 뿐만 아니라 동아시아라는 말은 사회 현실을 다양한 각도로 조명하여 동아시아론은 학술 쟁점 이상의 담론 효과를 발휘하고 있습니다.

한국의 학술계에서 동아시아론은 어느덧 주요한 담론 가운데 하나가 되었습니다. 그러나 '동아시아'라는 말을 통해 환기되는 문제의식은 멀리서 보면 다양하다고 하겠으나, 바짝 다가가서 내실을 들여다보면 여러 불균형한 갈등이 엿보입니다. 가령 한국의 연구물 안에서 동아시아는 하나의 문제의식이 전개되기 위한 전제로 오기도 하며, 문제 상황을 갈무리하는 결론 자리에 오기도 합니다. 문화연구에서는 현실의 면모를 새롭게 들추는 분석틀로 쓰이기도 하며, 때로는 마르크스주의가 힘을 상실하며 생긴 공백을 메우며 이념의 위상에 서기도 합니다. 현재 '동아시아'라는 지역적 범주는 역사에 관한 새로운 인식을 제공하면서 미래에 관한 상상을 자극하고 있습니다. 이처럼 직관과 추상의 영역을 오가면서 동아시아라는 말은 다양하게 회자되고 있습니다.

한편, 동아시아론은 나라에 따라서도 다르게 쓰인다고 생각합니다. 이 점에 관해서는 선생님께 여쭤보고 싶습니다. 일전에 「또 하나의 동아시아 시좌」라는 강연에서 그와 관련된 말씀을 얼마간 들었습니다. 그때 선생님께서는 '동아시아'가 특정한 지리적 개념으로 안착하지 못하며, 그래서 동아시아를 입에 담는 사람에 따라 상상의 지도도 다르며 문제의식의 방향이나 실감의 방식도 갈라진다고 말씀하셨죠. 하지만 그런 균열들이 있기에 '동아시아'라는 말을 무용하다고 치

부할 게 아니라, 그 균열들을 주체감각의 유동성으로 되살려내고 '동
아시아'를 인식론의 장으로서 삼아야 한다고 주장하신 것으로 기억합
니다. 그리하여 우선 저는 선생님께 각국에서 엿보이는 동아시아 상
상의 균열과 거기서 움켜쥘 수 있는 사상적 계기가 무엇인지에 관해
여쭈면서 오늘의 대화를 시작하고 싶습니다.

쑨거　　그것은 국적보다는 연구자가 놓인 지적 상황과 관련되겠죠.
분명 연구자는 대체로 자기 나라와 사회의 지적 풍토 속에서 작업을
합니다. 국제주의적 지식인도 있지만 몹시 드물죠. 대체로 우리는 일
국을 중심으로 일국에 기반해서 작업을 해나갑니다. 그리하여 연구자
의 입장과 연구자의 국적은 혼동되기 쉽습니다. 예를 들어 당신은 한
국인의 연구자이며, 저는 중국인의 연구자입니다. 국적과 자신의 지
적 입장은 분명 밀접합니다. 거기서 자국에 대한 책임감도 움틉니다.
따라서 저는 연구자의 국적감각을 일률적으로 비판할 생각이 없습니
다. 그러나 그런 감각으로 인해 사고가 비좁아질 수 있다는 사실에는
경계해야 하겠죠. 이 전제 위에서 당신이 꺼낸 문제로 들어가도록 합
시다.

　　동아시아에는 동북아시아와 동남아시아가 있지요. 저는 동남아시
아에는 가본 적이 없습니다. 주로 일본, 한국, 중국의 연구자와 교류
했으며, 그 밖에는 인도에 다녀왔을 뿐입니다. 몹시 한정된 저의 경험
에 기대어 말하자면, 동아시아의 나라들은 '동아시아'를 같은 정도로
원하고 있지 않습니다. 제 감각에 '동아시아'라는 범주를 만드는 데
가장 공을 들이는 곳은 일본과 한국입니다. 방식은 다릅니다만, 현재

동아시아론을 마음먹고 생산하려는 곳은 동북아시아에 한정해 말하자면 일본과 한국 말고는 없습니다. 여기서 당신이 지적하는 동아시아의 균열이라는 현상이 생겨나죠.

그래서 우리는 먼저 동아시아에 관한 상상이 나라마다 균질적이지 않음을 인정해야 합니다. 동아시아론을 중시하는 사회도 있지만, 그렇지 않은 사회도 있습니다. 이 차이를 어떻게 볼 것인지도 사상사의 한 가지 과제가 되겠죠. 동아시아론을 중요한 사상적 과제로 상정하는 사회에는 그만한 역사적 이유가 있을 것입니다.

일본에서는 일찍이 대동아전쟁이라는 '동아시아'의 잔혹한 경위가 있으므로 그 부정적 역사 유산을 어떻게 계승할 것인가라는 고민에서 전후 일본의 아시아 의식이 형성되었습니다. 또한 일본의 동아시아론에서는 일본이 과연 아시아인가라는 물음이 중점적으로 다뤄졌습니다.

한국 사회에서는 이 문제가 존재하지 않으리라 생각합니다. 한국의 경우는 제가 사정을 몰라서 함부로 판단할 수 없지만, 적어도 한국의 동아시아론에서는 강한 현실적 위기감이 느껴집니다. 그래서 한국의 동아시아론은 지정학적 감각에서 제출된 과제라고 여겨집니다.

중국에서 동아시아론은 좀처럼 뿌리를 내리지 못하고 있습니다. 그런 상황을 두고 종종 중화사상 탓이라는 비판이 제기됩니다. 일리가 있는 비판이죠. 하지만 동아시아론이 중국에서 성장하지 못하는 사정을 중화사상만으로 설명할 수는 없습니다. 보다 깊은 역사적 이유가 있습니다. 쑨원의 「대아시아주의」 이후, 중국은 아시아를 거론하기에 앞서 중국의 전역조차 통일하지 못한 상태였습니다. 1949년

"역사학은 오랫동안 유럽이 독점해왔습니다. 지금도
동아시아의 지식인은 의식적이든 무의식적이든 유럽의 시선을
빌려 역사를 이해하려는 경향이 농후합니다. '방법으로서의
아시아'를 가다듬어야 하는 이유는 서구가 인류사에 관한
시각을 독점하는 상황을 타파하기 위해서입니다."

"동아시아에서 동아시아를 인식한다는 것은
누가 어떤 동아시아를 인식하는가와 직결됩니다.
따라서 동아시아를 인식 대상으로 삼을 뿐 아니라
인식하는 주체의 장소성을 추궁하는 쪽으로 바짝 끌어와
동아시아 인식을 음미해야 합니다."

이 되어서야 가까스로 내전과 반식민지 상태를 매듭짓고 통일국가로서 출발했습니다. 그러나 곧바로 동아시아의 냉전구조에 맞닥뜨려야 했습니다. 먼저 한국전쟁이 발발했습니다. 그 후 냉전구조 속에서 자력으로 근대화를 실현한다는 버거운 과정에 들어섭니다. 당시 동아시아는 분열되어 있었습니다. 일본과 한국은 미국의 통제 아래 놓여 서쪽 진영에 속했습니다. 북한과 중국은 소련과의 관계에서 동쪽 진영에 속했습니다. 물론 양진영 내부에도 대항 관계는 있었습니다. 여하튼 그러한 조건에서는 기본적으로 동아시아를 하나의 범주로 말하기가 어려웠습니다.

중국은 그런 사정으로 전후에 동아시아론을 축적할 여유가 없었습니다. 1949년 이후 마오쩌둥 시대로 접어들면 동아시아론이 아닌 제3세계론이 주류를 이룹니다. 1950년대 반둥회의를 계기로 아시아·아프리카(AA)의 독립 문제가 부상하고, 1960년대에 접어들면 아시아·아프리카·남아메리카(AALA)라는 지역이 주목받습니다. 하나의 범주로 성립되었죠. 그 안에 '동아시아'가 들어갈 여지는 없었습니다. 1974년 마오쩌둥이 주도한 '제3세계론'에 따르면 일본과 한국은 제2세계, 중국은 제3세계에 속합니다. 애초 다른 '세계'에 존재했던 것입니다. 오늘날에는 중국의 연구자도 동아시아에 관해 말하기 시작했지만, 역사적으로 축적된 다른 이미지가 남아있는 이상 지금의 동아시아론과 지금까지의 제3세계론을 어떤 관계로 파악해야 할지가 문제로 남습니다. 중화사상을 비판한다고 해결할 수 있는 문제가 아니죠.

동북아시아의 세 나라를 살펴보았을 뿐이지만, 동아시아론이라는 논점은 역사적 내용도, 현실적 이유도 혹은 각 사회에서 맡는 기능도 다릅니다. 그것이 제게는 '동아시아'의 실상으로 여겨집니다. '동아시아'라는 범주를 사용하면 아무래도 동시에 복수의 이미지가 발생합니다. 거기서 역사의 복잡함이 엿보입니다.

동아시아라는 시좌

윤여일　　확실히 선생님께서는 동아시아를 문화권이나 문명의 단위로 설정하는 발언은 그다지 하지 않으십니다. 오히려 "동아시아를 하나의 단위로 말할 수 있을 것인가"와 같은 물음이 동아시아 상황의 복잡성을 가릴 수 있다고 지적하십니다. 그리하여 「동아시아에서 상호 인식의 의미」에서는 이렇게 말씀하셨죠. "진정한 상황이란 '내부'와 '외부'가 상호 작용하는 과정을 통해 아시아 내부의 패권 관계와 동양에 대한 서구(특히 미국)의 패권 관계가 서로 긴밀히 얽히는 상황이다."

　　확실히 나라마다 동아시아 상상이 다르다면, 거기서 엿보이는 내부의 경합 관계는 주목해야 할 지점입니다. 동아시아 인식은 유럽중심주의와 관련된 문제일 뿐 아니라 이 지역 내부의 경합 관계와 관련된 문제이기도 한 것입니다. 분명 동아시아 상상에는 서양에 의해 인식되고 서양을 향해 인정 투쟁을 한다는 오리엔탈리즘의 동학만으로는 포착할 수 없는 문제군이 새겨져 있습니다. 역사적으로 아시아주의는 서양에 맞선 동양의 연대를 지향했지만, 동시에 동양 민족 내부의 복잡한 갈등과 길항 관계의 산물이기도 했습니다. 아시아주의가 대립물로 상정한 서양 자체가 실재하는 대상이 아니라 동양 각국의 역학 관계 속에서 출현한 '서양 이미지'였습니다. 사실상 오늘날에도 동아시아라는 범주를 실감케 하는 것은 가령 유럽에 맞선 하나의 문화권이라는 공동 인식이라기보다 오히려 북핵 문제, 국사의 충돌, 영토 분쟁 같은 긴장 관계입니다. 선생님 말씀처럼 동아시아 상상에는 서구와의 비대칭 관계와 역내의 경합 관계가 복잡하게 뒤얽혀 있습니다.

그리하여 동아시아론은 더없이 복잡한 방향성을 띠게 됩니다. '동아시아'라는 울림은 확장주의적 내셔널리즘을 견제하거나 새로운 공간감각을 환기하는 측면이 있습니다. 동시에 동아시아라는 비전은 자국을 지역의 수준에서 확대 재생산하는 논리로도 활용됩니다. 그것이 동아시아 상상에 균열을 낳고 있습니다.

그 사실을 인식론의 위상에서 검토한다면, 동아시아가 인식의 대상인 동시에 인식 주체의 발화 위치와 긴밀히 결부되어 있다는 이유 또한 작용하리라고 생각합니다. 동아시아에서 동아시아를 인식한다는 것은 누가 어떤 동아시아를 인식하는가와 직결됩니다. 따라서 동아시아를 인식 대상으로 삼을 뿐 아니라 인식하는 주체의 장소성을 추궁하는 쪽으로 바짝 끌어와 동아시아 인식을 음미해야 할 필요성이 생깁니다. 결국 "동아시아는 어디인가", "동아시아란 무엇인가"라는 물음은 우리를 "동아시아는 누가 왜 발화하는가"라는 물음으로 인도합니다. 그런 이유로 한국어에서는 좀처럼 사용되지 않지만 '시좌'視座라는 말은 특히 동아시아론을 사고할 때 유용하다고 여겨집니다. 시좌라는 말에는 '본다'는 행위와 어디서 보는가라는 '장소성'이 결합되어 있습니다.

선생님께서는 "동아시아는 한 가지 시좌"라고 말씀하신 적이 있죠. 또한 "상황에 속하면서도 유착되지 않는 것을 시좌"라고 풀이하기도 하셨습니다. 물론 구체적 맥락에서 심화시켜야 하겠지만, 그에 앞서 선생님께서 동아시아를 하나의 지리적 단위나 문명권이 아닌 '시좌'로 제시하신 이유를 먼저 여쭙고 싶습니다. 그것이 '동아시아 상상의 균열'을 사고할 때 중요한 의미를 가진다고 생각하기 때문입니다.

이와 관련해 「동아시아 상상의 가능성」이라는 강연에서 선생님께서 하신 말씀을 인용해보겠습니다.

> 그렇다면 동아시아라는 시좌는 어떻게 가능할까요? 적어도 그 절차로서 먼저 자신을 상대화해야 합니다. 자신을 상대화한다는 것은 자신의 생각이 어떤 구조 속의 일부에 불과함을 인식한다는 뜻입니다. 되도록 그 인식에서 피부 감각으로까지 나아가야 합니다. 거기에 다다르지 못한다면 말의 게임으로 변질되고 말 수 있습니다. …… 상대화라는 행위는 먼저 의식 그리고 감각의 위상에서 이루어지며, 다음 단계는 상대를 상대화하는 것입니다. 그 상대란 연구 대상이기도 하며, 자신이 알고자 하는 대상이기도 합니다. 그것을 상대화합니다. 이 경우 상대화한다는 것은 먼저 단순하게 판단하지 않는다는 뜻입니다. 그리고 그 대상은 대체 어떤 역사의 맥락에 위치해 있는지를 여러 각도에서 추궁해야만 합니다.

쑨거　당신은 저의 아시아 시좌론을 날카롭게 포착했습니다. 물론 동아시아를 물리적으로 인식해야 할 필요가 있지만, 거기에는 이미 현실적 난문이 버티고 있습니다. 먼저 아시아 내지 동아시아를 물리적으로 설정한다면, 지리적으로 여기에 속하는 지역은 응당 골고루 거론되어야 하겠지만 실은 전혀 그렇지 않죠. 오랫동안 북한은 동아시아라는 범주에 그다지 들어오지 않았습니다. 러시아의 극동 지역도 마찬가지죠. 몽고국은 또 어떤가요. 지금도 망각 속에 있습니다. 반대의 각도에서 말하면 미국의 내재화라는 문제도 있습니다. 6자회담의 틀이 보여주듯 동아시아 지역에서 미국을 배제할 수는 없습니다. 지리감각은 이처럼 불균형하며, 이 지역의 모든 사회를 다 거론해도 불균형성은 결코 해소되지 않습니다.

애초 동아시아를 논할 때 그것을 역사의 산물로 인식하지 않으면, 이 모순을 피해가기 어렵습니다. 역사의 산물이기에 물리적 공간을 근거로 삼을 것이 아니라 인간 사회의 힘관계를 대상으로 삼아야 합니다. 물리적 공간을 상정하더라도 외부 세력을 포함해 그 뒤얽힌 힘관계를 포착해야 합니다. 이제까지 동아시아론은 기본적으로 이런 역사적 맥락에서 전개되어왔습니다. 다만 물리적 공간인 동아시아가 역사적 공간으로 전환하려면 어떤 절차를 밟아야 할 것입니다.

동아시아라는 물리적 공간은 역사의 자장이며, 그 지역성은 결코 폐쇄적인 게 아닙니다. 외부 세력의 폭력적 침입과 내부의 마찰이 이곳의 물리적 공간을 무대로 삼아 모순을 연출합니다. 거기서 관건은 이런 물리적 공간을 어디까지 근거로 삼을 수 있느냐는 겁니다. 우리는 물리적 공간과 역사적 공간을 자주 혼동합니다. 그 결과 내부와 외부는 확실히 구획되며 이질적이라고 여겨 '내외 결합'이라는 중대한 역사적 흐름을 놓치고 맙니다.

한편 지역성이 개방된 것임을 강조하면서도 지역에는 고유성이 존재함을 인정해야 합니다. 특정 지역에는 특정한 문화의 역사가 있습니다. 그것이 사회를 움직이는 기본 논리가 됩니다. 예를 들어 유럽과 미국의 발전 모델로 중국을 설명하기란 무리입니다. 중국의 원리가 존재하기에 중국의 발전은 내재적으로 규정됩니다. 그러나 내재적 원리를 강조한다고 해서 중국이 자족적이라는 의미는 결코 아닙니다. 고대에서 근대에 이르기까지 중국만큼 유동적이었던 곳도 없습니다. 근대 이후에도 서구 열강과 일본의 침략으로 중국은 자신의 의사에 반하는 역사를 써왔습니다. 그럼에도 중국에는 역시 고유한 것이 있습니다. 고유한 원리란 결코 바깥 것을 배척한다는 의미가 아니라, 바깥 것을 자기 것으로 수용할 때의 기반을 가리킵니다. 다만 분석의 차원에서 우리는 이렇게 정리할 수 있을 뿐, 역사는 논리 정연하게 움직이지 않죠. 혼돈스런 역사 속에서 동아시아의 동적 원리를 밝혀내기란 결코 쉽지 않은 일입니다.

확실히 저는 (동)아시아를 전제나 목표로 삼지 않습니다. 당신은 그 점을 날카롭게 간파했습니다. 그러한 자각은 제게 서서히 형성되었습니다. 동아시아를 전제로 삼으면 아무래도 물리적 전제를 요청하게 될지 모릅니다. 앞서 확인했듯 지리적 동아시아는 전제가 될 수 없습니다. 그렇다면 동아시아를 역사적 공간으로 상정하면 그 문제가 해결되느냐 하면, 거기에도 음미해야 할 대목이 있습니다.

'방법으로서의 아시아'를 주창했을 때 다케우치 요시미는 분명 역사적 공간의 실체화를 경계했습니다. 나아가 미조구치 유조는 "중국을 방법으로 삼는 것은 세계를 목적으로 삼기 위해서다"라는 데까지 문제를 심화시켰습니다. 그저 말로만 받아들인다면 그뿐이겠지만, 다케우치와 미조구치의 시도에서 핵심은 동아시아라는 역사적 공간을 어떻게 감지해야 하는가에 있었습니다. 동아시아를 '방법'으로 내놓았을 때, 그들은 인류사를 대하는 기존의 관점이 다원화될 수 있음을 주장하고 싶었을 것입니다. 아는 바와 같이 '역사학'은 오랫동안 유럽이 독점해왔습니다. 지금도 동아시아의 지식인은 의식적이든 무의식적이든 유럽의 시선을 빌려 역사를 이해하려는 경향이 농후합니다. 아시아를 말해야 하는가 그렇지 않은가는 관건이 아닙니다. 어떤 방법으로 논할 것인지가 중요한 대목이죠. '방법으로서의 아시아'를 가다듬어야 하는 이유는 아시아를 말하기 위해서가 아닙니다. 서구가 인류사에 관한 시각을 독점하는 상황을 타파하기 위해서입니다.

동아시아 연구 경향에 관하여

윤여일　이 대목에서 오늘날 동아시아 연구의 경향에 관한 물음으로 옮겨가는 것이 좋을 듯싶습니다. 오늘날 동아시아 연구는 만발하여 선생님의 표현처럼 "지금껏 본 적 없는 동아시아론의 풍작 시대가 동아시아에 도래하고 있다"고 보입니다(「왜 포스트 동아시아인가」). 하지만 선생님께서는 이런 풍작 시대를 그저 반기시는 것이 아니라 비판적 검토를 잊지 않으십니다. 우선 무엇보다 "전문가들이 각자 영역의 지식을 조합해 내놓는 아시아 연구"를 비판하십니다(「아시아를 말한다는 딜레마」). 아울러 "여러 나라의 연구자가 모여 지금껏 자국에서 다뤄

오던 연구 주제를 그대로 '동아시아'라는 애매한 담론 장으로 옮기는 연구에도 이의를 제기하십니다(「기억 속의 아시아」). 이런 연구의 경향은 동아시아론이라는 지식의 외양을 취해 기존의 분과 학문이라는 관념, 국민국가라는 관념을 동아시아라는 장으로 고스란히 옮겨놓을 우려가 있기 때문입니다. 오히려 선생님께서는 "일국 단위의 연구를 모아놓아도 동아시아 연구가 되지는 않는다. …… 동아시아 연구가 어떤 경우에 필요하냐면, 일국 단위로는 사태를 제대로 다룰 수 없는 경우일 뿐"이라고 말씀하셨죠.

아마도 이런 지적은 점차 공감을 얻으리라 생각합니다. 하지만 더욱 까다로운 대목이 있습니다. 바로 선생님께서 지적하셨듯이 동아시아를 사고할 때 유럽의 시선을 매개로 삼는다는 대목입니다. 이는 뿌리 깊은 경향으로서 동아시아 인식에 커다란 제약을 가하고 있습니다. 그 문제와 관련해 저는 선생님께서 '지역연구'와 '포스트콜로니얼'의 관점을 비판하신 점을 주목하고 있습니다. 「기억 속의 아시아」의 마지막 부분을 인용해보겠습니다.

나아가 오늘날 아시아를 말하는 동아시아인이 자신의 역사적인 사상자원을 활용하지 않는다는 상황도 지적해야겠다. 한국의 사정에 밝지 못한 나로서는 중국과 일본만을 관찰하여 느낀 점인데, '아시아'라는 역사적 기억을 꺼내면 불쾌한 감정도 함께 올라오기 때문에 이를 피하려면 포스트콜로니얼을 쫓든지 '지역연구'로 옮겨가든지, 이 두 가지 선택지밖에 없는 것처럼 보인다. 그런 식으로 이론과 접목된 아시아론은 아시아를 말하는 우리의 피부감각을 마비시키고 있다.

다른 글에서도 비슷한 진술을 접한 적이 있습니다. 하지만 '지역학'과 '포스트콜로니얼'에 관한 선생님의 견해를 더 자세하게 설명하신 대목은 찾아내지 못했습니다. 그래서 제 나름대로 추측해보았습니다.

우선 위의 인용구를 본다면, 선생님께서는 지역연구나 포스트콜로니얼 연구가 역사적 기억에서 비롯되는 긴장 관계를 피해가는 샛길로 활용된다고 비판하십니다. 또한 「아시아를 말한다는 딜레마」의 말미에서는 "특히 서양의 지식인이 동양 지식계의 상상력은 식민화되어 있다며 안타까이 여기고 있는 상황에서도, 아시아론은 '포스트콜로니얼'을 통해 '세계화'되려 하고 있다"고 지적하셨습니다. 이 글의 맥락에 비추어본다면, 그런 종류의 담론이 낳을 지식의 위계화를 우려하시는 것이 아닌가 생각합니다.

저는 여기서 둘째 대목에 좀 더 초점을 맞춰 여쭤보고 싶습니다. 가령 지역연구는 자칫 '시민사회', '인권', '공공영역'과 같은 서구적 개념의 등가물을 비서구에서 찾아내려는 시도가 되어버릴 수 있습니다. 즉 앎의 주체로서의 서구와 서구의 앎이 실현되는 장소로서의 지역—동아시아라는 위계적 구도가 반복되고, 이때 학문은 서구산 지식을 빌려 이 지역을 점검하는 역할을 담당합니다.

포스트콜로니얼도 이런 지역학의 경향에 물들 수 있습니다. 비서구 지역의 지식인이 자국의 식민화된 경험을 설명하는 시각 내지 언어마저 과거의 제국에서 들여오는 것입니다. 따라서 미국이나 서유럽의 지식인이 자신의 제국주의 역사를 비판하고자 포스트콜로니얼을 통해 문제를 제기할 때 그것이 해당 사회에서 갖는 비평적 효과와는 달리, 비서구 지역에서는 포스트콜로니얼이 오히려 콜로니얼한 지식의 위계를 낳을 수도 있습니다.

저는 포스트콜로니얼과 관련해 다케우치 요시미의 「근대란 무엇인가」와 그에 관한 선생님의 『다케우치 요시미라는 물음』의 해설을 읽고 한 가지 착상을 얻었습니다. 이것은 '저항'에 관한 사고와 관련됩니다. 먼저 「근대란 무엇인가」에서 한 구절을 인용하겠습니다.

> 패배는 패배라는 사실을 잊는 방향으로 자신을 이끌어 이차적으로 자신에게 다시 결정적으로 패배하는 일이 잦기 때문에 그 경우 패배감은 당연히 자각되지 않는다. 패배감에 대한 자각은 자신에게 패배한다는 이차적 패배를 거부하는 이차적 저항을 통해 일어난다. 여기서 저항은 이중이 된다. 패배에 대한 저항임과 아울러 패배를 인정하지 않는 것 혹은 패배를 망각하는 것에 대한 저항이다. …… 따라서 저항의 지속은 패배감의 지속이다.

다케우치 요시미가 말하는 저항에는 두 가지 다른 저항이 포개져 있습니다. 첫 번째 저항은 나를 패배하게 만든 상대에 대한 저항이며, 두 번째 저항은 패배를 잊으려는 나 자신에 대한 저항입니다. 첫 번째 저항은 상대에게 보이는 저항이지만, 두 번째 저항은 상대가 볼 수 없는 저항입니다. 선생님께서는 이런 이중의 저항에 의해서만 동양은 진정 자신의 근대를 품을 수 있다고 말씀하셨죠.

제가 생각하기에 그 경우 저항은 자신보다 큰 상대와 맞서지만, 상대와 대결하는 과정에서 얻어지는 자기동일성에 대한 거절을 수반해야 합니다. 자기동일성이란 상대를 매개하여 마련된 것이기 때문입니다. 대신 상대와 맞섰을 때 주어지는 자기 위치와도 대결함으로써 상대는 가질 수 없는 유동성을 구해야 합니다. 따라서 저항은 상대를 극복하기 위한 것이 아니라 자신을 부단한 유동성 속에 내맡기는 일입니다.

여기서 선생님과 다케우치 요시미가 말하는 저항이란 불평등한 구조로 인해 늘 한계를 갖지만, 그 한계를 통해서만 구조의 와해에 이르려는 고투며, 바깥에서 주어지는 해방의 환상을 거부하고 비대칭적 관계에 내재함으로써만 획득되는 비판 행위라고 생각합니다. 하지만 이와 달리 현재 포스트콜로니얼의 경향은, 특히 연구의 흐름을 보았을 때는 이중의 저항 가운데 일차적 저항, 즉 상대방이 있기에 성립하는 저항, 상대에게 보이는 저항이 중점에 놓여있지 않은가 하는 의문이 듭니다. 그러나 진정한 탈식민은 여기에 있지 않습니다. 저는 아마도 선생님께서 지역학과 포스트콜로니얼의 경향을 비판하신 까닭도 이 부근에 있지 않을까라고 추측해보는데요, 이 점에 대해 선생님의 말씀을 듣고 싶습니다.

쑨거 이것은 당신이 지나치게 자기 방식으로 읽었군요. 저는 지역 연구나 포스트콜로니얼을 부정하지 않습니다. 특히 포스트콜로니얼 연구를 비판할 생각은 없습니다. 당신은 나름으로 비판을 내놓았지만, 제게 포스트콜로니얼은 그만한 관심사가 아닙니다. 저는 우리 역사 속의 식민지 문제에 관심을 갖고 있습니다. 다만 굳이 포스트콜로니얼이라는 말을 사용하지 않았을 뿐입니다. 저의 문제의식과 겹치는 대목도 있겠고, 그렇지 않은 대목도 있겠죠.

포스트콜로니얼은 매우 중요한 이론적 공헌을 했습니다. 특히 식민화된 지역과 식민자의 상호작용을 들춘 것은 흥미로운 발상이며 저역시 큰 시사를 받았습니다. 그렇다고 완전히 같은 각도에서 나의 역사를 말할 수 있을지가 저로서는 의문입니다.

서구에서는 포스트콜로니얼이 유효합니다. 동아시아에서도 무의미하지는 않겠지만, 대단히 유효하지도 않습니다. 그 까닭은 사용법자체가 다소 뒤틀려 있기 때문입니다. 포스트콜로니얼은 이론으로 그대로 이식된다면 생명력을 잃고 말 우려가 있습니다. 당신이 인용한제 글에서처럼 우리는 먼저 우리의 사상 자원을 제대로 발굴해야 합니다. 거기서 포스트콜로니얼 연구와는 다른 형태의 비판 이론이 등장하지 않을까 기대합니다.

지역연구에 관한 견해는 다소 다릅니다. 지역연구는 미국의 아카데미즘에서 일궈진 학문적 성과입니다. 지역연구로는 보편성을 낳을수 없다는 암묵의 전제가 있습니다. 저는 그 점을 비판하고 싶습니다. 그런 전제에는 분명 미국중심주의가 깔려 있습니다. 다만 미국의 지적 세계에서 지역연구가 비판적 힘을 발휘한다는 의미에서는 지역연구의 가치를 인정합니다. 그러나 우리가 그런 발상과 방향성을 따라가도 좋은지는 의문입니다. 지역연구에서는 미국의 방식에 맞춰 우리의 역사를 재료로 제공하는 수밖에 없습니다. 그런 연구가 과연 우리에게 지적 생산을 안겨다 줄까요? 이것이 지역연구에 관한 제 생각입니다.

중심과 주변

윤여일　　그렇다면 서구 대 비서구 혹은 서양 대 동양이라는 구도가 아니라 좀 더 동아시아의 상황 속으로 들어가 논의를 전개해보겠습니다. 이 과정을 생략한다면 선생님께서 우려하시듯 내외부의 복잡한 길항 관계를 놓치고 말지 모르기 때문입니다. 이와 관련해 동아시아라는 시좌에 '중심과 주변'이라는 구도를 어떻게 들여야 하는지를 여쭙고자 합니다.

　　제게는 동아시아 내의 '중심과 주변'이라는 구도를 어떻게 사고해야 할지가 무척 어렵게 느껴집니다. '중심과 주변'은 동아시아를 인식하는 주체의 조건과 긴밀히 연관되어 있어 피해가기 어려운 문제입니다. 그런데 선생님께서는 동아시아에서 중심과 주변이 곧 대국과 소국을 가리키지 않는다고 말씀하십니다. 더구나 대국 혹은 강국이라 해도 '지리공간상의 실체감'을 수반한 경우와 그렇지 않은 경우의 차이가 중요하다고 지적하셨죠. 또한 중심과 주변의 관계는 상대적이며 그 관계를 반드시 국가 단위에서 사고해야 하는 것은 아니기 때문에 저 역시 '중심과 주변'이 바로 '대국과 소국'으로 치환되지 않는다고 생각합니다. 하지만 동아시아론 안에서 '중심과 주변'이라는 구도는 대국과 소국 사이에 국가 간 논리로 활용되는 것이 현 상황이기도 합니다.

　　여기서 선생님께 동아시아 안에서 '중심과 주변'의 문제를 어떻게 사고해야 할 것인지에 관해 여쭙고 싶습니다. 선생님의 글 안에서 두 가지 소재를 취해보겠습니다. 선생님께서는 아마도 '주변에서 본 동아시아' 등의 논의가 한국의 사상계에서 제기되었음을 알고 계시리라 생각합니다. 선생님의 글 「아시아를 말한다는 딜레마」에서는 그 논의에 관한 얼마간의 응답이 나옵니다. 저는 그 논의를 어떻게 이해해야 하는지가 다소 혼란스럽습니다.

원리적으로 중심에서는 보이지 않는 주변을 주변으로서 사유한다는 일은 몹시 중요하고 특히 동아시아 논의에서 핵심적인 대목이라고 생각하지만, 한편으로 주변성을 강조하는 주장이 한국의 위상과 결부될 경우에는 지정학적 조건에서 중국과 일본의 '주변'이라는 사실을 역전시켜 '중심성'을 이끌어내는 논리가 나오는 것은 아닌지 의문을 갖고 있기 때문입니다. 즉 "주변은 매개다. 매개는 실상은 이쪽과 저쪽을 연결하기 때문에 중심이다" 혹은 "중심에서는 주변이 보이지 않는다. 따라서 중심에 관해서도 주변에 관해서도 모두 발화할 수 있는 장소는 주변이다"라는 식으로 말입니다.

논의를 진전시키기 위해 첫 시간에도 인용했지만 「오키나와가 우리의 눈에 비칠 때」에서 다시 소재를 끌어오겠습니다. 이 글의 마지막 문단입니다.

중국인이 오키나와의 상황을 이해하려면 몹시 노력해야 할 것이다. 중심-주변이라는 인식 구도를 근본적으로 뜯어고쳐야 한다. 나라를 전제로 한 아이덴티티의 단순화 경향을 돌파해야 한다. 나아가 이데올로기에 근거한 정치 판단을 떨쳐내야 한다. 이로써 역사를 직시하여 동아시아 역사의 역동성을 끌어내야 한다. 이러한 일련의 노력이 있을 때 비로소 오키나와는 하나의 원리가 될 수 있을 것이다. 그때야 비로소 오키나와가 품은 깊은 내실이 우리 눈에 비칠 것이다.

　선생님은 이 글에서 일본의 지배를 받고, 일본 본토의 주변에 있다는 식으로만 오키나와를 보아서는 오키나와의 가능성, 이를테면 억척스런 정치적 조건에서 나온 유동적 아이덴티티의 가능성을 간과하고 말지 모른다고 하셨죠. 물론 이 경우 '주변'이라는 말은 앞서 한국이 주변이라고 할 때의 '주변'과는 의미가 다소 다릅니다. 그러한 뉘앙스의 차이를 어떻게 이해해야 하는지도 동아시아의 '중심과 주변'이라는 문제를 사고하는 데 관건이라고 생각합니다.

　가령 어찌 보면 한국에서는 오키나와가 보이는 것 같습니다. 하지만 그 보인다는 감각에서 한국과 오키나와의 '주변성'이 어떻게 맺어지고 있는지, '보인다'는 진실성을 좀 더 숙고해야 할 것입니다. 일본제국으로 흡수되었다는 역사적 경험과 미군기지가 존재한다는 현 상황 속에서 한국과 오키나와 사이에는 앞으로도 더 많은 연대가 필요합니다. 하지만 오키나와와 한국 사이에는 닮은 점만큼이나 그 이상으로 차이점이 많습니다.

　무엇보다도 한국은 하나의 국민국가입니다. 오키나와는 그렇지 않습니다. 이 상황에서 서로의 주변성에 근거해 입장을 공유하는 경우 미국을 상대하느냐, 일본을 상대하느냐에 따라 몹시 다른 효과가 나옵니다. 일본을 상대하는 경우, 오키나와와 달리 한국 측에서는 일본과의 관계에서 '국민국가'로서 주변에 위치한다는 자신의 입지를 보완하는 효과가 발생할 수 있습니다. 그런 효과는 가령 한국이 타이완에 대해 말하는 것이 실상은 중국을 겨냥한 것일 때도 발생합니다.

그리하여 제게는 한국의 동아시아론에서 논의되는 주변성을 사고하는 일이 무척 까다롭게 느껴집니다. 이렇듯 다른 두 가지 주변성(저는 다르다고 생각합니다)을 어떻게 사고해야 하며, '주변과 중심'이라는 구도 자체는 동아시아 관계를 이해하는 데 얼마만큼 효과적인지, 혹은 그런 구도가 가려버리는 것은 없는지, 이 문제들을 선생님께는 어떻게 생각하고 계신가요?

쑨거　추상적으로 다뤄서는 안 될 문제군요.

아마도 한국 사회에서 '중심과 주변'이라는 구도를 도입해 동아시아를 말한다면 그만한 리얼리티가 있기 때문이겠죠. 저는 한국 사회의 위기감에서 엿보이는 현실적 국제정치 감각이 그 구도에 담겨 있지 않을까 짐작합니다. 그 경우 제가 추측하기로는 '주변'이란 한국을 가리키며 '중심'은 중국과 일본을 지시하지 않을까 생각하는데, 이것은 올바른 이해인가요?

윤여일　네. 한국의 동아시아론의 일부 경향에서 '중심과 주변'을 이야기할 때 그것이 '대국과 소국' 이미지와 겹쳐져 한국은 주변이고 중국과 일본은 중심이라고 논의되는 경우가 있습니다.

앞서의 물음이 너무 거칠었는데, 보충한다면 여기서 대국들의 주변에 위치해 있다는 한국의 장소성과 역사성으로부터 한국의 입지를 구축해내는 논리가 등장하기도 합니다. 중국과 일본의 '주변'이라는 사실을 역전시켜 '매개성' 혹은 역전된 '중심성'을 이끌어내는 것입니다. 그리하여 한국의 정책적 관점에서 동아시아론이 흡수되었을 때 한국은 다리 역할을 맡는 국가로 묘사됩니다. 중추교량 국가hub bridge state, 가교 국가bridge building state, 중견 국가middle state, 거점 국가 hub state, 협력 국가cooperation-promoting state 등 내용은 조금씩 다르지만 모두 중간자 혹은 다리 역할이라는 발상에서 제출된 국가론들입니다. 한국이 대국들 주변에 자리 잡고 있다는 사실로 인해 이 지역 내의 매개자 내지 중재자를 맡아야 한다는 한국의 역할론이 도출되는 것입니다.

그리하여 제게는 한국에서 동아시아론이 외형적으로 성장을 거듭할수록 그 번영과 사상적 공백이 대비를 그려가는 역설적 상황이 감지됩니다. 동아시아론은 '동아시아'에 관한 담론임에도 '내수용' 담론으로 성장해간다는 인상이 짙습니다. 그때 '주변성'이 한국의 입지를 보강하는 논리로 활용되는 것입니다. 물론 선생님께서 읽어내셨듯이 그런 동아시아론에는 지정학적 위치에서 나오는 위기감이 배어 있기 때문에, 그것은 학술 세계뿐 아니라 현실사회에서도 중요한 자리를 점할 수 있었습니다.

쑨거 '중심과 주변' 논의는 국제정치에서 어떻게 평등을 실현할 것인가라는 문제의식에서 나온 것이군요. 리얼리티로 충만한 시각입니다. 그렇다면 사상 과제로서 동아시아를 말하는 경우에 '중심과 주변'이라는 구도를 들여오는 것도 당연한 일이라고 생각합니다. 현실에서 국제적 역학 관계가 존재하는 이상, 그 조건도 사상 과제를 형성하겠죠.

다만 한 가지 잊어선 안 될 것은, 사상에서는 현실 문제 자체가 아니라 현실 문제에 관한 인식이 대상으로 놓인다는 사실입니다. 사상은 현실에 대한 발언이라기보다 현실 인식에 대한 발언이죠. 위상이 다릅니다. 그렇다면 그런 인식론의 위상에서 '중심과 주변'의 문제를 어떻게 다뤄야 할까요?

그 지점에서 제가 제출한 오키나와의 문제에 직면합니다. 오키나와인이 처한 삶의 조건을 포함해 오키나와는 마이너리티, 즉 주변으로 보입니다. 주변은 평등한 대우를 받지 못하는 피해자이며 불리한 위치에 처해 있다는 의미입니다. 그것이 '주변'이란 말에 담긴 주된 어감입니다. 그러나 주변을 사상 과제로 삼아 밀고나간다면, '주변'에서 인식의 역전을 이끌어낼 계기를 찾아낼 수도 있을 것입니다.

이 대목은 우리가 수업에서 함께 읽은 마루야마 마사오의 「현대의 인간과 정치」의 중심 과제기도 합니다. 파시즘은 중심으로부터 주변을 통제합니다. 중심부에서 주변까지 같은 시스템으로 통제합니다. 그러나 주변이면 주변일수록 중심부로부터 거리를 둬서 자유로운 공간이 생성될 여지가 생깁니다. 나아가 주변이라는 영역은 바깥과 접촉할 기회가 많습니다. 주변에서 살아가는 자들은 중심에서 전파되는 정보와 외부에서 흘러들어오는 정보를 모두 얻을 수 있습니다. 거꾸로 말하자면, 중심의 거주자는 외부 세계와 접할 가능성이 상당히 제한되어 있습니다. 여기서 어떤 역전이 일어납니다.

마루야마 마사오는 '주변'이 아니라 '변경'이란 표현으로 경계 부근의 공간감각을 담아냈습니다. 변경에 사는 인간은 실상 가장 자유로울 수 있습니다. 사상의 위상에서 말하자면, 변경의 거주자 가운데는 지식인이 많습니다. 그 경우 '중심과 주변'에 관한 우리의 인식에서, 그것이 인식론인 한에서 이 측면은 결코 간과되어선 안 됩니다. 즉 주변을 그저 피해자나 마이너리티로만 여긴다면 그 인식은 그다지 생산성을 갖지 못합니다. 물론 이 점을 강조하더라도 주변이 중심을 비판해야 할 정당성을 부정할 생각은 아닙니다. 양자는 모순되지 않으며 공존 가능합니다.

결론적으로 말해 변경이라는 공간감각을 들임으로써 '중심과 주변'이라는 관계성을 이중구조로서 사고해야 합니다. 왜인가 하면, 자유의 감각을 갖지 못한 주변의 거주자는 언제나 중심으로 회수될 위험에 노출되기 때문입니다. 즉 주변부에서는 중심부로 진입하고 싶다는 바람이 늘 자라납니다. 아무리 작은 집단이더라도 반드시 중심과 주변이 있기 마련입니다.

주변인이 중심을 비판하는 경우에는 자기가 대신 중심을 차지하고 싶어서 그런다는 것을 우리는 자주 목격합니다. 나라 사이에 국한된 이야기가 아닙니다. 여러 위상과 장소에서 중심과 주변의 교환 내지 순환의 관계가 끊임없이 발생합니다. 그렇기에 인식론의 위상에서 변경이라는 공간감각을 만들어내지 않는다면 애초 중심을 비판한다는 행위도 거의 의미를 갖지 못합니다. 중심을 비판함으로써 오히려 중심 의식을 보완해버릴 위험성이 있는 것입니다.

얼마 전 백영서 선생의 글을 읽었는데 '이중의 주변'이라는 개념을 제출하셨더군요. 아마 그의 본의도 진정 중심 의식과 맞서려면 그저 주변을 강조하기만 해서는 불충분하다는 사실을 경계하는 곳에 있겠죠.

윤여일   지역은 고정된 경계와 구조를 가진 지리적 실체라기보다 주체의 문제의식과 행위의 방향성에 따라 유동하며, 지역을 구획하고 인식하는 것은 공간을 정치적, 지적으로 통제하는 일과 결부되어 있습니다.

선생님께서 말씀하셨듯이 한국의 사상계는 '동아시아'를 자주 입에 담고 있지만, 타국의 사상계와 공유할 만한 동아시아론을 생산해내고 있는지는 의심스럽습니다. 동아시아론의 진정한 사상사적 의의가 바깥, 특히 서구에서 주어진 정형화된 이론에 의존하지 않고, 자신의 조건에 근거하여 사고를 숙성시키되 타자가 공유할 수 있도록 가공해내는 것이라고 한다면, 주변의 시각을 강조하는 한국의 동아시아론은 절반의 성과이자 절반의 미달이라고 생각합니다.

절반의 성과라고 말하는 까닭은, 특히 선생님께서 읽으셨을 백영서 선생님의 글이나 좀 더 포괄적으로 '주변에서 본 동아시아론'이 기존의 지역학적 시야에서 외면받았던 이중의 비대칭성을 조명했기 때문입니다. 그것은 동아시아가 세계 체제의 주변에 자리하며, 또한 한국은 동아시아에서 열위에 있다는 조건을 사상적으로 발효시켜 일궈낸 지적 입장입니다. 외부 조건과 힘이 주체의 의지와 힘을 능가할 때 '주변에서 본 동아시아론'은 그 제약조건으로부터 독자성을 유지하면서도 탄력적일 수 있는 주체성을 모색했습니다. 그야말로 사상에 값합니다. 오리지널리티를 갖기 때문입니다. 그런 점에서 그것은 제가 앞서 거론한, 정책론으로 흡수되어 대량 생산되는 동아시아론과는 다릅니다. 또한 선생님께서 언급하신 제3세계론과도 공명할 수 있는 여지가 있다고 보입니다.

그러나 한국 사상계에서 양산되는 동아시아론을 보면 '주변'이라는 조건으로부터 긴장 어린 사상 자원을 빚어내 타국과 공유하는 것이 아니라 자칫 '동아시아'라는 모호한 지평에 한국 측의 기대를 투사하는 식이 되어버릴 위험성이 감지됩니다. 한국의 지정학적 주변성을 강조하는 것이 그대로 한국의 역할론으로 이어질 위험성인 것입니다. 물론 이에 관해 여러 학자의 복잡한 성찰이 이어지고 있습니다. 다만 저는 동아시아에서 '중심과 주변'의 구도를 '대국과 소국'의 구도와 동일시해 '주변과 중심'의 관계가 국가 간 관계로 고착된다면, 주변의 진정한 가능성을 탐색하기란 어려워지는 것이 아닌지를 여쭙고 싶었습니다. 그리하여 다소 무리하게 한국의 '주변성'과 오키나와의 '주변성'을 어떻게 사고해야 할 것인지에 관해 질문을 드렸던 것입니다.

쑨거　특히 20세기 이후의 세계 역사에서는 대국과 소국의 관계가 언제나 불평등했습니다. 이치로야 세계는 만국 평등합니다. UN은 1국 1표입니다. 그러나 세계의 주요한 동향은 대국들끼리의 힘관계에 따라 결정합니다. 부정하기 힘든 현실입니다. 그런 의미에서 대국에 대한 소국의 반발은 당연히 일정한 의의를 지닙니다.

그러나 동아시아에 관해 말한다면, 대국과 소국의 관계만으로 동아시아 상을 그려낸다면 불충분합니다. 물론 국제 관계의 헤게모니를 생각할 때 대국과 소국의 힘관계를 반드시 고려해야 합니다. 동시에 방금 말한 '중심과 주변'의 구도를 포개서 사고할 경우 '중심=대국, 주변=소국'이라는 구도로는 동아시아의 실상을 면밀히 분석해낼 수 없다는 사실도 의식해야 합니다.

예를 들어 한국의 경제 수준은 중국보다 앞서 있습니다. 인구 문제도 중국만큼 심각하지 않습니다. 그런 의미에서 중국과 비교하건대 사회의 모순은 중국만큼 커다란 하중으로 작용하지 않을지도 모릅니다. 저는 그 대목을 연구하지 않았으니 자신 있게 말할 수는 없습니다. 다만 나라의 규모에 따라 끌어안은 모순의 양상도 달라지리라 생각합니다. 대국의 경우에는 내부 모순이 심각하며, 특히 중국처럼 급속한 근대화를 꾀하는 도상국에서는 농촌 문제, 민족 문제 등이 해결하기 힘든 과제로 남아 있습니다. 이런 상황의 대국이 정말 동아시아의 중심일 수 있는지는 제대로 검토하지 않은 채 안이하게 답해서는 안 되는 문제겠죠.

따라서 저는 중국이 대국으로서 위협적 존재가 되지 않고 인류에 대해 책임을 지는 나라가 되는 과제를 어떻게 실현해가야 할지를 고민합니다. 이것은 중국 한 나라만의 과제가 아닙니다. 동아시아 전체의 과제기도 합니다. 몇 년 전, 저는 한국의 벗들에게 이렇게 제안했습니다. "대국이 곧 강국은 아니다. 적어도 그렇게 단정할 수는 없다. 그리고 대국이 반드시 위협이 되는 것도 아니다. 거꾸로 말해 소국이라고 해서 위협이 아니라고 잘라 말할 수도 없다. 이렇게 생각해보자"고 말입니다. 대국과 소국의 구획으로 국제 관계를 모두 분석할 수는 없습니다. 그런 분류법은 너무나 단순합니다.

비대칭성에 대한 사고

윤여일　　그럼에도 저는 동아시아 내부의 비대칭적 관계에 대한 논의를 좀 더 전개하고 싶습니다. 이번에는 동아시아라는 시좌에서 비대칭성을 어떻게 고려해야 하는가로 물음을 바꿔보겠습니다.

알고 계시다시피 제 전공은 사회학인데, 사회학을 비롯해 기성 학문에서는 개인, 사회, 국가라는 분석 범주가 기본 골격을 이룹니다. 그 경우 하나의 사회가 국제 세계의 기본적 구성 단위로 상정되며, 세계를 분할하면 자기 충족적인 문화와 정부, 경제를 가진 유기적인 통일체로서 사회가 나타난다는 것이 상식입니다. 한 사회와 한 개인은 하나의 국민국가에 속하며, 국제 세계는 복수의 자기충족적 단위인 '사회＝국민국가'로 구성된다고 여겨집니다.

그러나 동아시아라는 시좌는 개인, 사회, 국가(개인〈사회〈국가)라는 범주를 달리 생각하도록 요구합니다. 국민국가 내부는 균질적이지 않으며, 개인의 정체성도 하나의 국적 혹은 사회로 한정되지 않고 중층적일 수 있습니다. 모어사회와 개인의 아이덴티티 사이의 관계에 관해서는 2부에서 말씀을 들을 기회가 있었으니, 여기서는 동아시아를 사고할 때 국가를 기본 단위로 삼아야 하는가에 관해 여쭙고 싶습니다. 그러나 자칫 이런 물음은 공리공론이 되어버릴지 모릅니다. 다만 여기서 저는 국가의 규모가 결코 균질적이지 않은 이 지역의 조건에서 동아시아를 사고할 때, 국가 단위의 발상법은 얼마만큼 현실을 적확하게 분석해낼 수 있을지를 검토하고 싶습니다.

지금의 동아시아론과 동아시아 연구, 특히 비교 연구는 자주 각국의 물리적·역사적 규모의 차이를 간과하고 국민국가라는 일률적 전제 아래 한중일처럼 나라명을 나열하여 동아시아를 표상하곤 합니다. 그러나 이 지역에서 국가 간 규모의 차이는 서유럽과 사뭇 다릅니다. 지리적 규모와 역사 경험에서 빚어지는 낙차는 국민국가에 대한 감각도 불균형하게 만듭니다. 불균형한 국가감각은 동아시아 상상의 균열을 가중시키죠.

특히 중국은 지리적 규모가 서유럽이라 불리는 지역보다 넓은 다민족 국가입니다. 중국은 서유럽의 국가 모델로는 실상을 파악하기가 힘듭니다. '중국의 굴기'는 그 규모로 말미암아 동아시아(나아가 아시아) 지역의 동학에서 핵심적 요소입니다. 그러나 중국의 규모를 이해하는 인식을 결여한다면 그것은 쉽사리 중국 위협론으로 비쳐집니다. 한편 지리적 규모에서 대국은 아니지만 경제적 위상과 제국의 역사적 경험에서 일본도 한국의 동아시아 상으로는 좀처럼 담아내기 어려운 대상입니다.

이런 비대칭적 규모가 국가감각과 역사 인식에서 간극을 빚어내는 한 가지 사례로서 고구려사 문제를 들 수 있을 것 같습니다. 선생님께서는 고구려사의 문제가 불거졌을 때 한국의 지식인과 공동의 토의 공간을 일군 적이 있으시죠. 고구려사 문제가 불거진 직접적 계기는 이른바 '동북공정'이었지만, 고구려사 문제는 한국이 냉전기의 고립된 '섬'의 위치에서 벗어나 대륙과의 '국경'을 의식하게 되었다는 점에서 더 중요한 의미를 갖습니다. 한반도의 긴장 국면이 점차 해소되자 북한이라는 유예된 공간이 시야에 들어오면서 중국과의 민족주의적 충돌, 역사 서술의 문제가 부상한 것입니다. 아울러 고구려사 문

"동아시아 내의 비대칭성을 사고하는 일은 연구 과제로 삼기도
어려우며, 자칫 감정적 문제로 비화될 소지가 있습니다.
그러나 그 버거운 작업을 건너뛴다면 쉽사리
한국, 중국, 일본과 같은 국민국가의 합으로 동아시아를
떠올리는 착시 현상에서 벗어나지 못할 것입니다."

"비대칭성이란 개념을 사용하려거든 먼저 탈가치화해야
할 것입니다. 그렇지 않으면 '비대칭성'은 상대를 규탄하는
논거로 활용될 수도 있습니다. 현실상의 비대칭성을
언제나 패권 관계로 읽어내서는 안 됩니다. 패권적 측면도
있지만 그 밖에 다양한 원리적 차이가 존재합니다."

제로 인해 고대사를 지금의 정치 주권에 귀속시킬 수 있는가라는 역사 인식의 문제가 수면 위로 떠오르기도 했습니다.

그러나 여기서는 고구려사 문제가 한국과 중국의 상호인식의 비대칭성을 보여주었다는 사실에 더 주목하고 싶습니다. 사실상 중국 내부에서 동북공정은 지원 액수로 보건대 핵심적 사업이 아니었습니다. 중국의 여론에서도 그다지 회자되지 않았습니다. 그러나 한국에서는 중국 위협론과 겹쳐지며 사회적 이슈로 달아올랐습니다. 고구려사는 누구의 것인가라는 것보다 이 같은 감각의 낙차가 동아시아를 사고할 때보다 중요한 의미를 갖는다고 봅니다. 한국의 사회 여론은 중국 내부의 사태의 경중을 가려볼 만한 시각을 지니지 못했던 것입니다. 따라서 고구려사는 중국과 한국의 문제라기보다 한국의 중국 인식에 관한 문제라고 해야 할지 모릅니다. 이처럼 규모의 차이를 간과하여 발생하는 착시 현상은 역사 문제뿐만 아니라 오늘날 동아시아상 자체에 아로새겨져 있습니다.

동아시아 각국의 역사 인식이나 규모의 낙차를 사고하는 일은 연구 과제로 삼기도 어려우며, 자칫 감정적 문제로 비화될 소지가 있습니다. 그러나 그 버거운 작업을 건너뛴다면 쉽사리 한국, 중국, 일본과 같은 국민국가의 합으로 동아시아를 떠올리는 착시 현상에서 벗어나지 못할 것입니다. 그리하여 저는 고구려사 문제만이 아니라 여러 현상에서 엿보이는 국가 규모의 비균질성, 감각의 비대칭성을 어떻게 동아시아 연구에서 유의미한 사고의 자원으로 삼을 수 있는지에 관해 여쭙고 싶습니다. 균질적인 국가 단위의 관점을 해체해 어떻게 동아시아라는 시좌를 구축할 것이며, 또한 비대칭성에서 빚어지는 복잡한 현실 상황과 착종하는 역사 관계에 어떻게 진입할 수 있을 것인지에 관한 물음입니다.

쑨거   무척 중대한 물음입니다. '비대칭성'은 상상 이상으로 중요하죠. 이 개념은 우선 탈가치화의 의미를 확인하고 나서야 비로소 사용할 수 있습니다. 앞서 논의한 대소大小처럼 '대칭성' 자체도 현재 가치화되어 때로 '비대칭성'은 상대를 규탄하는 논거로 활용됩니다. 그런데 현실상의 비대칭성을 언제나 패권 관계로 읽어내서는 안 됩니다. 패권적 측면도 있지만 그 밖에 다양한 원리적 차이가 존재합니다. 당신이 꺼낸 고구려사 문제도 그러한 한 가지 사례입니다. 그저 '위협'이라는 식으로 이 사안을 분석해서는 안 되겠죠.

왜 비대칭성을 문제화해야 하는가. 크게 보면 국제 관계, 작게 보면 인간 관계가 그러한데, 만약 같은 발상으로 다른 문제를 다루려 들면 사물의 입체성을 놓치고 사상의 즉물성을 훼손하고 맙니다. 상이한 주체가 지닌 고유한 성격으로 말미암아 각 주체는 서로 관계를 맺을 때 그 관계를 다른 방향으로 전개하려 하는데, 비대칭성은 이를 면밀히 파악하고자 할 때 매우 긴요한 인식론의 주제가 됩니다.

극단적으로 말해 이 세상의 모든 유기적 존재는 비대칭적입니다. 인간, 인간의 집단도 비대칭적입니다. 편의를 위해 우리는 이성으로 그 양상을 대략적으로 분류해 대칭적으로 관계를 지어주죠. 그런 대칭적 사고법은 물론 일정한 가치를 가지며, 평등이란 그 사고법에서 나오는 요구입니다. 말할 것도 없이 우리의 정당한 요구죠. 다만 평등과 공정함은 어떻게 실현될 수 있을까요? 그것이 공리공론이 되지 않으려면 아무래도 비대칭하다는 현실을 직시해야 합니다. 예를 들어 자유주의 이념은 평등과 자유 사이에서 고전적 갈등을 겪어왔습니다. 자유는 비대칭적 계기죠. 자유에 관한 이해나 자유를 필요로 하는 이유는 사람마다 내실도 다르고 소질도 다릅니다. 따라서 평등하게 자유를 부여한다면 아무래도 인간의 개인차를 간과하고 맙니다. 그렇기에 상황 속에서 대칭성과 비대칭성을 동시에 파악하는 것이 매우 중요한 시좌입니다.

감정상의 간극과 동아시아 시좌

윤여일　선생님의 말씀을 이어받아 오늘 대화의 본줄기로 가져가고 싶습니다. 바로 동아시아 내의 비대칭성은 감정상의 충돌을 낳는 이유로도 작용합니다. 그런 감정적 간극에서 어떻게 사상의 자원을 건져낼 수 있는가로 물음을 이어가겠습니다.

　　방금 논의했듯이 민족과 국가에 대한 감각은 나라마다 몹시 불균형하며, 대국과 소국 사이에는 감각의 차이도 가로놓여 있습니다. 지역 내의 국가들은 함께 동아시아 공동체를 입에 담지만, '동아시아 공동의 번영'이라는 수사로는 감출 수 없는 적대 관계가 아로새겨져 있습니다. 남북 분단, 과거사 문제, 양안 문제, 영토 분쟁, 경제 패권 등의 문제가 상존하여 한국과 북한, 중국과 타이완, 한국과 일본, 중국과 일본, 북한과 일본 사이에는 어지러운 갈등이 잠재해 있습니다. 긴장 관계가 어려 있는 각국 간 역사 인식의 충돌, 현실적 규모의 차이에서 빚어지는 지역 인식과 세계 인식의 간극은 동아시아의 문제 상황에서 눈에 보이지 않는 뼈대를 이루고 있습니다.

역내 국가들은 직접적인 횡적 연결망을 구축하지 못한 채 미국과의 양자 관계에 치우쳐 있어 미국을 중심으로 한 위계질서가 동아시아 지역 질서를 관통하고 있습니다. 더욱이 역내 국가들 사이의 갈등이 고조될수록 미국이 동아시아에 내재하기 쉬운 환경이 조성됩니다.

이처럼 동아시아 협력은 요원합니다. 그러나 바로 성사되기 어렵기 때문에 더욱 요청되는 것이 지금의 형국입니다. 긴장 관계로 맺어진 이곳에서 동아시아론이 연대를 일궈내려면 협력에 대한 직관적 바람보다 아득하니 복잡한 성찰에 나서야 할 것입니다.

동아시아론에는 민족감정에 기댄 비논리성이 은연중에 잠복해 있습니다. 동아시아의 지평에서 발생하는 사상과제에는 객관화할 수 없는 측면이 있는 것입니다. 동아시아론은 아무리 이론적으로 구축하려고 해도 생활인의 감정에서 떼어내기 어려운 구석이 있죠. 그런 비합리적 요소가 사회 여론만이 아니라 연구자의 문제의식, 문제제기 방식, 논의의 방향 등을 규정합니다. 그리하여 미묘한 정치적·역사적 쟁점을 마주하면 이론적 정합성은 힘을 잃고 감정적 반응에 자기 자리를 내어줍니다. 일국 단위의 발상도, 정형화된 이론도, 지역학의 도식도 이런 문제 상황 앞에서 모두 무력합니다. 비합리적 요소들이 그대로 사상의 역할을 맡을 수는 없지만, 그것을 외면한다면 사상은 성숙하지 못할 것입니다.

이런 감수성을 동아시아 사유에서 어떻게 다뤄야 하는지를 여쭙고자 합니다. 사상을 매개하지 않는 감정은 단순한 충동이 되어버리기 쉽습니다. 그러나 거꾸로 감정의 결을 거스르는 지식은 복잡한 상황 속으로 진입하지 못합니다. 그런 날것의 감수성을 외면하지 않고 어떻게 사상으로 숙성시켜갈 수 있을까요?

이 지점에서 선생님께서 말씀하시듯이 동아시아를 시좌로서 사고하는 일은 중요한 의의를 갖습니다. 바로 감정적 간극을 살피는 작업은 한 사회 내부에서 올바른 주장, 일국의 논리가 다른 사회에서는 그대로 통하지 않는다는 자각 위에서 이루어져야 하기 때문입니다. 물론 구체적 상황을 상정하지 않은 채 감정의 문제를 검토하고 그 결과를 일반화할 수는 없겠죠. 하지만 여기서 일단 동아시아 시좌가 어떻게 이런 감정적 요소를 품어내야 하는지에 관해 여쭙고 싶습니다.

쑨거　감정적 요소는 파악하기가 무척 어렵습니다. 사회적·정치적 맥락에서 감정적 요소는 종종 사회의 움직임을 뜻밖의 방향으로 몰고 갑니다. 어떤 이성적 분석도 감정의 작용을 파악하는 데는 한계를 드러내고 맙니다. 감정적 행동은 예측하기 어려우니까요.

그렇다고 사회적 감정을 경시하면 위험합니다. 이성의 각도만으로 사회의 동향을 분석하면 현실에서 유리되기 십상입니다. 우리가 자주 접하는 "동아시아는 협력해야 한다"든지 "한국은 자기중심이어서는 안 된다"와 같은 논의는 바람으로서야 매우 바람직하지만, 현실의 비합리적 지점을 과소평가하는 경향이 있습니다.

사회에서 분출하는 비합리적 감정은 좋다, 나쁘다로 가르기 어렵습니다. 당신이 말한 그대로죠. 이를테면 중국에 대한 한국 사회의 콤플렉스는 매우 복잡하여 상황마다 이유도 다를 것입니다. 아마 일본에 대한 감각, 북한에 대한 감각도 그런 구석이 있겠죠. 이성으로 감정을 멈춰 세워 정리하기는 어렵습니다. 상황의 변화를 파악하며 감정적 지점을 신중히 분석하는 일은 정말이지 중요한 지적 작업입니다. 그때 당위만 들이미는 자세를 경계하지 않는다면, 감정의 힘을 읽어내지 못하고 맙니다. 동아시아 시좌가 동아시아에서 확립되지 않는 상황은 이처럼 사회의 불가측한 부분과 깊이 관련되어 있겠죠. 물론 미국 등 외부 세력의 내재화, 잔존한 냉전 체제 등의 요소도 작용하고 있습니다. 하지만 사회적 감정과 감정기억의 간극은 또다른 방향에서 동아시아 시좌의 형성을 가로막고 있는 게 아닐까요. 거기서 중요한 것은 동아시아라는 전제를 세워두고 그것을 무엇이 방해하는지를 분석하는 것이 아니라 먼저 동아시아라는 시좌를 상대화하는 것이죠. 동아시아를 선험적 전제가 아니라 가설의 장소로 상정하는 일입니다.

현재 동아시아는 경제 면에서도, 국제정치 면에서도 점차 하나의 단위를 형성해가고 있습니다. 각국이 대화를 트고 대립은 얼마간 완화되었죠. 그런데도 여전히 인식론 상에서 '동아시아'를 하나의 시좌로서 만들어내지 못했습니다. 동아시아만이 아닙니다. 예를 들어 '서유럽'이라는 시좌도 현지 사회에서 성립해 있지 않습니다. 그곳 사람들은 오히려 프랑스인, 독일인이라며 각자의 차이를 강조합니다. 그러나 우리로서는 서유럽을 하나의 정체整體로 간주하는 게 편리하겠죠. 어떤 의미에서 '동아시아'를 하나의 시좌로 구축하려는 수요도 우리의 욕망에서 기인할 뿐 아니라 바깥에서 주어진 것이기도 합니다. 예를 들어 중국 대륙과 타이완은 현실적으로 긴밀하게 얽혀있지만, 타이완 사회는 대륙과 동화되기를 그다지 바라지 않습니다. 아마도 분단 체제인 한반도의 상황도 그런 지점이 있지 않을까 생각합니다. 이런 현실에서 지금껏 여러 사람이 이성적으로 분석하며 인간의 '양지'良知에 호소했습니다만, 거기서 해결될 문제가 아닌 것이죠.

더 따지고 든다면, 사상적 작업으로서의 동아시아론은 현실에서 동아시아가 일체화되어가는 방향을 좇지 않으며, '동아시아'라는 시좌가 일체화를 목표로 한다면 지적 작업으로서는 실격일지 모릅니다. 왜냐하면 한데 모은다는 발상법은 현실의 복잡한 갈등과 모호한 감각 등, 말하자면 비합리적 대목을 덮어버리고 말기 때문입니다. 그래서 일체화로 기울지 않으면서 동아시아라는 시좌의 분석력을 높이는 일이 중요합니다. 분석력이 높아지면 다양한 모순과 대항이 현상으로서 눈에 들어올 뿐만 아니라 거기서 어떤 구조성이 떠오를 것입니다. 그것이 '시좌'의 존재 의의입니다. 진정한 일체화는 이런 모순이나 대항 등을 얼마간 예측 가능한 것으로 전환해나가야 비로소 생명력을 지닐 것입니다.

동아시아 연대의 조건

윤여일　그렇다면 여기서 동아시아 연대에 관한 선생님의 문제의식을 직접적으로 여쭤보겠습니다. 동아시아론은 현재 지식계의 화두일 뿐 아니라 시민사회 영역의 안보, 인권, 평화 문제와 관련해서도 중요한 역할을 맡고 있습니다. 하지만 여전히 각국 사이에 역사교과서 문제나 복잡한 영토 분쟁 문제 등이 불거지면, '동아시아'라는 공동의

미래는 역사상대주의로 후퇴하며 금세 어그러지는 형국입니다.

한편 하나의 동아시아를 주장하기 위해 문명의 수준에서 한자문명권이나 중화문명권 혹은 조공체제 등의 논의가 나오지만, 그런 발상이 현실에서 직면하는 문제를 해결하는 데 얼마나 도움이 될 수 있을지 의문입니다. 현재는 서로가 공동의 실체를 갖고 있기에 '동아시아'를 공동의 비전으로 제시할 수 있는 단계가 아니라, 각국 사이에 산적한 문제가 있으며 갈등 관계, 때로는 적대 관계가 연출되기에 오히려 연결되어 있다는 것이 실상에 가깝지 않을까 싶습니다. 그래서 저는 그런 차이와 갈등을 바로 출발점으로 삼아야 한다고 생각합니다.

그 점과 관련해 선생님은 가령 2005년 반일 시위가 일어났을 때도, 그런 갈등 역시 관계의 한 가지 양상이라고 말씀하셨습니다. 또한 「복수의 중국과 복수의 일본」이라는 인터뷰에서는 이렇게 말씀하셨죠.

> 단지 중국과 일본의 우호만으로 사태에 접근한다면, 아마도 우리는 영원히 함께 할 수 없겠죠. 우호만으로 인간은 연대를 이뤄내지 못합니다. 고뇌가 있어야 인간은 연대할 수 있습니다. 다만 생활인으로서의 고뇌만으로도 연대는 실현되지 않습니다. 사상의 고뇌가 아니라면 아마도 서로를 영원히 이해할 수 없을 것입니다.

아마도 선생님께서 '지의 공동체'에 참가하시면서 보이신 태도나 아즈마 시로 사건 등을 사상사의 사건으로 삼으려고 시도하신 까닭, 사스나 반일 시위와 같은 문제를 주목하시는 이유 역시 사상의 고뇌에서 기인하지 않나 생각합니다. 현재 중요한 것은 우호를 내세워 갈등을 덮는 것이 아니라 갈등과 긴장을 어디까지 직시할 용기가 있는가, 거기서 힘겨운 한 걸음을 떼어 사상 과제를 발견하는 사고의 힘이 있는가이며, 선생님께서는 다양한 각도에서 그 물음을 던지고 계시는 것 같습니다.

쑨거　　얼마 전 홋카이도에 다녀왔습니다. 그곳 활동가들과 만나 대화를 나누었죠. 그들은 분명 '연대'를 화두로 꺼냈습니다. 제게 물었습니다. "쑨거 씨, 당신은 우리와의 연대를 어떻게 생각합니까?" 그때 그들은 일본과 중국의 연대라는 이야기는 일절 하지 않았습니다. 그것은 인간 사이의 연대, 굳이 바꿔 말하자면 지역 간의 연대입니다. 물론 그때 지역이란 지역연구에서 말하는 지역이 아닙니다. 요컨대 홋카이도의 활동가들은 국가에 매이지 않는 형태로 연대를 사고하고 있었습니다. 저는 큰 시사를 받았습니다.

지금 우리가 동아시아의 연대를 입에 올리면, 곧 나라 단위의 연대를 떠올리게 됩니다. 그 경우에는 삼국의 연대가 정말 성사될 수 있는지가 문제로 놓입니다. 그러나 나라 단위의 연대가 아니라 한 나라 안에서도 여러 사람이 살아가며 여러 양상의 민간 연대가 진행되고 있습니다. 나라가 아닌 고민과 고독을 단위로 연대를 생각한다면, 어떤 연대가 그려질 수 있을까요? 그렇다면 한국인끼리의 연대는 어떻게 생각해야 할지, 혹은 일부 한국인과 여러 국적의 사람과의 연대는 어떻게 성사될 수 있는지, 저는 홋카이도에서 그런 물음을 얻었습니다.

홋카이도의 일부 활동가들에게 일본이란 곧 섬들입니다. 바다에

떠 있는 여러 섬들이 일본이라는 나라를 이루지만, 본질적으로는 섬들입니다. 그리고 한국은 반도입니다. 중국에는 연안이 있고 내륙도 있습니다. 우리는 모두 지구에서 살아가며 그 안에서 어떻게 연대를 만들어낼 것인지가 중요합니다.

거기서 동아시아의 연대라는 문제가 부상합니다. 우리는 가까이 있는 사람들과 자주 접촉하게 마련이니, 그런 의미에서 동아시아를 연대의 범위로 생각합니다. 그러나 그것은 목적이 아닙니다. 목적은 고민을 지닌 사람들과의 연대입니다. 따라서 고민의 내용을 밝혀야 합니다. 고민의 내용이 대립한다면 연대할 수 있을 리 없습니다. 어디 사람인지는 중요하지 않습니다. 이를테면 정의를 요구하는가 그렇지 않은가, 이익을 바라는가 공평함을 중시하는가에 따라 사람은 나뉩니다. 권력에 대해 어떤 태도를 취하는가. 그때 그것이 어느 나라의 권력인지는 부차적 문제입니다. 거기서 진정한 인간상이 표현되어 나옵니다. 이런 인간상에 의한 연대를 저는 '인류'라고 명명하고 싶습니다. 인류를 위해 아시아를 말하고 싶으며, 인류를 위해 동아시아의 연대를 사고하고 싶습니다.

동아시아라는 번역의 공간

윤여일　선생님의 말씀에 공감하면서도 '인류'라는 위상에 다가가는 절차를 조금 더 가다듬고 싶습니다. 이를 위한 착상으로서 번역이라는 실천을 매개로 삼아보면 어떨까 하는데요. 나아가 동아시아의 연대를 사고하기 위해 동아시아를 번역 공간으로 규정할 수도 있을 것 같습니다.

물론 이런 발상에는 자칫 동아시아를 신비화할 수 있는 위험성이 따를지 모릅니다. 제게는 동아시아에 관한 두 가지 사고의 편향이 있습니다. 한 가지는 실체화의 위험성입니다. 동아시아를 하나의 지리적 실체, 몇몇 국민국가의 합으로 한정해버리는 것입니다. 이런 위험성을 경계하여 저는 동아시아를 사고의 공간으로 삼고자 노력하고 있습니다. 그러나 지금 제게는 실체화의 위험성보다는 그것에 대한 반작용으로 나타나는 신비화 쪽이 더욱 문제인 것 같습니다. 동아시아라는 말에 너무도 많은 의미를 주입한 나머지, 그것을 어떠한 문제 상황을 해결하는 안이한 비전처럼 혹은 현실의 복잡함을 가리는 레토릭처럼 활용해 결국 동아시아가 사고의 도피처가 되고 마는 것입니다.

그럼에도 선생님께서 말씀하신 인류라는 위상, 그리고 고민의 연대를 사고하기 위해 동아시아를 어떤 번역 공간으로 상정해볼 수 없을까 생각해봅니다. 그렇다면 이제까지의 논의를 포함하여 동아시아 연대의 사상적 의미를 다시금 검토해볼 수 있으리라고 기대하기 때문입니다.

번역은 일반적으로 의미 교환의 등가성을 실현하는 실천이라고 표상됩니다. 하나의 균질한 언어체계에서 다른 언어체계로 의미상의 등가성을 찾아서 언어를 옮기는 과정처럼 여겨지는 것입니다. 그러나 표상으로서의 번역이 아닌 실천으로서의 번역이라면 한 가지 언어체계 내의 균질성과 복수의 언어체계 사이의 의미 교환의 등가성은 불분명한 전제임이 드러납니다.

방금 전 선생님께서는 홋카이도에서 겪은 경험을 통해 나라 단위가 아닌 연대의 모습을 제시하셨습니다. 그리고 2부에서 선생님의 말씀을 들으면서 저는 진정한 문화 교류란 두 문화 사이에서 발생하기에 앞서 타문화를 접하면서 자문화의 자족성에 대한 회의가 생겨나고, 타문화의 문제를 자기 인식을 위한 매개로 삼아 자기 변화를 꾀하고, 그것을 통해 문화적 주체가 분절화되는 과정이라 이해했습니다. 그때의 대화에서도 드러났지만, 하나의 나라는 맥락에 따라 가령 한국도, 한국의 사상계도 단수이자 늘 복수로서 존재합니다. 저에게 바로 번역이란 자국 대 외국, 모어 대 외국어, 내부 대 외부처럼 정합적으로 짜인 패러다임에 담기지 않는 것, 결여와 잉여를 산출하는 실천으로 여겨집니다. 그렇다면 번역을 통해 민족이나 문화, 언어의 균질한 네이션으로 포섭되지 않는 비공약성의 지대를 사고하고, 나아가 사상적 연대의 모습을 탐구할 수도 있으리라 생각합니다.

번역이란 언어가 다르다는 데서 출발해 관계를 구성하는 작업입니다. 번역은 비연속성의 연속성이라는 모순적 실천입니다. 번역하는 언어와 번역되는 언어는 다른 언어이기 때문에 불연속적이지만 번역을 통해 상이한 언어들은 마주하게 됩니다. 그러나 어떠한 번역도 이쪽의 언어를 투명하게, 등가로서 저쪽으로 옮길 수는 없습니다. 번역에는 언제나 번역 불가능한 것이 따릅니다. 의미가 전달되는 과정에서 새어나가는 것, 넘치는 것이 있게 마련입니다. '번역된다'와 '번역되지 않는다'는 동시에 발생하는 것입니다. 이해하지만 오해가 발생합니다.

저는 바로 번역 불가능성과 전달의 실패가 우리의 가장 근본적인 사회성을 암시한다고 생각합니다. 그렇다면 번역자는 한쪽의 언어를 다른 쪽으로 옮겨주는 매개자라기보다 임계적 존재가 되어야 합니다. 번역자는 언어 단위, 국가 단위의 경계선상에서 이질적인 것들의 운동을 내적 계기로 삼아 부단히 자기를 부정하고 갱신합니다. 이것이 제가 이해하는 (기술자가 아닌) 사상가로서의 번역자이며, 동아시아 사유의 모습이 아닐까 생각합니다.

즉 의미의 표면적 등가성을 추구해 섣부른 공감을 꾀하는 것이 아니라 번역 불가능성에 발 디뎌 문자의 번역이 아닌 고민의 번역을 도모하는 것입니다. 그 과정을 통해 한 언어체계 내지 사회는 더 이상 자기 완결적이고 단수로서 존재하는 것이 아니라 임계 상태에 놓인 번역자가 그러하듯 타자, 타문화를 매개해 해체되고 복수화되며 자신의 갱신을 도모할 수 있습니다. 거기서 진정한 동아시아의 연대가 발생한다고 생각합니다. 그렇다면 선생님께서 말씀하시는 '인류' 역시 그저 인간의 총칭이 아니라 고민의 번역이 이루어지는 심급이라고 이해해볼 수 있지 않을까 싶습니다.

쑨거　　탁월한 번역론이군요. 동감입니다. 특히 당신이 말했듯이 번역에 의해 언어공동체가 열린다는 대목은 소중하며, 나아가 번역자는 임계성을 띠는 매개자라는 위치 설정도 중요합니다.

범박하게 말하자면, 실제로 번역을 하지 않더라도 지식인은 다양한 위상에서 '번역자' 역할을 수행합니다. 이질적인 것을 허우적거리면서도 받아들여 '자기 부정'의 형태로 자기를 재생합니다. 그것이야말로 번역의 매개 작용입니다. 당신은 그것을 '동아시아 사유의 모습'

이라 부르는군요. 무척 흥미로운 발상입니다. 확실히 다케우치 요시미는 그런 자세를 보여주었습니다. 다케우치 요시미에게 사상의 원천이었던 루쉰은 더욱 버거운 과정을 겪으며 동아시아 사유의 특징을 표현했습니다.

'번역자'로서 루쉰의 사상적 역할을 읽어내려면 그가 번역한 책을 들춰보기보다 그의 잡문을 읽는 편이 낫습니다. 그의 혹독한 중국 비판은 그저 통속적인 '중국 부정'이 아니라 중국을 재생하기 위한 통렬한 '쩡짜'挣扎*였습니다. 이런 '쩡짜'는 동아시아의 사상적 태도라고 할 수 있겠죠. 외래의 이질적인 것을 안이하게 취해 들이는 경우와 달리 '쩡짜'는 자신의 전통을 내버리지 않습니다. 내버리지 못하니 이질적인 것과 쉽사리 뒤섞일 수가 없습니다. 다만 외래적인 것의 도래와 토착적인 것의 저항이라는 이분법으로 '쩡짜'를 이해해서도 안 됩니다. 왜냐하면 '쩡짜'에 의해 전통은 이미 무너졌기 때문입니다. 무너뜨리지 않으면 재생할 수 없지만, 무너뜨린 후에도 통째로 버릴 수 없으니 오히려 무너진 전통의 요소를 새롭게 가다듬고 구축해야 합니다.

루쉰도 다케우치 요시미도 이 점에서 말하자면 사상적 위상에서 탁월한 번역자였습니다. 그들은 실제로도 번역 일에 매진했으나 그보다는 이런 '쩡짜'라는 사상적 행위에 의해 그들의 번역성이 체현되었습니다. 반대로 말하자면 그저 말을 한쪽에서 다른 쪽으로 옮긴다는

---

* 다케우치 요시미는 『루쉰』에서 '쩡짜'라는 표현을 사용하고는 각주를 달았다. "쩡짜란 참다, 용서하다, 발버둥치다, 고집을 세우다 등의 의미를 가진다. 루쉰 정신을 이해하는 데 중요한 단서라고 생각해 원어 그대로 자주 인용한다. 억지로 일본어로 번역한다면 지금의 용어로 '저항'이라는 말에 가깝다."

"섣부른 공감을 꾀할 게 아니라 번역 불가능성에 발 디뎌
고민의 번역을 시도해야 합니다. 그 과정을 통해 한 사회는
자기 완결적이고 단수로서 존재하는 것이 아니라
타자, 타문화를 매개해 해체되고 복수화되며
자신의 갱신을 도모할 수 있습니다.
거기서 진정한 동아시아의 연대가 발생할 것입니다."

"지금 동아시아의 연대를 입에 올리면,
우리는 곧 나라 단위의 연대를 떠올리게 됩니다.
하지만 나라가 아닌 고민과 고독을 단위로
연대를 고민해봐야 합니다."

행위는 기술로서의 번역이지 사상으로서의 번역이 아닙니다. 바로 루 쉰과 다케우치 요시미로부터 배울 수 있는 교훈입니다.

윤여일　　그런 의미에서 선생님 역시 제게는 중국과 일본 사이의 특이한 번역자로 보입니다. 선생님께서는 피상적 만남이나 섣부른 입장의 공유가 아닌 긴장과 갈등의 복잡한 맥락을 드러내는 것을 문화 교류의 진실상이라 여겼으며, 문화 충돌의 문제를 드러내 불편함과 어색함, 그 어긋남으로부터 사상 과제를 건져내셨습니다. 선생님께서는 일상감각의 주름진 곳, 경험의 미세한 결, 감정기억의 균열과 같은 번역 불가능한 영역을 주시하셨습니다. 아니 번역 불가능성 이전에 그것은 침묵으로서, 뒤틀린 형태로, 틈새에 존재하기에 좀처럼 언표 불가능합니다.

　　그러나 바로 동아시아 연대, 고뇌의 연대는 번역 불가능한 지점에서 출발해야 하며, 거기서 진정한 사상적 연대가 발생할 것입니다. 동아시아의 연대는 '동아시아 공동의 인식'을 모색한다는 섣부른 기대로 성사될 일이 아닙니다. 지리적·역사적·정치적 규모와 사회 체계의 차이로 말미암아 각 사회의 표상이 그대로는 교환 불가능하기 때문입니다. 더욱이 무거운 역사기억의 투쟁, 영토 문제, 근대화를 향한 각축 가운데 각 사회 사이에는 적대성이 어지러이 깔려 있습니다.

　　이런 조건 속에서 연대는 어떻게 가능할까요? 대립하면서도 대립하기에 도리어 하나를 이루는 이곳에서 연대를 이뤄내려면, '동아시아 공동체'와 같은 섣부른 협력의 요구가 아니라 아득하니 어려운 사상적 실천을 모색해야 할 것입니다. 이때 바로 선생님께서 말씀하셨듯이 화해가 아닌 긴장 관계를 연대의 한 가지 모습으로 읽어내는 사상의 감도가 필요하리라 생각합니다.

이렇듯 각 사회가 처한 현실이 다르다면 기도할 수 있는 연대는, 다시 말하지만 선생님의 말씀처럼 '고뇌의 연대'일 것입니다. 연대의 목표는 화해나 입장의 합일이 아닐지 모릅니다. 오히려 서로를 매개 삼아 자기 안의 문제를 하나씩 끄집어내고, 그렇게 어려운 한 걸음을 떼고 있는 서로를 응시하는 것이 진정한 교류의 모습이자 '고뇌의 연대'라고 생각합니다. 조건은 다르지만 서로의 고투의 농도, 그리고 심도가 닿는 연대인 것입니다. 그 걸음은 서로를 같은 장소로 인도하지 않을지도 모릅니다. 가령 내셔널리즘의 문제라고 하더라도 한국과 중국과 일본의 지식인이 자기 사회에서 짊어질 무게는 다르며 무게를 짊어지는 맥락도 다릅니다. 그리하여 진정한 교류에 값하는 것은 섣부른 입장의 공유가 아닌 고민의 연대라고 믿고 있습니다.

저는 이와 같은 번역 불가능성, 즉 조건의 차이, 공동성을 갖지 않는다는 공동성, 오해를 품고 있는 이해, 감각의 균열에서 빚어져야 할 연대를 사고하고, 거기서 타자의 고투를 나눠 갖는 장으로서 동아시아를 번역 공간이라 명명하고 싶습니다. 서로의 고투의 내실을 그대로 나눠 갖는 일은 비대칭성, 적대성, 여러 겹의 분단선으로 말미암아 성사되기 쉽지 않습니다. 따라서 서로의 고투는 서로에게 번역되어야 합니다. 그런 번역이 발생하려면 맥락의 전환과 동시에 자기 전환을 거쳐야 합니다.

저는 이 지점에서 앞으로 저의 동아시아 사고를 모색해나가려 합니다. 한국의 동아시아, 중국의 동아시아, 일본의 동아시아, 오키나와의 동아시아. 즉 동아시아 속의 한국, 중국, 일본, 오키나와만이 아니라 한국, 중국, 일본, 오키나와의 동아시아도 존재한다고 생각합니다. 이때 '의'는 소유격도 동격도 아닙니다. 그때 동아시아란 자기 사유의 한계와 만나는 곳입니다. 선생님의 표현을 빌리자면 임계점입니다. 따라서 한국의 동아시아는 일본의 동아시아, 중국의 동아시아와 다릅니다.

동아시아가 그런 자기비판과 자기 갱신의 지평이라면, 일본으로서는 외면해온 아시아와 마주보고 멸시해온 이웃 나라에 대한 시선을 바로잡는 일이 자기비판의 방식이 되겠지만, 한국은 일본과의 관계를 안전판으로 삼아 그 관계를 중심으로 재생산해온 동아시아 인식을 극복하는 일이 관건이 될 것입니다. 아울러 중국은 국력과 지리상 육중함으로 말미암아 주변의 관점을 어떻게 체득할 수 있는지가 문제로 부상하겠지만, 한국은 국가로서의 주변성이라는 조건에서 중심 국가가 되기를 욕망하는 것이 아니라 어떻게 다른 양상의 주변성으로 이해를 심화해갈 수 있는지가 과제일 것입니다.

이처럼 자기 사고의 한계와 대면하기 위해 각 사회가 출발하는 곳도 도착할 곳도 다릅니다. 그런 의미에서 서로가 갖는 '사상 과제로서의 동아시아'는 다르며, 서로의 변환 지점을 표시하는 장으로서 동아시아는 존재할 것입니다. 바로 서로를 매개한 각각의 고투가 서로에게 번역되는 장을 저는 동아시아라고 불러보고 싶은 것입니다.

쑨거　당신은 여러 값진 문제를 제출했습니다. 번역 불가능이란 무척 묵직한 의미를 지닙니다. 상이한 언어 공동체만이 아니라 언어 공동체 내부에서도, 혹은 한국과 북한처럼 분단된 언어 공동체 안에서도 번역 불가능한 상황은 종종 목격됩니다. 같은 용어로 다른 대상을 지시합니다. 같은 대상을 다른 말로 표현합니다. 말은 있지만 지시 대상은 존재하지 않습니다. 혹은 이쪽에서 이해할 수 있는 말이 저쪽에서는 음성이나 문자에 그칠 뿐 의미는 전달되지 않습니다. 요컨대 번역 불가능이란 이해 불가능인 것입니다. 말이 없습니다. 혹은 말이 있어도 지나치게 작위적입니다. 그런 현상은 영원히 존재할 것이며, 이해 불가능한 것이 이해 가능한 것으로 전환될 때 사회는 변동해갈 것입니다.

여기서 보다 까다로운 대목이 있습니다. 번역 불가능한 것은 번역할 수 있는 것이 되고 나서도 결코 동일한 의미를 갖지 않습니다. 바로 당신이 표현한 "공동성을 가지지 않는 공동성"이나 "오해를 수반하는 이해"라는 문제죠. 이것은 '비대칭성'이 드러나는 한 가지 양상이기도 합니다. 몹시 중요한 대목입니다. 우리가 공감했던 '문화의 다원성'이란 확실히 이처럼 번역할 수 있지만 동일성을 갖지 않는다는 '공동성'이죠.

상호이해는 말하자면 번역 가능한 다양성에 발을 디뎌야 비로소 성립할 수 있습니다. 동아시아에서는 민간의 노력으로 이런 번역 가능한 다양성이 서서히 모습을 갖춰가고 있습니다. 그런데 흥미롭게도 때때로 사람들은 '번역 불가능성'을 도망갈 구실로 사용합니다. 가령 저는 최근 타이완에 있는 동안 논의의 상대로부터 이따금 이런 말을 들었습니다. "이것은 타이완의 상황이니 당신이 제대로 이해하기는 힘들 것입니다"라고요. 분명 사실입니다. 하지만 곰곰이 생각하면 사람들은 논의를 접고 싶을 때 '번역 불가능성'을 구실로 꺼냅니다. 즉 번역 불가능하니까 더 이상 설명할 필요가 없다고 단정 짓습니다. 반대로 만약 상대가 논의에 성의를 갖는다면 '번역 가능성'의 태도가 두드러집니다. 그때 논의는 각 사회의 다른 상황 속에서 비교 가능한 현상을 찾아내 전개될 수 있습니다. 일본에서도 한국에서도 이런 경험을 종종 해왔습니다. 제 경험에 비추어 말하자면 상호이해란 이런 과정입니다. 즉 '번역 불가능성'이라는 도망칠 길을 차단하고, 그 위에 '번역 가능'한 대상 사이의 비동일성을 연마해 그 차이를 포함하여 '번역'을 진행하는 것입니다.

번역의 윤리

윤여일　이제 선생님과의 대화가 막바지에 접어들고 있으니 내친 김에 여쭙겠습니다. 동아시아를 상호인식과 고투를 번역하는 장일 뿐 아니라 어떻게 새로운 윤리성의 지평으로 사고할 수 있을지에 관한 물음입니다.

　선생님께서 추구하는 사상사의 전통이 나라 단위가 아니었듯 선생님께서 존재를 내거는 지평도 한 나라로 국한되지 않는다는 인상입니다. 선생님께서 모어사회가 아닌 다른 사회의 사상계에 저토록 치열하게 개입하고, 또한 자기 사회의 문제를 다른 사상계에 사상적 감도를 되묻는 과제로 내놓을 수 있었던 것은 선생님의 동아시아적 윤리감각에서 비롯된다고 생각합니다. 비판하고 책임을 지는 장을 한 사회로 한정해놓지 않으며, 거기서 움트는 윤리감각인 것입니다.

현재 동아시아에는 복잡한 분절선이 깔려 있습니다. 동아시아는 민족감정의 충돌, 기억의 항쟁, 상호이해의 간극으로 점철되어 있습니다. 그런 적대 관계로 인해 오히려 하나를 이루는 것이 동아시아의 역설적 진실입니다. 그러나 갈등과 적대 관계를 해소하기 위한 '인권', '정의', '문명'과 같은 보편의 척도는 더 이상 제대로 기능하지 못합니다. 그러한 보편의 의장을 벗겨내자 동아시아에서는 역사 문제로 얼룩진 민족감정, 경제 영역의 패권 경합이 드러나고 있습니다. 아니, 그러한 보편의 척도는 역사적으로 착취, 억압, 차별이라는 구조적 대립을 은폐하는 미사여구로도 기능한 바 있습니다.

그렇다면 이런 조건에서 어떻게 공동의 윤리적 지반을 마련할 수 있을까요? 그 대목을 여쭙고 싶습니다. 공동의 척도가 붕괴되었기에 단절의 양끝을 잇는 대화는 성립하기 어려우며, 자기중심주의가 성행하고 있습니다. 그런 간극을 극복하는 새로운 연대를 위해 지금 무엇이 요구되는 것일까요? 그때 동아시아라는 사유공간은 어떻게 사고되어야 하는 것일까요?

쑨거　번역은 어떤 의미에서 새로운 윤리성을 표상합니다. 다원성의 전제 아래 번역 불가능한 것을 번역한다는 행위는 이문화에 깊이 관여하면서 모어문화를 재구성하는 것이기도 합니다. 이문화를 경원시하는 것은 일종의 도망칠 길을 마련해두는 태도입니다. 모어사회만을 책임진다는 비좁은 발상은 '번역 불가능성'을 내세우는 태도의 현실적 변형태입니다. 인류에 대해 책임을 지는 윤리성은 '번역'을 통해 인류가 연대할 수 있다는 윤리감각을 갖추지 않는다면 성립되지 않습니다. 이문화와 관계를 맺는다는 것은 복잡한 일이니 그저 용기만으로 성사되지 않습니다. 다원적 시좌, 상대화의 시좌가 필요합니다.

공동의 윤리를 어떻게 구성할 수 있는가라는 당신의 고민은 저의 고민이기도 합니다. 지금껏 아카데미의 세계에서 '국민국가 비판', '내셔널리즘 비판' 등은 이데올로기로서 확립되었다고 생각합니다. 그런데 이런 이데올로기가 현실 사회에 제대로 뿌리내렸다고 말하기는 어렵습니다. 거기서 확인할 수 있는 사실은 국민국가를 정면에서 비판하더라도 대신할 것이 없다면, 즉 국가를 없앨 수 없다면 단순한 비판만으로는 충분치 않다는 점입니다. 하물며 현재의 국제 관계에서는 국가에 근거해 국제 패권에 맞서는 일도 필요하니 국가를 완전히 괄호 쳐두고 사고할 수는 없는 노릇입니다.

한국 사회는 지금껏 민주주의 운동을 축적해왔고, 국가를 비판할 뿐 아니라 그것을 어떻게 통제할 것인지도 고민해왔습니다. 내셔널리즘에 관해서도 그러했습니다. 저는 백낙청 선생과 백영서 선생의 글을 읽으며 그들이 국가와 내셔널리즘에 관해 복잡한 태도를 견지하고 있음을 읽어낼 수 있었습니다. 거기서 한 걸음 더 내디디면, 국가보다 큰 관점이 요청됩니다. 국가라는 틀 안에서 국가를 부정하기란 아무래도 한계가 있죠.

이제껏 일본에서 여러 차례 목격한 장면인데, 일국 안에서 국가와 내셔널리즘을 비판하는 이른바 '비판적 지식인'은 중국에 와서 구체적인 문제, 특히 전쟁책임 문제나 현재 일본 사회에 대한 중국인의 반응을 접하면 금세 내셔널리스트로 변신하곤 합니다. 저는 그들이 단순한 내셔널리스트는 아니라고 생각합니다. 다만 여기에는 그들의 비판 방식에 문제가 잠복해 있습니다. 왜냐하면 그들은 애초에 일국 단위에서 국가를 비판했기 때문입니다. 그 비판은 외부로부터의 비판과 단절되었기에 국제 관계의 장에서 그들은 자기 사고를 갖지 못한 채 오히려 냉전 이데올로기에 휩쓸려버립니다.

　　다른 한편에는 국제인이라며 자인하는 사람도 있습니다. 그쪽은 공리공론을 즐기다가 현실에 부딪치면 오히려 상식적 반응을 따라가곤 하죠. 현실에 뿌리를 내리지 못한 국제인이 되는 것은 현실 문제 해결에 아무런 도움이 되지 않습니다.

인류를 위해 아시아를 원리화한다

윤여일　　여기서 다시 오늘의 본줄기로 논의를 가져가겠습니다. 선생님께서는 올해 봄에 「또 하나의 동아시아 시좌」라는 강연을 하셨죠. 저는 그 자리에 참석했습니다. 강연에서 선생님은 동아시아를 말하는 까닭은 '인류'를 위해서라고 밝히셨습니다. 이렇게 말씀하셨죠. "인류를 위해서 아시아를 생각할 때 아시아는 비로소 원리화된다." 그리고 이런 말씀도 잊지 않으셨습니다. "인류를 추상적인 것으로, 사고가 도망갈 샛길로 여겨서는 안 된다." 그리고 인류란 폭력 아래서 핍박을 받는 자들의 이름이라고 덧붙이셨습니다.

　　저 역시 '동아시아'를 말하는 이유는 그것 자체에 가치가 있어서가 아니라 동아시아라는 화두를 통해 어떤 가치를 실현해나가는 데 있다고 생각합니다. 가령 「기본적 인권과 근대사상」에서 다케우치 요시미가 중국과 조선을 비롯해 아시아를 언급한 까닭은 일본 사회의 차별 의식을 시정하기 위해서였습니다. 차별과 편견을 깨고 일본 시민의 평등감각을 길러내고자 중국을 위시한 아시아로 눈을 돌릴 것을 촉구했습니다. 즉 일상의 차별 의식을 솎아내 '평등'이라는 가치를 실현하겠다는 의지와 아시아에 대한 관점이 따로 있지 않았습니다.

한편 다케우치 요시미는 「방법으로서의 아시아」에서 유럽은 자유와 평등이라는 보편적 가치를 낳았지만, 보편적 가치가 제국주의 과정에서 폭력성을 수반하여 가치 자체가 약화되었기 때문에 "서구의 우수한 문화 가치를 보다 큰 규모에서 실현하려면 서양을 다시 한 번 동양으로 싸안아서 거꾸로 서양 자신을 이쪽에서 변혁시킨다는, 문화적인 되감기 혹은 가치상의 되감기를 통해 보편성을 만들어내야 합니다"라고 말했습니다. 다케우치 요시미는 이렇게 「방법으로서의 아시아」에서 서구가 실현하지 못한 가치를 되감아 서구마저 개조해나가는 '방법'으로서 아시아를 제시했습니다.

여기서 선생님께 여쭙고 싶습니다. 앞서 저는 선생님께서 언급하신 인류의 의미를 번역의 사고를 통해 접근해보았지만, 앞에서는 인식론의 위상에서 검토했을 뿐 '가치'와 관련해서는 여쭙지 않았습니다. 그래서 이제 "인류를 위해 아시아를 원리화한다"고 말씀하시는 선생님께서는 '아시아'를 화두로 꺼내 실현할 어떤 가치를 상정하고 계신지, 강연에서는 미처 듣지 못한 말씀을 여기서 청하고 싶습니다.

쑨거   동아시아를 어떤 가치의 기반으로 사고하는 것은 분명 다케우치 요시미가 가장 공을 들인 사고법이죠. 그는 이를 위해 아시아라는 물리적 공간에서 살지만 결코 아시아에 속하지 않은 나라, 예를 들어 일본과 터키가 있으며, 반대로 아시아 바깥에 있지만 쿠바처럼 아시아적인 나라도 있다고 말했습니다. 1961년 우메사오 타다오*와 나눈 대담 중에 나온 발언이죠. 바로 '이념으로서의 아시아'인 것입니다. 그 관점에서라면 동아시아를 가치화(이념화)할 수 있습니다. 다케우치 요시미는 바로 "패권에 저항한다"를 아시아의 존재 가치로 삼았습니다.

저는 인류의 인식을 풍요롭게 만들고자 동아시아가 고유의 역사에 근거해 인식의 자유를 창출해내기를 염원합니다. 지금까지 동아시아의 여러 지식인은 그런 노력을 기울여왔습니다. 이미 상당한 결실을 보았습니다. 아마도 몇 가지 문제는 이론적으로 해결되었다고 생각합니다. 즉 서구 이론으로 동아시아를 설명하기에는 무리가 있다, 이 지역에는 독자적인 역사의 논리가 있다, 문화본질주의를 돌파한다는 의미에서 폐쇄적이지 않고 개방된 형태로 동아시아를 논해야 한다 등은 이미 공동 인식으로서 정착되었다고 봅니다.

하지만 미진한 대목도 있습니다. 예를 들어 서구 이론이 규정한 근대를 우리는 거의 여과 없이 수용하며 서구 근대이론의 핵심어로 자신의 역사를 분석하고 있습니다. 물론 그 상황을 일률적으로 비판할 수는 없습니다. 가령 세계체제론은 동아시아가 자신의 독자성을

---

* 梅棹忠夫(1920~2010). 민족학자. 1957년에 발표한 『문명의 생태사관』에서 서구 문명과 일본 문명이 비슷하게 진화해왔다는 '평행진화설'을 내놓았다. 즉 그는 정치와 이데올로기에 근거해 아시아, 유럽이라는 식으로 지리를 나누는 일에 반대하면서 생활양식을 기준으로 문명 형태를 가른다는 문명생태사관을 주장했다.

지니며 세계체제에 속한다고 분석하는데, 이는 받아들일 수 있는 내용입니다. 그런데 그 관점에서 보자면 동아시아 역사는 근대에서 '낙제'했다는 가치판단을 아무래도 피해가기 어렵습니다. 지금도 동아시아에서는 뒤처졌다는 초조감이 가시지 않았으며, 근대화를 방해하는 요소라면 부정적이라 치부됩니다.

중국에서는 5·4운동이 벌어지고 혁명이 있었습니다. 이후의 사회주의도 독자적인 길을 걸었습니다. 앞으로 중국이 어디로 향할 것인가를 생각한다면, 한국의 지식인은 아마도 '민주화'를 꺼낼지도 모릅니다. 잘못된 방향은 아니겠지만, 그런 식이라면 문제의 근본적인 지점을 포착하지 못하며 중국의 역사와 현실을 원리적으로 분석할 수 없습니다. 이 지점까지 온다면 우리는 가치관을 재검토하는 데서 다시 출발해야 합니다. 그렇지 않으면 논의는 거의 진행되지 않을 것입니다.

윤여일 아마 그 대목에서 상호인식은 동아시아의 가치화를 위해 빠뜨려서는 안 될 절차겠죠. 무엇보다 상호인식의 질이 중요합니다. 다케우치 요시미는 「방법으로서의 아시아」에서 서구가 실현하지 못한 '가치'를 실현하기 위한 '방법'으로 아시아를 제시했습니다. 그런데 그 강연은 중국과의 만남이라는 구체적 경험이 골격을 이루고 있으며, 그 사실을 간과한다면 '방법으로서의 아시아'는 그저 사용하기 쉬운 수사가 되고 맙니다.

다케우치 요시미는 중국 인식의 문제를 자기 이해의 문제로 전환하려 했습니다. 중국에 다가가는 일은 자기 사회를 향한 천착과 해부에 의해 매개되어야 했습니다. 또한 중국을 끌어들인다면 일본의 근대는 달리 표상될 수 있으며, 일종의 전위轉位 가능성을 경험하게 됩니다. 그렇게 그는 일본인의 주체성과 일본의 근대를 사상적으로 되짚을 때, 일본 상황의 열악함을 부각시키는 참조축으로서 중국을 끌어들였습니다. 그것이야말로 참조축의 진정한 의미라고 생각합니다. 타자를 매개하여 새로운 자기 인식을 도모하는 것입니다. 중국이라는 참조축에 의해 다케우치 요시미의 '평등'이라는 가치는 사상적 의미를 더할 수 있었습니다.

선생님께서는 『다케우치 요시미라는 물음』의 「한국어판 서문」에서 이렇게 말씀하셨습니다. "다케우치 요시미가 던진 그 물음을 받아들인 우리가 한 걸음 더 내디딘 곳에서 맞닥뜨리는 과제는 무엇인가? 그것은 현실에서 '아시아'를 한 나라가 자기를 개조하는 '방법'으로 삼을 뿐 아니라 자타 관계의 새로운 타개책으로, 자국의 책임을 지면서도 일국 단위의 사고방식을 무너뜨리는 역설적 입장으로 만들어내는 일이다."

그런 '사유공간으로서의 아시아'도 「방법으로서의 아시아」에서 다케우치 요시미의 중국 체험이 그러했듯 선생님께서 거쳐 간 국적에 매이지 않은 사상적 훈련, 지적 실험, 현실 개입, 거기서 마주한 균열의 체험을 들어낸다면 알맹이를 잃고 말리라고 생각합니다. 그런 선생님의 사상 역정을 보면서 저는 어떤 윤리적 가능성을 상상해봅니다.

반복하게 되지만 선생님은 "인류를 위해서 아시아를 생각할 때 아시아는 비로소 원리화된다"고 말씀하셨습니다. '원리'에 관한 논의는 1부에서도 잠시 나왔는데, 선생님께서는 참조축이라는 표현뿐 아니라 종종 '원리'라는 표현도 꺼내십니다. 가령 틈새와 유동성을 갖는 중국의 원리(「'종합사회' 중국을 마주하기 위하여」), 중심-주변의 관계를 새롭게 되묻는 오키나와의 원리(「오키나와가 우리 눈에 비칠 때」), 굴절된 역사 속에서 민주주의를 키워나간 한국의 원리(「왜 '포스트 동아시아'인가」), 통일이냐 독립이냐로는 잡히지 않으며 유럽적 사회 편성에서 벗어나 있는 타이완의 원리(「왜 '포스트 동아시아'인가」).

선생님께서 그 사례들을 '원리'라고 부르시는 까닭은 각각의 대상이 지닌 구체성을 훼손하지 않으면서도 거기서 공유 가능한 무언가를 발견하려 하시기 때문이라고 생각합니다. 그 원리란 일국의 논리를 고집할 수 없는 '동아시아라는 시좌'를 통해서야 비로소 발견할 수 있으며, 그때의 동아시아는 서로의 원리성을 참조하여 입체화되는 사상의 공간일 것입니다. 동아시아는 내부의 시선만으로는 열리지 않습니다. 서로 시선이 교차할 때야 비로소 열릴 수 있습니다. 거기서 고민의 심급으로서 인류가 요청되며, 또한 그런 인류가 발견될 수도 있으리라 생각합니다. 말로 풀어낼 능력이 모자라서 추상적 차원에 머물고 말지만, 저는 "인류를 위해 아시아를 원리화한다"는 선생님의 말씀을 이렇게 이해하고 있습니다.

쑨거　다케우치 요시미는 아시아를 바라보는 시좌를 내놓았으며, 분석도 그만큼 제공했습니다. 후세대는 이 시좌에 기대어 성장할 수 있었습니다. 마찬가지로 중국을 참조축으로 삼아 일본을 이해한다는 인식론에 근거해 미조구치 유조 선생은 중국사상사 연구에 분석의 표본을 제공했습니다. 한국에서 그의 저작이 얼마나 체계적으로 번역되었는지, 그 사정에 대해서는 알지 못합니다. 그저 중국연구의 전문가로서 읽혔을지도 모르죠. 하지만 저는 미조구치 선생에게서 상당한 원리적 계발을 얻었습니다. 미조구치 선생의 저작을 체계적으로 읽고 나서야 비로소 중국을 원리적으로 바라본다는 것이 무슨 의미인지, 역사 분야에서 사상 생산은 어떻게 해야 유효할 수 있는지를 초보적으로나마 이해하게 되었습니다.

이제껏 중국사상사 연구는 서구 이론의 관점을 참고하고 중국의 역사를 재료로 취해 "이론을 소비"하는 식으로 진행되었습니다. 미조구치 선생은 그렇지 않았습니다. 그는 중국의 역사를 긴 호흡으로 읽었으며, 역사 속 현상들의 관련성을 되도록 신중하게 가다듬었습니다. 그리하여 그의 중국사상사 연구는 가치관을 전도시켰습니다. 예를 들어 미조구치 선생에 따르면 중국에는 명대에 향리鄕里 공간이 발생했고 왕조는 서서히 형성되었으며, 그 결과 신해혁명이라는 형태로 지방분권이 완성되었습니다. 외부의 침략이 없었다면 신해혁명 이후 중국에는 통일국가의 정권이 필요하지 않았을지도 모릅니다. 신해혁명으로부터 1949년의 건국까지, 1949년부터 오늘에 이르기까지 중국의 역사는 외부의 위협 가운데서 자신의 역사적 원리를 근거로 해왔습니다. 미조구치 선생은 그것을 중국이 자본주의가 아닌 사회주의의 길을 걷게 된 가장 중요한 이유로 꼽습니다. 만년에 이르러 그의 중국사상사 연구는 일종의 가설로서 '근대'를 버렸습니다. 향리 공간을 핵심어로 삼아 중국의 근대사를 재구성했으며, 지금껏 지체의 요인으로 외면당했던 다양한 현상을 다시 읽어냈습니다.

저의 부실한 견해보다 미조구치 선생의 저작을 전체적으로 읽는 편이 보탬이 될 테니 이야기를 덧붙이지는 않겠지만, 저는 원리가 성립된다면 반드시 독자적 가치관을 수반한다고 생각합니다. 백낙청 선생이 지적한 것처럼 현재 제3세계의 지식계는 이른바 비판적 지식인을 포함해 서구 선진국 지식계의 허가 없이는 자신의 사상적 전통을 일궈내지 못하는 심각한 상황에 빠져 있습니다. 중국과 한국, 그리고 제3세계라고 할 수 없는 일본도 상황은 마찬가지입니다. 그러나 그저 이론적으로 서양 중심주의를 지탄해보았자 이 상황을 타개할 수는 없습니다. 이것은 지적 세계의 정치 헤게모니 문제입니다. 우리는 이 상황에 직면하여 어떻게 자신의 사상 전통을 개방된 형태로 형성할 수 있을까요? '전통'의 자리에 '원리'를 가져다놓아도 마찬가지입니다. 우리는 그 대목을 보다 천착해야 하며, 우리의 대화는 그 모색이었다고도 생각합니다.

동아시아 사상이 살아가는 법

윤여일　　그렇군요. 아직 선생님과 논의해야 할 문제의 지점들이 남아 있지만, 이제 대화를 정리해야 할 시간이 다가온 것 같습니다. 대화를 마치기 전에 저는 선생님과 교류하며, 또한 선생님과 함께 다케우치 요시미를 함께 읽으며 느낀 감상을 말씀드리고 싶습니다. 그 까닭은 바로 루쉰과 다케우치 요시미, 그리고 선생님과의 만남에서 '고뇌의 연대'에 관한 한 가지 실증을 보고 있기 때문입니다. 또한 저는 그러한 만남에서 방금 선생님께서 꺼내신 물음, 즉 동아시아의 사상 전통을 어떻게 개방된 형태로 형성할 수 있는지가 실현된 한 가지 사례를 구하고 있기 때문입니다. 다소 발언이 길어지더라도 이해해주시기 바랍니다.

저는 다케우치 요시미가 루쉰을 사상적 거점으로 삼아 문자로 남겨진 루쉰의 글에 다시 생의 호흡을 주입하고, 선생님께서 다케우치 요시미의 내재적 모순으로 파고들어 그를 되살리려고 고투하는 모습을 보며 어떤 번역 과정을 거쳐 동아시아 사상이 살아가는 방식이 있다는 것을 알게 되었습니다. 국적과 세대의 차이를 가로질러 루쉰에게서 다케우치로, 다케우치에게서 다시 선생님으로 이어지는 사상의 궤적은 바로 제게는 동아시아 사상이 살아가는 한 가지 모습이었던 것입니다.

'사상의 유통기한'이라는 말이 가능할지 모르겠습니다. 하나의 사상은 구체적인 상황을 향해 던져져 시간의 흐름에 노출됩니다. 언제까지고 올바를 수 있는 사상이란 존재하지 않습니다. 하지만 시간이 지난다고 사상이 그저 바래버리는 것은 아닙니다. 과거의 사상은 훗날 특정한 시대에서 조성된 긴장감에 의탁해 다시 모습을 이룹니다. 하지만 과거 인간의 고뇌를 후대의 인간이 되살리려면 어떤 전환이 필요합니다. 선생님께서는 그러한 전환을 의식하면서 다케우치 요시미의 사상에 다시 시대의 숨결을 불어넣고자 하셨습니다. 저는 그 시도의 일부가 『다케우치 요시미라는 물음』에 담겨 있다고 생각합니다.

어쩌면 『루쉰』을 통해 다케우치 요시미는 먼저 그러한 사상의 생존 방식이 있음을 보여주었다고 할 것입니다. 한 시대는 이전 시대를 타자화하여 성립합니다. 더구나 자국사가 아니라면 과거의 역사적 인물과 대면할 때 시간적·문화적 거리라는 이중의 장벽이 가로놓입니다. 하지만 다케우치 요시미는 중국의 루쉰에게 다가가 루쉰의 사유를 일본 사상계의 값진 자원으로 재생시켰습니다.

선생님께서도 생은 육을 떠났지만 다케우치 요시미를 사상적으로 되살리려고 노력하셨습니다. 그는 곤란하고 때로 오염된 문제를 회피하지 않고 격동하는 시대 상황의 한복판으로 들어갔습니다. 그는 시대와 공존했고 시대의 제약으로 인해 오류도 범했지만, 그렇기에 시대적 한계를 초월할 가능성도 품었습니다. 선생님은 그런 다케우치를 심판도 변호도 하지 않고 가능성의 폭에서 읽어내셨습니다. 다케우치가 써낸 글에서 바닥에 깔린 동요를 읽고, 착오 속의 결단에서 긴장감을 읽어내신 것입니다. 사상의 계승자로서 선생님께서는 다케우치 요시미의 동요와 긴장감을 해당의 역사로 진입하는 창구로 삼았으며, 거기서 오늘을 살아가기 위한 사상의 자원을 길어 올리셨습니다.

그리하여 선생님은 루쉰과 다케우치의 과제 의식을 계승하고 계시며, 선생님의 동아시아 사유는 최신 담론이라기보다 빛바랜 시대의 흔적마저 간직한 채 루쉰, 다케우치로 이어지는 한 세기의 긴 호흡을 전합니다. 과거 인간의 고뇌를 자신의 상황에서 되살리고, 국적은 다르지만 거기서 공유할 수 있는 사상의 자원을 발굴해가는 모습에서 저는 동아시아 사상이 살아가는 모습을 보는 것입니다.

그러나 제가 그것을 동아시아 사상이라고 부르는 까닭은 단지 선생님과 루쉰이 중국인이며, 다케우치 요시미의 국적이 일본이었기 때문은 아닙니다. 그것은 역사를 대하는 어떤 태도에서 비롯됩니다. 다케우치에게는 패배를 매개로 한 동양관이 있었습니다. 오카쿠라 텐신*이

---

* 岡倉天心(1862~1913). 미술계의 지도자. 미의 시각에서 동양의 동질성과 운명을 기술했다. 저작으로 『동양의 이상』, 『일본의 각성』, 『차의 책』 등이 있다.

동양을 침입하는 데 한통속이 된 유럽 앞에서 동양도 하나라고 주장했듯이, 다케우치 역시 동양을 지리적 실체로 이해하지 않고 저항을 매개로 하는 하나의 운동체로 파악했습니다. 물론 이러한 발상은 오카쿠라보다는 루쉰에게서 왔다고 여겨집니다.

다케우치는 루쉰을 두고 선각자가 되지 못한 '역사적 중간물'이라 불렀습니다. 그러나 시대에 반보 뒤처진 루쉰의 후진성은 중국 근대화의 후진성과 겹쳐지기에 진실했고, 그리하여 루쉰은 중국 근대문학의 대표자가 될 수 있었다는 것입니다. 시대의 선각자가 한 명 한 명 도태될 때마다 '역사적 중간물'은 조금씩 존재의 무게를 더해갑니다. 그리고 일찍이 없었던 저항 방식을 일궈냅니다. 다케우치는 루쉰의 저항을 동양의 운동 원리로 접목시키고자 했습니다.

일반적으로 저항이란 자신을 억압하는, 자신보다 강하고 큰 상대에 맞서는 일입니다. 하지만 다케우치가 이해한 루쉰의 저항은 그 과정에서 얻어지는 자기동일성에 대한 거절까지를 수반했습니다. 상대와 맞섰을 때 주어지는 자기 위치와도 대결하여 상대는 가질 수 없는 유동성을 품어야 한다는 것입니다. 따라서 루쉰에게 저항이란 타자를 극복하기 위한 것도 해방을 위한 것도 아니었습니다. 다케우치 요시미는 말합니다. "그는 자기임을 거절하고 동시에 자기 아님도 거부한다. 그것이 루쉰에게 있는, 그리고 루쉰 자체를 이루는 절망의 의미다. 절망은 길이 없는 길을 가야 하는 저항에서 나타나며, 저항은 절망의 행동화로 드러난다. 이는 상태로 보면 절망이고 운동으로 보면 저항이다"(「근대란 무엇인가」). 이것이 루쉰에게 저항의 의미며, 다케우치가 이해한 동양의 근대성의 진실된 모습입니다.

서양에 대한 동양의 관계란 추상적인 것이 아니라 불균형 속에서 전개되며 패배를 매개로 합니다. 다케우치 요시미가 이해한 동양의 저항은 상대를 극복하기 위한 것이 아니라 부단한 유동성 속에 자신을 내맡기는 일이었습니다. 타자와의 관계가 사라진 '해방'은 존재하지 않습니다. 동양의 저항이란 불평등한 구조로 인해 늘 한계를 갖지만, 그 한계를 통해서만 구조의 와해에 이르려는 고투며, 바깥에서 주어지는 해방의 환상을 거부하고 유동하는 그 관계에 내재함으로써만 획득되는 비판 행위입니다. 바로 선각자가 되지 못한 '역사적 중간물' 루쉰이 그렇게 저항했습니다. 다케우치는 동양을 서양과 같은 위상의 실체로서 다루지 않고 불균형한 힘의 조건 아래 놓인 동양의 역사에 서양산 가치 판단을 그대로 적용할 수 없다는 사실에 근거하여 서양까지도 동양의 역사 속에서 '역사화'하려고 했습니다. '방법으로서의 아시아'는 거기서 나올 수 있었습니다.

저는 선생님께서 다케우치가 내놓은 동양의 저항을 받아들이셨다고 생각합니다. 그러나 그것은 다케우치 요시미의 동양관을 그대로 수용했다는 의미가 아닙니다. 역사와 패배를 대하는 다케우치 요시미의 어떤 자세를 선생님께서 계승하셨다는 의미입니다. 그것은 힘의 열위에 있는 역사적 주체가 패배를 받아들여 자신의 주체성을 재건하는 방식이라 할 것입니다. 저는 그 지점에서 '동아시아 사상'이라 명명해본 것입니다.

그러나 선생님께서는 이념성이 짙은 동양관이 다케우치 논의의 한계라고도 짚어내셨습니다. 그리하여 다케우치와 달리 동양/서양, 본토/외래라는 서사구도에서 비어져나오는 사고 영역을 중시하고 거기서 선생님의 아시아관을 개척하셨습니다. 진정한 동아시아의 근대성은 그런 이분법의 바깥에서 힘겹게 성장해왔습니다. 이 공간은 부득불 양자의 대립과 항쟁 구도에 의존하지만 동시에 거기로 환원되지 않습니다. 그 공간에서 발생하는 까다로운 문제들과 대면하면서 선생님께서는 다시금 유동적인 주체성을 오늘의 조건에서 사고하셨습니다. 오늘만이 아니라 이제껏 선생님과 나눈 대화는 어쩌면 그 문제의식으로 수렴될지도 모른다고 생각합니다.

그리하여 그런 만남, 고민의 연대, 사상의 번역을 거치며 패배하고 뒤처진 중국의 현실에서 루쉰이 형상화해낸 '고뇌하는 중국'으로부터 다케우치 요시미는 일본의 비틀린 근대를 추궁하기 위한 '방법으로서의 아시아'를 추출하였으며, 선생님께서는 루쉰과 다케우치의 사상 과제를 오늘의 시대에서 계승하여 '아시아라는 사유공간'을 첨예한 담론 공간으로 빚어낼 수 있었다고 생각합니다.

다소 도식적인 정리일지 모르겠지만, 저는 그런 고투의 계승 과정을 이번 대화에서 조금이라도 담아낼 수 있기를 바라왔으며, 그것이 이 대화를 접하는 독자에게 전해져 한국 상황 안에서 사상적 유산으로 뿌리내릴 수 있기를 바라고 있습니다.

쑨거 매우 명석한 정리군요. 감사드립니다.

특히 당신은 다케우치가 동양의 저항을 어떻게 사고했는가라는 화제를 꺼냈습니다. 그건 제게도 미해결의 과제로 남아 있습니다. 아시아라는 사유공간이 말로서 정착한다면, 그 생명력을 잃기 시작할지 모릅니다. 현재 다케우치의 '방법으로서의 아시아'는 동아시아에서

널리 통용되고 있습니다. 그러나 지금 저는 그 말이 공동화空洞化되어 버리는 것은 아닌지 우려하고 있습니다. 당신은 '고투의 계승'을 말 했으며, 이것은 몹시 소중합니다. 오늘날 다케우치의 테제를 새로운 형태로 계승한다는 과제는 여전히 실현되지 않았습니다. 말이란 것 은 정착된 후에는 공동화되곤 하니 그 내실을 오래 보존하려면 새로 운 상황과 마주한 우리는 자신의 사고로 그것을 재구성해야 합니다. 그때는 원래 의미를 충실히 전하기보다 그 사상의 정수를 살려낸다는 데 역점을 둬야겠죠.

동아시아론은 사상적 여정의 어디쯤인가

윤여일　이제 마지막 질문입니다. 저는 선생님의 사상적 여정 가운 데 한 장면에서 지금 교류하고 있습니다. 아마도 한 사상가를 만난다 는 것은 글을 읽을 때도 그렇지만, 더구나 이처럼 직접 뵐 수 있는 경 우라면 결말이 아닌 과정의 시점에서 상대를 대하는 자세가 필요하 다고 생각합니다. 선생님을 만날 때는 그런 느낌이 더욱 강하며, 이는 선생님께 배운 것이기도 합니다.

　제가 추측하기에 선생님께서는 동아시아론도 긴 여정의 한 가지 과 정인 것 같습니다. 궁극적으로는 놓을 수 있다는 느낌으로 선생님께 서는 동아시아론을 쥐고 계시다는 인상입니다. 그래서 선생님께 '동 아시아'에 관한 사색이 선생님의 사상적 여정에서 어디쯤에 위치하는 지 여쭙고 싶습니다. 앞으로 어느 곳으로 나아가실지도 알고 싶고요.

물론 지금 들려주실 이야기가 아니라 훗날 되돌아보며 하실 말씀이라는 생각이 들기는 하지만요.

쑨거　　역시 당신의 감각은 날카롭군요. "놓을 수 있다는 느낌으로 쥔다"는 표현도 흥미롭습니다. 분명 저는 동아시아론에 매이지 않습니다. 그러나 제게 동아시아는 중요한 시좌이며, 동아시아론 역시 둘도 없이 중요한 사상 과제입니다. 저는 이제까지 정확히 말하자면 동북아시아의 사람들과 가장 밀접히 교류해왔습니다. 드물게 베트남이나 인도네시아나 싱가포르나 인도의 연구자와 이야기를 나눌 수 있었고, 유럽과 미국에 간 적도 있기는 하지만 말입니다.

동아시아인의 고민과 위기감에는 매우 깊은 구석이 있습니다. 그 고민이라면 저도 공유할 수 있습니다. 그 경험에서 말하건대 제게 동아시아란 하나의 논조가 아닙니다. 피부감각입니다. 흥미롭게도 동아시아를 피부감각으로서 처음 감지한 것은 유럽에 머물 때였습니다. 유럽 땅에 내려 동쪽을 바라봤을 때 "아, 저쪽에 동아시아가 있구나"라고 실감했습니다. 동아시아를 떠났을 때 저의 피부 속에 동아시아가 있음을 느꼈습니다.

제게 동아시아란 단순한 물리적 공간이 아니라 제 삶의 방식을 규정하는 하나의 사상적 경험입니다. 동아시아는 제게 목적도 아니며 절대적 가치도 아닙니다. 그러나 동아시아를 완전히 소거한다면 제가 있을 곳도 사라집니다. 인류의 일원이 되기 위한 전제조건으로서 제게는 동아시아가 반드시 필요합니다.

앞으로 어디를 향할 것인지는 답하기 어렵군요. "계획을 세워도 변화 쪽이 빠르다"는 오늘날 중국 속담이 있습니다. 저도 그렇습니다.
방향으로 말하자면 저는 저의 역사, 즉 중국의 역사와 동아시아의 역
사를 사고하기 위한 인식론을 모색하고 싶습니다. 다만 인식론이란
것은 직접 문자로 작성해도 거의 의미를 갖지 못합니다. 그래서 되도
록 구체적인 문제를 두고 인식론을 모색해나가려고 합니다.

대화를 마치다

윤여일　　이로써 대화를 마무리할 때가 되었네요. 이 대화 자체는 반년 전부터 선생님과 상의하며 준비해왔습니다. 하지만 막상 끝내려고 하니 저로서는 무척 오래전부터 준비해왔다는 느낌입니다.

　　제가 선생님의 글을 처음 읽은 것은 2004년 한국어로 번역된 『아시아라는 사유공간』이었습니다. 처음 뵌 것은 2005년 '동아시아 지식인 회의' 자리였죠. 비록 그 자리에서 선생님은 많은 말씀을 하시지 않았지만, 그때 이후로 언젠가 만약 중국어나 일본어를 할 수 있게 된다면 선생님과 직접 대화를 나눌 수 있기를 바라왔습니다. 그것은 스승을 찾아 떠나고 싶다는 바람이기도 했습니다. 일본에서 체류한 1년간 저의 바람은 실현될 수 있었습니다.

　　선생님께서는 제가 유학 생활을 하는 동안 자주 저녁을 지어주셨습니다. 이번 대화를 포함하여 사고의 훈련을 시켜주시고, 또한 몸도 챙겨주셨습니다. 이제 선생님은 고국으로 돌아가시고 저도 한국으로 돌아갑니다. 선생님과 가까이서 교류했던 1년간은 제 생애에서 진정 귀중한 배움의 시간이 될 것입니다. 진심으로 감사드립니다.

쑨거　　저도 정말로 감사하고 있어요. 당신은 제가 쓴 것을 이 정도까지 읽어주고 여러 물음을 제기해주었습니다. 분명 그 물음 가운데는 여전히 미숙한 대목도 있었지만, 매우 날카로운 감각을 지닌 것이었습니다.

무엇보다 당신의 열의에 감동했습니다. 분명 몇 년 전 당신이 김우자 씨와 함께 베이징에 찾아왔을 때 당신은 그녀의 통역에 의지해 자기 이야기를 하는 수밖에 없었죠. 하지만 지금은 통역자가 전혀 불필요할 뿐만 아니라, 매우 복잡한 표현을 구사하며 논문으로 사용해도 될 만한 정도의 질문을 제기해주었습니다.

불과 몇 년 사이에 이토록 성장한 것은, 뭐랄까 저로서는 압력마저 느낄 정도입니다. 젊은 세대가 이만큼 노력하고 있으니 저 역시 더 힘을 내야겠다는 격려를 받았습니다. 수업이든 이 대화든 저도 당신과 함께 공부할 기회라고 실감했습니다. 표면적으로는 제가 당신을 지도한 것처럼 보이지만, 저도 동시에 교육을 받았습니다. 따라서 저로서도 감사해야 할 것입니다.

윤여일　생각해보면, 저로서는 일본에 있는 동안 일본어로 가장 자주 대화를 나눈 분도 선생님이십니다. 선생님께서는 일본어로 말하는 법도 가르쳐주셨네요. 선생님께서는 저를 '젊은 세대'라고 불러주셨습니다. 저는 진정 선생님의 다음 세대이고 싶다고 생각합니다. 국적은 다르지만, 선생님의 고뇌를 계승한다는 의미에서 다음 세대의 역할을 할 수 있기를 바라고 있습니다. 선생님께 말하는 법, 사고하는 법, 자료를 읽는 법, 타인과 교류하는 법 등 정말로 여러 가지를 배웠는데, 그것을 자원으로 다음 세대로서 역할을 해나가고 싶습니다.

쑨거   자, 이제 이것으로 우리의 긴 대화를 일단 마쳐야겠군요. 너무도 수고했습니다.

본문 사진

pp.34～35(2008년 도쿄), p.44(2010년 서울), p.72～73(2008년 도쿄), p.99(2008년 도쿄), p.106(2010년 서울), p.107(2008년 도쿄), pp.124～125(2009년 타이베이), pp.144～145(2009년 타이베이), p.172(2010년 서울), pp.180～181(2010년 베이징), pp.190～191(2009년 타이베이), pp.208～209(2010년 베이징), p.225(2010년 베이징), p.240(2012년 서울), p.241(2010년 서울), pp.254～255(2009년 타이베이), p.261(2010년 서울), pp.280～281(2012년 서울), pp.306～307(2010년 서울), p.322(2012년 서울), p.323(2010년 서울), p.347(2012년 서울), p.348(2012년 서울)